도구 퀵 파인더

도구	페이지	이해하기	관찰하기	정의하기	아이디어 생성하기	프로토타입 만들기	테스트하기	성찰하기	기간에 따른 사용 가능 도구 1일	2~3일	4~7일	14주	다양한 워크숍과 프로젝트를 위한 도구의 선택 일수	일수	일수	일수	일수
문제 정의	49	○	◐							✓	✓	✓					
디자인 원칙	53	○	◐								✓	✓					
공감 인터뷰	57	○	◐							✓	✓	✓					
탐험적 인터뷰	63	○	◐							✓	✓	✓					
5whys 질문법	67	○	◐							✓	✓	✓					
5WH 질문법	71	○	◐							✓	✓	✓					
해결 과제	75	○	◐							✓	✓	✓					
극단적 사용자/선도 사용자	79	○	○				◐				✓	✓					
이해관계자 지도	83	○	○				◐				✓	✓					
감정 반응 카드	87	○	○				◐					✓					
공감 지도	93	○	○	◐			◐		✓	✓	✓	✓					
페르소나/사용자 프로필	97	○	●	◐			◐			✓	✓	✓					
고객 여정 지도	103	○	○	◐		◐	◐				✓	✓					
AEIOU 관찰법	107	○	○		◐							✓					
분석 질문법	111	○	○									✓					
동료 관찰	115	○	○									✓					
트렌드 분석	119	○	○		◐							✓					
"How might we…" 질문법	125		○	●					✓	✓	✓	✓					
스토리텔링	129			●		◐	◐			✓	✓	✓					
맥락 지도	133	○		●		◐		●		✓	✓	✓					
성공 모델 정의	137	○	○	●		◐		◐				✓					
비전 콘	141	○		●				◐				✓					
아이템 다이어그램	145			●		◐	◐	◐			✓	✓					
브레인스토밍	151			○	●	◐	◐	◐	✓	✓	✓	✓					
2x2 매트릭스	155	◐	○	◐	●	◐	◐	◐	✓	✓	✓	✓					
도트 투표	159				●	◐	◐	◐									
6-3-5 방법	163				●	◐				✓	✓	✓					
스페셜 브레인스토밍	167				●	◐					✓	✓					
혁신 조망도	171		○		●	◐					✓	✓					
NABC	177		◐	○	●		○				✓	✓					
블루오션 도구 & 구매자 유틸리티 맵	181			●	◐	●					✓	✓					
탐험 지도	195					●	◐				✓	✓					
테스트용 프로토타입	199					●	◐		✓	✓	✓	✓					
서비스 블루프린트	203					●	◐				✓	✓					
MVP(최소 생존가능 제품)	207					●	◐				✓	✓					
테스트 시트	213						●			✓	✓	✓					
피드백 캡처 그리드	217	○	○	○	○	○	●	○	✓	✓	✓	✓					
경험 질문법	221	○	○				●			✓	✓	✓					
솔루션 인터뷰	225	○	○				●				✓	✓					
구조적 사용성 테스트	229	◐	○				●					✓					
A/B 테스트	233						●					✓					
I Like, I Wish, I Wonder	239	○	○	○	○	◐	●	●	✓	✓	✓	✓					
회고 여행	243						◐	●		✓	✓	✓					
피치 만들기	247			◐			◐	●		✓	✓	✓					
린 캔버스	251			◐				●			✓	✓					
학습된 교훈	255							●				✓					
실행 로드맵	259							●				✓					
성장 혁신 이슈맵	263							●				✓					

THE DESIGN THINKING TOOLBOX

글로벌 혁신가들이 추천하는

디자인 씽킹 7 프로세스와

가장 혁신적인 워크 툴킷

글로벌 혁신가들이 추천하는
디자인 씽킹 7 프로세스와 가장 혁신적인 워크 툴킷

지은이	마이클 루릭, 패트릭 링크, 래리 라이퍼
옮긴이	이유종, 조은영

이 책의 교열과 교정은 김현정, 디자인은 박정민, 제작은 도담프린팅 박황순, 종이는 태양기획 양순철이 진행했습니다.
이 책의 성공적인 발행을 위해 애써주신 다른 모든 분들께도 감사드립니다.
틔움출판의 발행인은 장인형입니다.

초판 1쇄 인쇄 2022년 6월 3일
초판 1쇄 발행 2022년 6월 10일

펴낸 곳	틔움출판
출판등록	제313-2010-141호
주소	서울특별시 마포구 월드컵북로4길 77, 353
전화	02-6409-9585
팩스	0505-508-0248
홈페이지	www.tiumbooks.com

ISBN 979-11-91528-11-4 03320

잘못된 책은 구입한 곳에서 바꾸실 수 있습니다.

틔움은 책을 사랑하는 독자, 콘텐츠 창조자, 제작과 유통에 참여하고 있는 모든 파트너들과 함께 성장합니다.

THE DESIGN THINKING TOOLBOX

글로벌 혁신가들이 추천하는

디자인 씽킹 7 프로세스와

가장 혁신적인 워크 툴킷

아이디어를
실현 가능한 혁신으로 만드는
창의적인 도구와 방법론

마이클 루릭, 패트릭 링크, 래리 라이퍼 지음 | 이유종, 조은영 옮김 | 아힘 슈미트 그림

Michael Lewrick   Patrick Link   Larry Leifer   Achim Schmidt

틔움

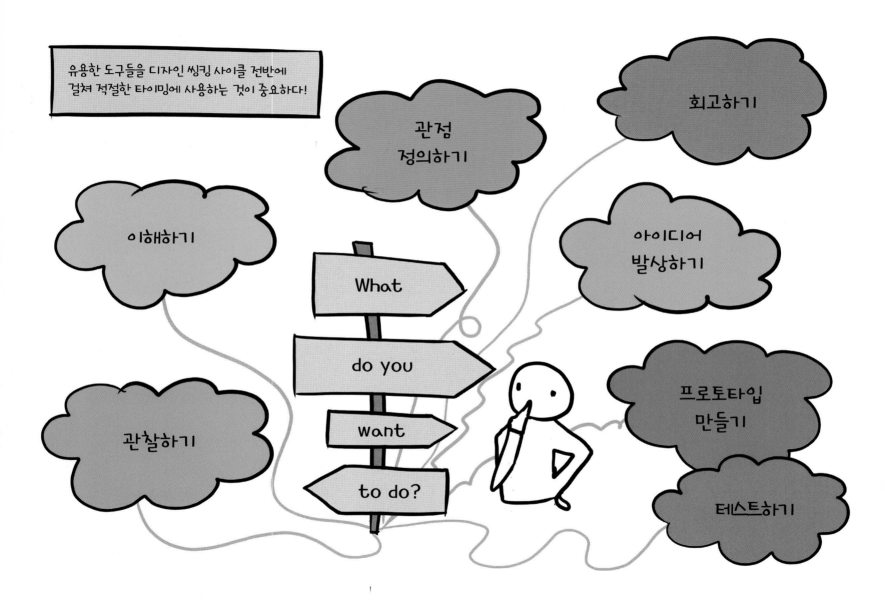

서문

울리히 와인버그(Ulrich Weinberg),
HPI 디자인씽킹스쿨 교수

처음 디자인 씽킹을 접하고 이를 적용하기 위해서는 누군가의 도움이 필요하다. 대부분의 임시 조직은 수년간의 논의를 거쳐 만든 특정한 목표가 없기 때문에 어떤 문제를 창의적으로 해결하는 방법을 찾기란 쉽지 않다. 따라서 새로운 마인드세트가 필요하다.

이 책의 저자들은 2018년 발행한 <디자인 씽킹 플레이북>을 통해 수많은 혁신가들을 만났다. <디자인 씽킹 플레이북>은 응용 측면에서 다양한 독자가 디자인 씽킹 마인드세트를 갖는데 도움이 되는 다양한 도구를 제공하고 있다.

한편 이 책은 전작을 크게 보완하고 있다. 특히 이 책은 독자들의 요구를 잘 반영했다고 볼 수 있는데, 그 이유는 3명의 저자가 디자인 씽킹에 필요한 도구를 실제 활용하고 교육하고 있는 2,500명의 사용자에게 자신이 가장 선호하는 도구와 방법론 그리고 이점에 대한 질문을 하고 이를 바탕으로 가장 유용한 디자인 씽킹 도구와 방법을 모아 이 책을 완성했기 때문이다. HPI 에서는 전체 디자인 씽킹 사이클에서 올바른 도구를 선택하는 것이 아주 중요한 성공 요소라는 것을 잘 가르치고 있다. 우리가 처한 상황, 팀, 가능성 그리고 각자의 목표에 따라 어떤 도구를 사용할지 결정해야 한다는 말이다.

디자인 씽킹은 경직된 개념이 아니다. 디자인 씽킹은 재미있게 사용해야 하는 도구다. 또한 모든 순서는 상황에 맞게 조정될 수 있다.

내 관점에서 보면, 이 책은 초보자들과 디자인 씽킹에 관한 지식을 넓히기 위한 이들에게 없어서는 안 될 도구다. 아래와 같은 5가지 요소 때문이다.

· 디자인 씽킹 사이클에서 가장 중요한 도구들을 선정하고 있음.
· 도구 사용법에 대한 설명이 간단 명료함.
· 대체 가능한 도구를 제안하고 있음.
· 커뮤니티 전문가의 조언이 있음.
· 적용 가능한 사례 그림이 많음.

전 세계에서 무려 100명이 넘는 디자인 씽킹 커뮤니티의 전문가들이 이 책의 발행을 위해 노력했다. 이 책은 전세계적으로 디자인 씽킹 마인드세트가 얼마나 널리 퍼져 있는지, 오늘날 세계적으로 이 지식이 어떻게 교류되고 있는지를 보여준다.

디자인 씽킹 도구와 즐거운 시간을 보내길 바란다.

호기심에 따라 움직인다

우리는 호기심이 많고 개방적이며 W+H 질문을 지속적으로 하고, 다양한 측면에서 대상을 바라보기 위해 관점을 변화시킨다.

사람에 집중한다

우리는 사람에 집중하고 그들과 공감대를 형성하며 그들의 니즈를 파악하는데 관심을 기울인다.

복잡함을 받아들인다

우리는 복잡한 시스템의 핵심을 탐구하고 불확실성을 받아들이며, 복잡한 문제는 복잡한 해결책을 요구한다는 사실을 알고 있다.

시각화하고 보여준다

우리는 스토리와 함께 시각화 자료 및 쉬운 용어를 사용하여 팀과 연구 결과를 공유하거나 사용자에게 명확한 가치를 제안한다.

실험하고 반복한다

우리는 사용자 입장에서 문제를 이해하고, 배우며, 해결하기 위해 프로토타입을 반복적으로 만들고 테스트한다.

디자인 씽킹 툴박스
마인드세트

함께 만들고 성장하며 확장한다

우리는 지속적으로 역량을 키워 나가며 디지털 세상, 특히 디지털 생태계에서 확장 가능한 시장 기회를 창출한다.

다양한 관점과 프레임워크를 가진다

우리는 상황에 따라서 디자인 씽킹과 데이터 분석, 시스템 씽킹 및 린 스타트업 등의 다양한 방법을 적절하게 융합한다.

프로세스 인지 능력을 기른다

우리는 디자인 씽킹 프로세스에서 우리가 어느 위치에 있는지를 인지하고, 퍼실리테이션 과정을 통해 마인드세트를 변화시키는 "고뇌의 영역(groan zone)"에 대한 감각을 개발한다.

새로운 마인드세트
새로운 패러다임
더 나은 해결책

www.design-thinking-toolbook.com

네트워크를 통해 협업한다

우리는 부서와 회사 전반에 걸쳐 T형 인재와 U형 팀과의 네트워크를 형성해 즉각적이고 민첩하게 협업한다.

행동을 되돌아본다

우리는 진행하는 모든 일과 가정(assumption)에 영향을 주는 사고방식이나 행동, 태도를 되돌아본다.

목차

우리는 글로벌 서베이를 통해 얻은 결과와 디자인 씽킹 프로세스에 대한 설명 그리고 간략한 체크 리스트로 이 책을 시작한다. 또한 디자인 씽킹을 사용하는 현장 분위기를 풀어주고 각자의 상황에 맞는 사전 준비 작업도 본문에 앞서 제시했다. 내용 면에 있어서는 각각의 도구가 디자인 씽킹 마이크로 프로세스의 논리에 따라 제공되고 있음을 밝힌다. 이 책의 마지막 부분에는 디자인 씽킹이 기업 문화를 변혁하는데 어떻게 긍정적인 영향을 줄 것인지에 대해 소개했다.

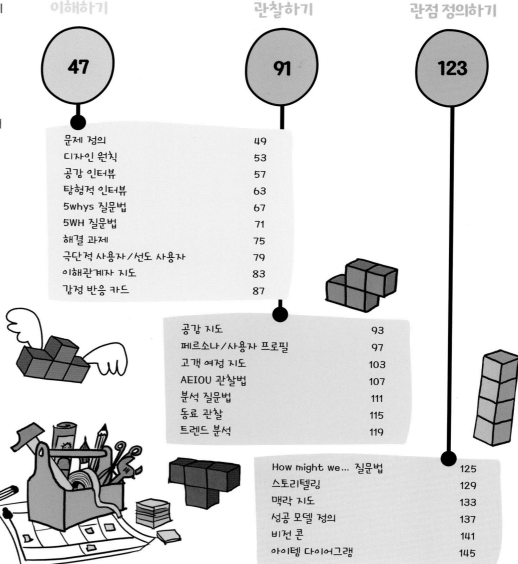

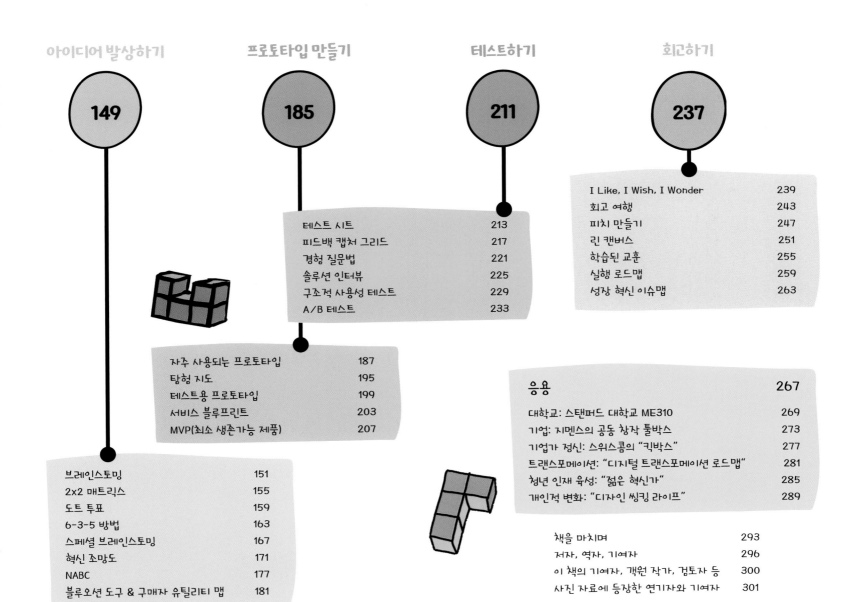

툴박스의 간략한 소개

간단명료하게 이 책을 가장 효과적으로 활용할 수 있는 방법을 소개한다.

이 책에서는 디자인 씽킹에서 디자이너들이 공통적으로 적용하는 방법들을 채택했고, 문제 정의부터 해결까지 디자인 씽킹의 절차를 반복적으로 사용했다. 또한 다양한 창의적 기법의 도움을 받아 '거친(wild)' 아이디어를 포함해 가능한 한 많은 아이디어를 내는 것을 목표로 한다. 이 창의적인 작업은 우리의 좌뇌와 우뇌를 모두 활성화시킨다. 디자인 씽킹 사이클에서 사용자의 니즈를 충족시키는 해결책을 얻기 위해서는 반복과 도약 그리고 아이디어를 융합하는 것이 필요하다(desirability). 해결책은 또한 경제적으로 실행 가능해야 하며(viability) 기술적으로도 구현 가능해야 한다(feasibility): 20 페이지 참조. 해결책으로 가는 과정, 특히 초기 단계에서는 실패를 기꺼이 허용하는 것 또한 중요하다.

이 책에 나와 있는 도구와 방법은 해결책을 찾기 위한 용도다. 그렇기 때문에 항상 상황에 맞게 변형하여 사용하게 된다. 디자인 씽킹을 몇 단어로 설명할 때 반드시 빠져서는 안되는 것이 있는데 그것은 바로 '다학제적 팀(interdisciplinary team)'을 통한 작업이 이루어져야 한다는 것이다. 이것은 한 분야에 대한 깊이 있는 지식과 다양하고 폭넓은 지식을 함께 소유하고 있는 "T 형" 팀원이 많이 모였을 때 가장 효과적이다. 다양한 배경을 가진 팀원(지역, 문화, 나이, 성별 등) 구성은 디자인 씽킹 과정에 큰 도움이 되고 획일화된 사고방식을 깨뜨리는데 기여한다. 디자인 씽킹에 관한 올바른 마인드세트의 핵심 요소는 바로 경쟁심이나 소유권(ownership)을 바탕으로 행동하는 것이 아니라 서로의 아이디어를 공유하고 생성하는 것이다. 디자인 씽킹 과정과 올바른 마인드세트에 관해서는 추후에 더 다루게 된다.

마인드세트

디자인 씽킹 도구

디자인 씽킹 프로세스

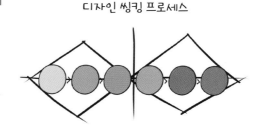

이 책에는 어떤 도구들이 있는가?

이 책은 디자인 씽킹에서 다루고 있는 가장 중요한 방법과 도구를 간단한 방법으로 제시할 수 있도록 구성되었다. 이를 위해 디자인 씽킹 커뮤니티에서 어떤 도구가 가장 좋은 결과를 냈고 그래서 선호되었는지를 알아내기 위하여 2,500명 이상의 디자인 씽킹 사용자들을 인터뷰했다. 이 작업을 통해 총 150개의 도구가 모아졌고 이 책에 제시된 디자인 씽킹 프로세스에 각각 배치될 수 있었다. 설문 참여에 도움을 준 국제 디자인 씽킹 커뮤니티에 깊은 감사를 표한다. 다양한 나라에서 참여해 준 디자인 씽커들과 함께 할 수 있어서 기뻤다. 디자인 씽킹 마인드세트로 살고 있는 디자인 씽킹 커뮤니티의 눈으로 가치 있는 디자인 씽킹 도구들을 논의할 수 있게 만들어 주어 깊은 감사의 마음을 전한다.

저자들은 기업 및 대학과 함께 하면서 이용자들이 디자인 씽킹을 사용하고자 할 때 특히 첫 단계에서 빠르게 참조할 만한 책이 필요하다는 사실을 알게 되었고, 100여 명의 전문가들이 설명해 준 50여 개의 도구를 선별할 수 있었다.

이 책은 어떻게 구성되어 있는가?

이 책은 디자인 씽킹을 위한 올바른 마인드세트와 디자인 씽킹 프로세스에 대한 설명으로 시작된다. 또한 페이지 I에 표로 만들어진 도구 퀵 파인더 매트릭스가 있는데 이는 워크숍의 방향성을 제시하거나 워크숍을 구성하는데 도움이 될 것이다. 그리고 책의 끝부분에는 워크숍 계획 캔버스가 제공되어 초기 단계에서 워크숍을 준비하거나 기획하는 데에 좋은 경험을 제공할 수 있을 것이다.

이 책은 절대 이런 것이 아니다.

우리는 "요리 책"을 출간하려 했던 것이 아니다. 이 책에서는 각각의 도구 사용법을 가장 잘 설명하고 어떤 단계에서 각각의 도구가 가장 뛰어난 효과를 내는지 보여주고자 했다. 사용법과 효과의 정도를 보여주기 위해 각 도구에 관한 설명의 시작 부분과 각각의 표에 꽉 찬 동그라미 혹은 반만 찬 동그라미로 표현했다.

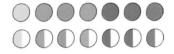

모든 디자인 씽킹 모더레이터는 각각의 도구가 언제, 어떻게 이용되는지에 대한 감각을 잘 익혀, 디자인 씽킹 워크숍과 디자인 챌린지에 적용할 수 있다.

이 책의 추가적인 혜택은 무엇인가?

이 책은 온라인을 통해서도 각각의 도구를 사용할 수 있도록 했으며 여기에는 캔버스 모델, 다양한 목록, 공감 지도 등이 포함되어 있다(자세한 내용은 www.dt-toolbook.com 참조). 또한 디자인 씽킹 워크숍을 시작하는데 있어 좋은 영향을 주는 워밍업 게임도 각 파트에 포함되어 있다.

사랑하거나, 바꾸거나, 아니면 그냥 내버려 둬라!

앞서 말했듯 이 책은 디자인 씽킹에 관한 요리책이 아니다. 각각의 도구와 방법은 단지 가이드일 뿐이라는 사실에 유념해야 한다. 이 책은 다른 디자이너들이 어떤 도구를 이용했고 그 결과 어떤 통찰을 얻게 되었는지를 보여주고 있다. 결론적으로 도구와 방법은 워크숍의 취지, 당면한 문제에 대한 진술 그리고 워크숍 참가자들과 잘 맞아야 좋은 효과를 얻을 수 있다.

필자들은 그 자체로는 어떤 문제가 되지 않는 세부적인 안건들로 인해 워크숍 참가자들에게 형편없는 경험을 제공하게 되고, 결국 실행 가능한 해결책도 만들지 못하며, 실질적인 문제도 처리하지 못하는 것을 너무나 자주 경험했다. 이런 경험을 한 사람들과 새로운 디자인 씽킹 워크숍을 할 때면 그들은 대부분 디자인 씽킹에 대해 방어적인 반응을 보이곤 한다.

이는 디자인 씽킹의 도구와 방법이 중요하지만, 경험과 목표로 하고 있는 방향 그리고 상황에 맞게 적용할 수 있는 것이 훨씬 더 중요하다는 사실을 의미한다.

사랑하거나, 바꾸거나, 아니면 그냥 내버려 둬라!

많은 디자인 씽킹 워크숍에 참가하여 다른 사람들을 보고 배우거나 다른 워크숍 참가자들과 많은 도구의 응용법을 생각해 보는 것 자체가 아주 유익한 경험이다. 디자인 씽킹 퍼실리테이터와 이를 사용하는 사람들은 늘 배우기를 멈춰서는 안 된다.

디자인 씽킹 워크숍은 요리책의 레시피처럼 이뤄지지 않는다는 사실을 명심하자!

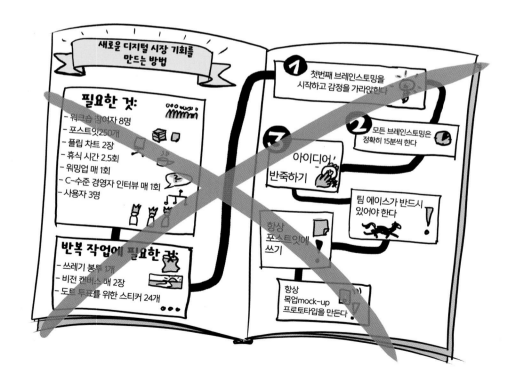

글로벌 서베이 결과

서베이 결과

누가 서베이에 참여했나?

디자인 씽킹 도구들의 연관성과 대중성을 알아보기 위해 우리는 2018년 봄 글로벌 서베이를 실시했다. 서베이의 목표는 대학에서 실제 어떤 방법과 테크닉들이 사용되고 있는지를 알아보는 것이었다. 서베이는 주로 소셜 미디어를 통해 전세계에 전달 되었고, 디자인 씽킹에 관한 다양한 지식을 가진 2,500명의 사람들을 조사할 수 있었다.

서베이 응답자 대부분은 이미 마인드세트 경험이 있었는데, 이는 약 85%가 디자인 씽킹에 있어서 최소 2년 이상의 경험이 있다는 것을 의미한다. 응답자의 23%는 디자인 씽킹에 대한 경험이 7년 이상인 것으로 나타났다.

서베이 응답자들은 어떤 분야에서 일하는 사람이었나?

사업 분야와의 연관성에 대해서 말하자면, 대다수의 응답자(30%)가 컨설팅 분야에서 일하고 있었다. 또한 18%는 디지털 솔루션과 관련된 IT 분야에서 일하고 있었고, 12%는 교육 분야, 10%는 은행과 보험 및 서비스 업종, 7%는 생산과 관리 및 물류에서 일하고 있다고 대답했다. 기타는 23%에 달했으며, 그중 4%가 바이오 기술, 2%가 NGO에서 일하고 있다고 대답했다.

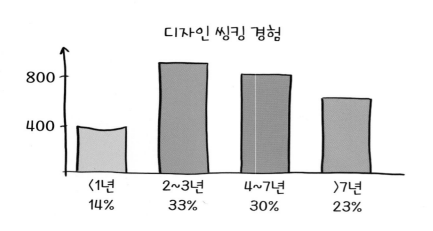

디자인 씽킹 경험

| ⟨1년 | 2~3년 | 4~7년 | ⟩7년 |
| 14% | 33% | 30% | 23% |

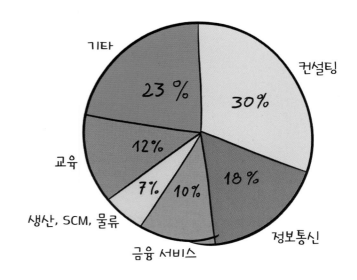

기타 23%
컨설팅 30%
교육 12%
생산, SCM, 물류 7%
금융 서비스 10%
정보통신 18%

전세계 분포도는 어떤가?

서베이는 총 44개국에 걸쳐 진행되었다. 응답자 분포국가의 65%는 유럽이었고, 16%는
북아메리카, 7%는 남아메리카, 또 다른 7%는 아시아 그리고 나머지 3%와 2%는 각각
오스트레일리아와 아프리카였다.

디자인 씽킹 글로벌
커뮤니티

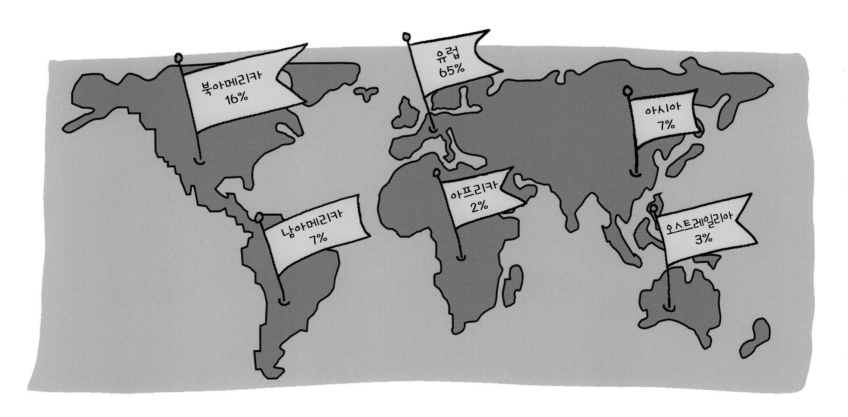

북아메리카
16%

유럽
65%

아시아
7%

아프리카
2%

남아메리카
7%

오스트레일리아
3%

가장 잘 알려진 도구

서베이 당시 우리는 응답자들에게 주어진 도구를 알고 있는지, 어떻게 평가하는지 조사했다. 인지도는 그 도구를 알고 있는 사람들의 퍼센트를 나타내고, 대중성은 얼마나 많은 사람들이 그 도구를 유용하게 평가했는지 보여준다. 대중성의 기준은 해당 도구를 어느 정도 인식하는 응답자의 수를 의미한다.

플롯 차트에서 보여지는 것처럼 더 잘 알려진 도구가 가장 인기 있다는 사실은 그리 놀라운 일이 아니다. 더 간단하고 좀더 사용자 친화적인 도구일수록 더 자주 사용된다는 것을 알 수 있다.

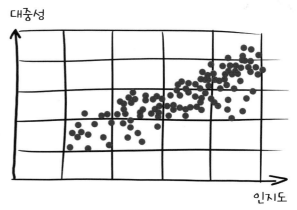

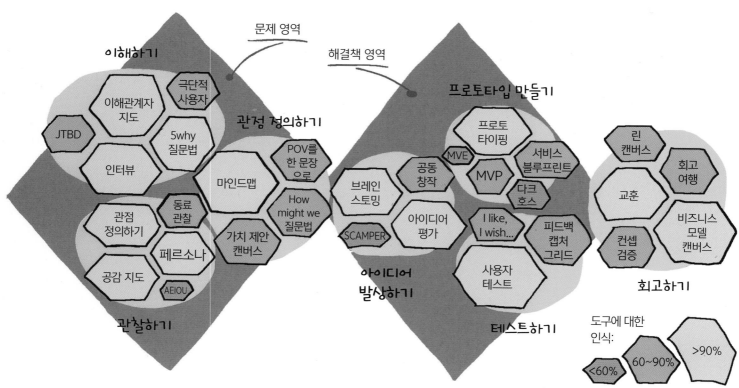

디자인 씽킹이란 무엇인가?

디자인 씽킹이란?

"초심자의 마음"

디자인 씽킹을 한 번도 접해보지 않은 사람들은 간단한 비유를 통해 디자인 씽킹의 개념을 쉽게 이해할 수 있다.

우리는 어릴 적 추억으로 되돌아가는 상상의 여행이라는 경험을 제공했다. 특히 4살 아이들에게는 공통점이 있는데, 그것은 바로 어떤 상황을 이해하기 위해 육하원칙 질문을 많이 한다는 것이다.

무결점 문화(zero-error culture)를 알고 있을 리 만무한 아이들은 행동하고 배우고 다시 반복한다. 그렇게 아이들은 배운다.

세월이 흐르면서 사람들은 이 탐구적이고 실험적인 접근법으로 세상을 배우는 방식을 잊어버린다. 그리고 학교와 대학에서 그 나머지 것들에 대해서만 관심을 갖도록 교육을 받으면서 좀더 폭넓은 방식으로 사실과 상황을 이해하고 질문하는 법을 잃어버린다.

이제 "초심자의 마음"으로 어떤 질문에서 사소한 아이디어 조차 발견할 수 없다 하더라도 질문하는 행동을 격려했으면 한다. 마치 지구에 처음 도착한 외계인처럼 왜 지구인들은 바다에 쓰레기를 버리고, 낮에 일하고 저녁에 자는지, 왜 넥타이를 매는지, 왜 부활절에 계란을 찾는지와 같은 질문을 던지길 바란다.

> "만약 당신의 마인드세트에 어떤 편견도 없다면, 모든 것을 받아들일 준비가 된 것이다. 가능성은 전문가의 마음보다 초심자의 마음에 훨씬 더 많다."
> _스즈키 순류(Shunryu Suzuki)

"초심자의 마음"을 기본 태도로

· 어떤 것이 어떻게 돌아가는지에 대한 편견 버리기
· 무슨 일이 일어날지에 대한 섣부른 기대 버리기
· 항상 궁금증을 가지고 깊이 이해하려 노력하기
· 모험을 하기 전에는 무엇이 가능하고 불가능한지 모르기 때문에 언제나 가능성을 열어놓기
· 실패를 일찍 겪어서 빨리 배우기

디자인 씽킹을 성공적으로 도입하기 위한 행동 요령

· "작동 방법"에 대한 편견을 버린다.
· 무슨 일이 일어날지에 대한 섣부른 기대를 버린다.
· 더욱 궁금증을 갖고, 사실과 문제를 깊이 이해한다.
· 기회와 가능성을 열어 놓는다.
· 간단한 질문을 한다.
· 일단 시도하고 그것을 통해서 배운다.

디자인 씽킹 성공 요인

시작을 아주 좋게 만드는 "초심자의 마음"과 함께 디자인 씽킹 커뮤니티에는 많은 핵심 제안과 성공 요인이 있었다. 간략하게 정리하면 다음과 같다.

1. 인간에서 시작하기

인간의 욕구, 가능성, 경험 그리고 지식은 모든 고려 사항의 시작점이다. 사람들은 기쁨(이익) 그리고 화남(고충)을 알고, 해결 과제(75 페이지의 해야 할 일 참조)에 대해 잘 알고 있기 때문이다.

2. 문제에 대한 인지 능력 만들기

디자인 씽킹에서는 어떠한 것을 하고 있고 어떤 목표를 추구해야 할지 이해하는 것이 가장 중요하다. 해결책을 찾기 위해서는 그 문제를 깊이 이해하고 있어야 한다.

3. 다학제적 팀 구성

팀 내 그리고 팀 간의 협업은 문제 상황을 전체적으로 고려하는데 있어서 중요한 요소다. 다양한 능력과 전문지식(T형)을 갖춘 팀원은 창의적인 과정과 아이디어 성찰에 도움을 준다.

4. 실험과 프로토타입

현실만이 해결책과 기능의 유용성을 결정한다. 간단하지만 물리적인 프로토타입이 있어야 미래 고객으로부터 피드백을 받을 수 있다.

5. 프로세스에 신경 쓰기

팀 작업의 경우, 팀원 모두가 현재 위치하고 있는 디자인 사이클의 단계와 달성해야 할 목표 그리고 필요한 도구를 알아야 한다.

6. 시각화와 아이디어 보여주기

가치 제안과 아이디어의 시각화는 필요한 순간에 전달되어야 한다. 이 과정에서 사용자의 요구가 반영되어야 하며, 제안을 할 때에는 기억에 남을 만한 이야기나 사진을 이용해야 한다.

7. 행동에 대한 편견

디자인 씽킹은 혼자 고립된 누군가의 생각을 반영하는 것이 아니라 실행하는 것에 바탕을 둔다 (예: 프로토타입 제작, 잠재적 사용자와의 상호작용).

8. 복잡함 받아들이기

일부 문제 상황은 아주 복잡해서 늘 서로 다른 시스템을 통합하고 민첩하게 문제를 해결하면서 주어진 목표를 달성해야 한다. 디지털 솔루션의 경우처럼 시스템적 사고는 점점 더 중요한 능력으로 인식되고 있다.

9. 함께 만들고 성장하며 확장하기

디자인 씽킹은 문제 해결에 도움을 주지만 시장에서 성공하기 위해서는 비즈니스 생태계, 비즈니스 모델 그리고 여러 조합 등이 디자인 되어야 한다. 그렇기 때문에 데이터 분석, 시스템적 사고, 린 스타트업과 같은 다양한 접근법을 디자인 씽킹에 융합해야 한다.

마인드세트와 성공 요인 덕분에 우리는 행동하고 올바른 질문을 할 수 있다. 마인드세트만 조금 바꿔도 우리는 다른 방식으로 문제를 제기하고 다른 관점으로 문제를 바라볼 수 있게 된다.

사용자 관점으로 보기

인간과 해결책에 대한 잠재적 사용자에게 집중하는 것도 디자인 씽킹의 핵심 요소 중 하나다. 또한 기술적 실현 가능성과 경제적 타당성도 중요한 고려 대상이다. 이 모두를 균형 있게 도입해야 마지막 프로토타입 단계까지 넘어갈 수 있다.

혁신을 성공시키기 위해서는 고객/사용자의 요구(호감도), 수익성이 있는 해결책(타당성) 그리고 기술적 적용(실현 가능성)에서 시작되어야 한다.

우리는 기업과 기술의 복잡성을 충분히 고려하고 디자인 씽킹을 이용하여 그 복잡한 문제를 해결하고자 한다. 기술적 지식이나 경험이 풍부하지 않은 고객/사용자는 늘 간단하고 우아한 해결책을 원한다.

이는 우리가 수년에 걸쳐 인간과 기술의 상호작용을 단순하게 적용할 수 있는 방법론과 도구를 개발한 이유이기도 하다.

디자인 팀은 이제 디자인 씽킹 프로세스를 가이드로 위와 같은 해결책을 디자인하게 된다. 이 프로세스는 22 페이지에 설명되어 있다.

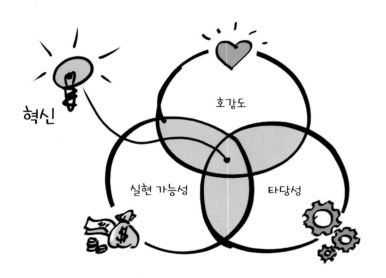

"디자인 씽킹은 인간의 니즈, 기술적 가능성 그리고 비즈니스의 성공 등에 필요한 것을 통합하기 위해 디자이너의 툴킷에서 도출된 혁신에 대한 인간 중심의 접근 방식이다."
_팀 브라운(Tim Brown), IDEO 최고경영자

왜 3가지 요소가 중요한가?

· 새로운 해결책에 대한 위험 요소를 줄인다.
· 팀, 조직 그리고 기업이 더 빠르게 배울 수 있게 돕는다.
· 다양한 해결책을 쏟아내는 것이 아니라 혁신적인 해결책을 만들어 낸다.

이것은 퍼즐을 해결하는 것과 같다, 다만 더 역동적이다

이 책의 맥락을 보면 디자인 씽킹 도구들을 유연하게 사용함으로써 사용자 호감도와 경제적 타당성, 기술적 실현 가능성 간의 균형을 만들 수 있다. 테트리스 게임에서의 단계와 비슷하게 속도와 조합 그리고 규칙이 각 디자인 단계마다 다르다. 따라서 올바른 도구를 상황에 맞게 적용할 수 있어야 한다. 테트리스 게임에서 각 조각을 90도씩 회전시키는 것처럼 디자인 씽킹의 각 도구를 변형하여 도입함으로써 최적의 결과를 이룰 수 있다. 디자인 씽킹 워크숍에 필요한 방법론과 도구를 빠르게 도입하지 않는다면, 금세 "게임 끝" 메시지가 뜬다. 아래 그림과 같은 상황은 디자인 씽킹 사이클에서 언제든지 일어나고 있으며 새로운 상황에 맞춰 늘 바뀐다. 다양한 도구와 방법론이 초반의 문제 정의나 관점 형성에서부터 마지막 프로토타입까지 적용된다.

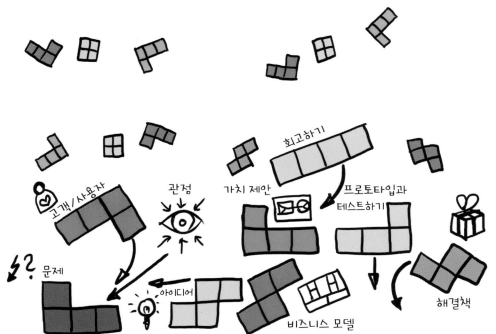

결론적으로 문제와 고객 사이에서의 적합도 뿐만 아니라 문제와 해결책 사이에서의 적합도를 이뤄야 한다. 기술이 발전한 요즘, 개별화된 경험을 만들고 인공 지능과 빅데이터 분석을 통해 고객에게 제안을 하여 개별적인 고객/해결책 적합도를 성취할 수 있다. 여기서 얻은 가치 제안은 3가지 요소(문제, 고객/사용자, 해결책)에 있어서 최적의 조화를 이끌어내는 것이다. 특히 복잡성이 큰 디지털 세계에서는 반복 과정이 아주 중요하다.

일반적으로 제일 처음에 떠오른 아이디어나 가정을 해결책으로 보지 않는다. 디자인 씽킹은 고객의 니즈에 충족되고 문제를 해결할 수 있는 해결책을 깨닫게 해줌으로써 고객에게 가치를 제공한다.

디자인 씽킹 프로세스

이 책에서는 디자인 씽킹 프로세스의 6단계(이해하기, 관찰하기, 관점 정의하기, 아이디어 발상하기, 프로토타입 만들기 그리고 테스트하기)를 거친다. 마지막에는 우리의 행동으로부터 배우기 위해 중요하게 여겨지는 회고하기 단계를 추가할 수 있다. 여기서는 각 단계를 간략하게 설명한다. 영국 디자인 협회(British Design Council)가 확산적 사고와 수렴적 사고를 표현한다고 소개한 '더블 다이아몬드 모델'에 따르면, 첫 3단계는 '문제 영역'에 그리고 이후 3단계는 '해결책 영역'에 포함된다.

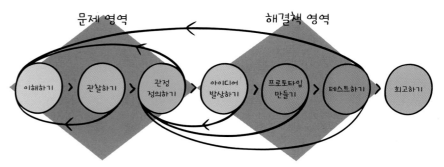

이해하기

프로세스의 첫 번째 단계에서는 잠재적 사용자에 대해 알아보고 사용자의 니즈나 해결해야 하는 문제를 파악한다. 이와 동시에 해결책을 디자인하기 위한 창의적인 프레임워크를 보다 정확하게 정의한다. 디자인 챌린지에 대해 정의하기 위해, 우리는 "왜" 그리고 "어떻게"라는 질문을 이용하여 주제의 범위를 넓히기도 하고 제한할 수도 있다. 공감 인터뷰(57 페이지 참조), 극단적 사용자(79 페이지 참조) 그리고 5WH 질문법(71 페이지 참조)과 같은 도구들은 이 단계를 이해하기 쉽게 도와준다. 이후 단계와 도구를 통해 우리는 잠재적 사용자를 좀 더 이해할 수 있게 된다.

관찰하기

오직 현실만이 페르소나(97 페이지 참조)에 제시되는 우리의 가정(assumptions)을 확인해 줄 수 있다. 이것이 우리가 잠재적 사용자가 있는 곳으로 가야하는 이유이기도 하다.

AEIOU 관찰법(107 페이지 참조)과 같은 도구는 실제 환경이나 해당되는 문제의 맥락에서 사용자를 관찰하는데 도움이 된다. 트렌드 분석(119 페이지 참조) 또한 기술적 혹은 사회적 트렌드를 파악하는데 유용하다. 이 단계에서 얻은 것은 이후 단계에서 페르소나와 관점을 개선시키는 데에 큰 영향을 준다. 잠재적 사용자의 니즈를 더 알아보기 위해서는 최대한 많은 질문을 개방적으로 해야 하는데, 이를 위해서는 커다란 질문 지도가 필요하다. 설계된 인터뷰 가이드가 도움이 될 수 있지만 이는 가정을 확인하는 것에 불과할 수도 있다.

관점 정의하기

이 단계에서는 그동안 발견한 것들을 평가하고 해석하며 어느 것이 중요한지를 파악하는 데 초점을 맞춘다. 결과는 최종 결론(관점 정의하기)으로 귀결된다. 맥락 지도(133 페이지 참조), 스토리텔링(129 페이지 참조), 비전 콘(141 페이지 참조)과 같은 방법들이 조사를 통하여 발견된 내용을 표현하는 데 사용된다. 관점 정의하기는 아래와 같은 형식으로 조사 결과를 한 문장으로 정리한다(125 페이지 "How might we..." 질문법 참조).

사용자의 이름/페르소나: (누가) _____

니즈: (무엇이 필요한지) _____

무엇을 하기 위해서는: (사용자의 니즈) _____

왜냐하면: (통찰/발견) _____

아이디어 발상하기

관점 정의하기를 마쳤다면, 아이디어 발상하기 단계로 넘어간다. 아이디어 발상하기는 문제에 대한 해결책을 찾는 단계다. 주로 여러 형태의 브레인스토밍(151 페이지 참조)과 창의적인 기술, 예를 들어 혁신 조망도(171 페이지 참조)가 적용된다. 도트 투표와 그 비슷한 도구들(159 페이지 참조) 또한 아이디어를 모으고 선택하는데 도움이 된다.

프로토타입 만들기

프로토타입은 잠재적 사용자가 어떠한 위험 요소도 없이 아이디어나 해결책을 테스트할 수 있게 한다. 특히 디지털 솔루션의 경우 간단한 페이퍼 모델이나 목업을 통해 프로토타입화할 수 있다. 재료는 간단하다. 종이, 알루미늄 호일, 끈 종류, 풀, 접착 테이프 등 아이디어를 구체화하고 실현할 수 있는 재료면 충분하다. 다양한 종류의 프로토타입이 "프로토타입 만들기" 부제목 아래의 툴박스 섹션에 제공되어 있다(187 페이지와 내용 참조). 프로토타입은 핵심 경험을 표현하는 간단한 것에서부터 최종적으로 완성된 것까지 다양하다. 아이디어 발상하기, 프로토타입 만들기, 테스트하기 등은 개별적인 작업이지만 일련의 연속성을 가져야 한다. 이 3가지 과정은 해결책의 영역에 포함되어 있다.

테스트하기

테스트하기는 각각의 기능과 경험 그리고 형태가 개발된 후 프로토타입으로 만들어진 다음에 진행된다. 테스트를 할 때 가장 중요한 것은 잠재적 사용자와의 상호작용이 실제로 일어나야 한다는 것이고 그 결과는 기록되어야 한다. 테스트 워크시트는 이 단계에서 가장 유용하게 사용된다. 전통적인 테스트와 더불어 A/B테스트(233 페이지 참조)와 같은 온라인 도구도 디지털 솔루션 테스트 용으로 사용할 수 있다. 이렇게 하면 많은 사용자를 대상으로 프로토타입과 각각의 기능을 빠르게 테스트할 수 있다. 테스트 결과는 프로토타입 개선을 위한 피드백으로 제공된다. 여기서 나온 아이디어들을 바탕으로 사용자를 최종적으로 설득할 수 있을 때까지 해결책을 지속적으로 발전시켜야 한다. 그렇지 못한다면, 아이디어를 버리거나 변경할 수밖에 없다.

회고하기

지난 과정을 되돌아보고 회고하는 것은 디자인 씽킹에서 꾸준히 해야 하는 필수불가결한 활동이다. 회고 여행(243 페이지 참조)과 I like, I wish, I wonder(239 페이지 참조)에 기초한 피드백 규칙은 마인드세트를 잘 유지하도록 도와준다.

디자인 씽킹 매크로 사이클

디자인 씽킹에서 마이크로 사이클은 여러 번 반복적으로 사용된다. 우리의 비전을 더 선명하게 하기 위하여 확산적 단계에서 가급적 많은 아이디어와 프로토타입을 만들게 되기 때문이다. 수렴적 과정을 통해 프로토타입은 보다 구체적이고 높은 품질의 해결책으로 만들어진다. 예를 들면 기능적 프로토타입은 최종 프로토타입으로 발전되기 전에 개별적인 사안에 관한 문제와 해결책에 대한 적정성을 검토하는 데 도움이 된다. 이 단계 이후에 실행 계획과 시장 출시가 이어지는데, 요즘 많은 제품과 서비스는 MVP(Minimum Viable Product)와 MVE(Minimum Viable Ecosystem)에 기반하여 잘 디자인 된 세심한 비즈니스 생태계를 필요로 한다. <디자인 씽킹 플레이북>을 함께 보면 도움이 될 것이다. 한 단계 더 나아가서 시스템 씽킹과 디자인 씽킹이 조화롭게 통합되는 마인드세트를 갖고 있으면 비즈니스 생태계 디자인에 어떻게 적용되는지를 잘 알 수 있다.

이 책에서는 여러 가지 프로토타입의 "첫 번째 아이디어" 발전 단계에서부터 완성된 프로토타입까지를 프로토타입 만들기 부분(187 페이지 참조)에서 상세하게 보여주고 있다.

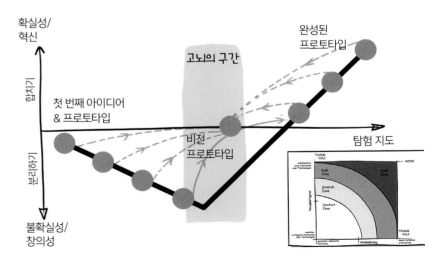

어떻게 디자인 씽킹을 적용할 수 있을까?

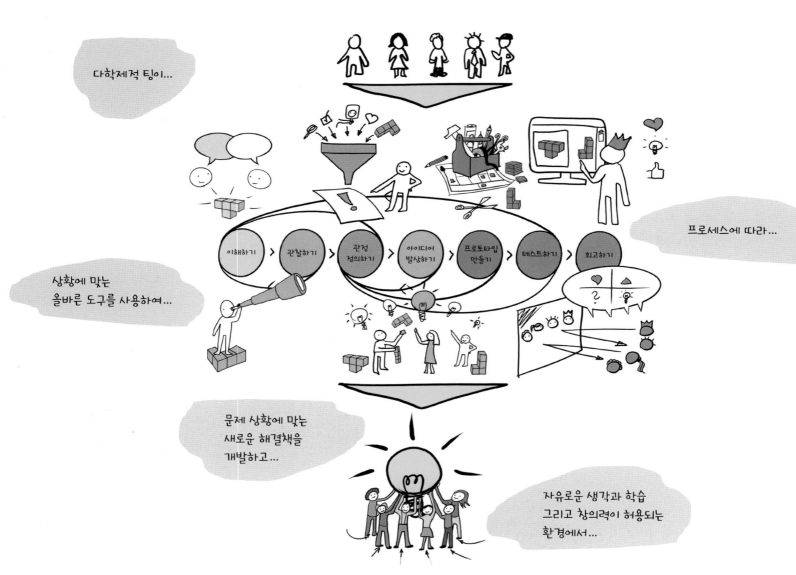

릴리(Lilly)는 누구인가?

앞서 밝혔듯 이 책에서는 디자인 씽킹에 필요한 도구와 방법을 소개하는 것 뿐만 아니라 맥락에 따른 적용 방법도 소개한다. 이에 따라 릴리에게서 간단한 문제 상황을 가져왔다. 릴리는 디지털 트랜스포메이션에 관한 컨설팅 회사를 싱가폴에 설립할 계획이다. 릴리에 대해서 아는 분도 있겠지만 릴리는 지난 저서 <디자인 씽킹 플레이북>에서 다양한 방법론과 도구를 보여주며 우리를 인도했던 3명의 페르소나 중 한 명이다. 아직 릴리를 잘 모르는 분들을 위해 다음과 같이 간략히 소개한다.

현재 28살인 릴리는 디자인 씽킹과 스타트업 코치로 싱가폴 기술 디자인 대학교(SUTD)에서 일하고 있다. SUTD는 디자인 씽킹과 기업가 정신의 선도 기관으로 아시아 지역에 있는 기술 회사들에 유명하다. 릴리는 디자인 씽킹과 린 스타트업을 결합하는 워크숍과 교육 과정을 기획하고 있다. 또한 디자인 씽킹을 직접 가르치기도 하고 학생 팀을 코칭하기도 한다. 지금은 MIT에서 <디지털 세상에 가장 강력한 비즈니스 생태계 디자인> 이라는 박사 학위 논문을 쓰고 있다.

참가자들을 여러 팀으로 구성하기 위해 릴리는 디자인 씽킹 코스에 HBDI(Herrmann Brain Dominance Instrument) 모델을 이용하고 있다. 4명에서 5명으로 이루어진 생산적인 팀들이 이 방법으로 만들어졌고, 각 팀은 한 가지 문제를 맡게 된다. 릴리는 성공 확률을 높이기 위해서는 브레인 모델에 나와 있는 생각하기 모드를 모두 통합해야 한다는 것을 깨달았다. 릴리가 선호하는 생각하기 모드는 두뇌의 오른쪽을 활용하는 것이다. 릴리는 실험적이고 창의적이며 여러 사람들과 어울리는 것을 좋아한다.

릴리는 저장 경영 대학교(Zhejiang University School of Management)에서 기업 경영을 공부했다. 석사 학위를 위해 파리 기술 대학교(École des ponts Paristech)에서 1년을 보냈고 THALES와 함께 스탠퍼드 대학교 ME310 프로그램의 하나인 프로젝트를 진행하면서 디자인 씽킹과 친해지기 시작했다. 이 시기 동안 릴리는 스탠퍼드 대학교를 3번 방문했다. 릴리는 ME310 프로젝트를 너무 좋아해서 싱가폴에 있는 기술 디자인 대학교(University of Technology & Design)에 다니기로 결정했다.

릴리는 이 같은 경험을 바탕으로 친구 조니(Jonny)와 함께 디자인 씽킹과 디지털 트랜스포메이션을 위한 컨설팅 회사를 만들 계획이다.

릴리가 해결하고자 하는 문제는 무엇인가?

앞서 말했듯 릴리는 디자인 씽킹을 이용하여 디지털 혁신을 이루고자 하는 기업을 위한 컨설팅 회사를 만들려고 한다. 릴리의 제안은 일반적인 컨설팅 회사와는 아주 다르다. 이러한 생각의 근거는 디자인 씽킹을 활용한 회사들이 이를 활용하지 않은 회사들보다 5년 기준으로 매출이 약 32% 더 높다는 맥킨지의 연구 결과 때문이다. 이런 연구 결과는 모든 산업에 해당되는 것으로 받아들여지고 있어서 릴리와 조니가 특정한 산업에 집중할 필요는 없다. 그들에게는 문화적 요구까지 포함하는 컨설팅 접근방식을 잘 정의하는 것이 중요하다. 릴리는 유럽과 미국의 디자인 씽킹 마인드세트가 아시아 문화권에서는 자주 실패하고 있다는 사실을 많이 목격했다. 그래서 릴리는 디자인 씽킹 접근 방식에 현지 특성을 충분히 감안하여 융합하는 것이 중요하다고 생각한다. 여기에는 인류학자의 태도, 모방 경쟁자들에 대한 이해, 장시간 시장을 소극적으로 관찰하기 보다는 적극적으로 마케팅 서비스를 활용하기 등이 포함된다.

> "아시아의 문화적 배경을 고려하면서 디지털 트랜스포메이션을 위한 컨설팅 서비스를 어떻게 정의할 수 있을까?"

이해관계자? 타겟 그룹? 비즈니스 모델? 확장?
고객 경험 체인? 가치 제안?

릴리의 디자인 팀은 어떻게 구성되어 있는가?

릴리의 팀은 이 디자인 챌린지를 돕겠다고 제안한 릴리의 이전 학생들로 구성되어 있다. 향후 14주 동안 이 팀은 해결책을 개발하려고 한다. 참가자들은 다양한 방법과 도구를 활용하고 싶어한다. 릴리는 워크숍을 위한 적절한 분위기를 만들기 위해 필요에 따라 다른 장소에서 가장 인기있는 워밍업 도구를 사용하려고 한다. 릴리와 그녀의 디자인 팀이 그린 간략한 삽화는 모든 도구의 마지막 페이지에서 볼 수 있다.

니하오!
저는 릴리입니다. 저는 ...

학생 팀들의 지원이 있으면 좋겠어요...

퀵 스타트 점검 목록

- [ ] 프로젝트 후원자의 기대 수준을 이해한다.

- [ ] 디자인 챌린지와 문제점이 충분히 구체화되어 있다.

- [ ] 디자인 씽킹이 해결책을 찾는 올바른 선택이다.

- [ ] 참가자 모두 반복적, 개방적, 새로운 관점으로 일하는 마인드세트를 이해하고 있다.

- [ ] 팀은 다학제적으로 구성되어 있다.

- [ ] 팀원들의 T형 프로필을 안다.

- [ ] 알맞은 워크숍 공간이 있고, 필요한 재료가 갖춰져 있다.

- [ ] 사용자, 고객, 이해관계자와의 소통이 가능하다.

- [ ] 얼마나 많은 시간이 디자인 챌린지에 필요한지 예측할 수 있다.

- [ ] 첫 디자인 씽킹 워크숍에 관한 개략적인 아젠다를 갖고 있다.

- [ ] 워크숍에 적합하고 충분한 경험을 보유한 퍼실리테이터가 있다.

어디에 문제가 있는가?

누구든 니즈와 문제를 정확히 알고 있다는 전제가 있어야 그에 따른 해결책을 제시할 수 있다. 디자인 씽킹에서는 먼저 한 발짝 뒤로 물러나서 문제를 탐험적으로 인식하기 시작한다.

문제의 중요성을 알리기 위해서는 문제에 대한 정의를 구체화하는 것이 좋은데, 이는 나중에 디자인 요약(문제 정의에 포함됨)의 일부가 되기도 한다. 문제 정의를 포함한 디자인 요약은 창의적 프로세스를 시작하기 위해 중요한 시작점이 되기도 한다. 또한 나중에 다루게 될 디자인 챌린지 부분에서 굉장히 중요해진다. 문제를 제대로 인식하지 못하면 관련없는 부분에 에너지를 쏟기 때문이다. 따라서 초기에는 해결책을 찾기보다 문제에 집중하는 것이 중요하다.

디자인 씽킹에서 문제 탐구는 주로 초기 단계의 "이해하기"와 "관찰하기"에서 시작된다. 공감 인터뷰(57 페이지)와 같은 도구는 원인을 정확히 파악하는데 도움을 준다. 하지만 실전을 거치면서, 우리는 두 가지 단계 뿐만 아니라 전반적으로 모든 단계에 걸쳐 새로운 통찰을 얻게 된다는 것과 새로운 문제도 나타난다는 것을 알았다.

좋은 문제 정의란 무엇인가?

문제 정의에 있어서 가장 중요한 것은 우선적으로 팀원 모두가 문제를 충분히 이해하고 있어야 한다는 것이다. 그리고 인간과 인간이 필요로 하는 것에 집중해야 한다. 사람들은 종종 기능, 판매량, 이익 그리고 특정한 기술 등에 초점을 맞추는 경향이 있다. 물론 문제 정의에 있어서 이런 것들도 가치가 있지만, 여기에만 초점을 맞춰서는 안 된다. 가장 전형적인 사례는 디지털 솔루션을 찾는 것이다. 물론 특정한 문제는 인공지능을 이용하여 해결할 수도 있지만, 다른 새로운 아이디어 발상의 기회를 제한한다는 단점도 있다. 기술력이라는 한 가지 요소에만 너무 몰두하다 보면 시장에서의 새로운 기회를 놓칠 수도 있다는 말이다.

문제 정의에 있어서는 2가지 규칙이 있는데, 사람에 집중해야 한다는 것과 주의를 기울여야 한다는 것이다.

1) 창의적 자유를 보장하기 위하여 문제 정의는 최대한 포괄적이어야 한다.
2) 문제 정의는 현재 가지고 있는 자원(팀 규모, 기간, 예산)으로 문제를 해결할 수 있도록 최대한 제한적이어야 한다.

문제 정의를 의미 있고 실현 가능하게 구체화하는 일은 "이해하기"와 "관점 정의하기" 단계에서 확인할 수 있다. 일반적인 문제 정의는 인간과 그들의 니즈가 잘 포함되어야 한다.

우리가 어떻게 하면 〈고객/사용자〉에게
〈특정한 제한/규칙〉을 이용하여
〈특정한 목표/니즈〉를 성취하게 할 수 있을까?

엄청난 혁신인가 아니면
또다른 골칫거리인가?

이거 여기에 계속
둘 생각은 아니지?

디자인 개요는 무엇을 말하고 있는가?

앞서 밝힌 것처럼, 디자인 챌린지를 기술하는 것은 문제와 과제를 설명하는 데 있어서 중요한 부분이다. 문제 정의를 구체화하는 것은 최소한의 요구사항이 필요하다:

디자인 개요는 더 빠르게 해결책을 찾을 수 있도록 구체적인 내용들을 다룬다. 디자인 개요를 너무 좁게 할 경우 창의성을 제한하는 단점도 있다.

결론적으로 디자인 개요는 문제를 구조화된 작업으로 바꾸는 것이라 할 수 있다.

디자인 개요는 아래의 요소들을 포함하여 핵심 문제에 대한 정보를 제공한다.

▶ **디자인 공간과 디자인 범위에 대한 정의**

– 어떤 활동이 필요하며 누구를 위한 일인가?

– 사용자와 이해관계자는 누구인가?

– 사용자에 대해 무엇을 알고 싶은가?

▶ **문제를 해결하기 위해 이미 존재하는 것에 대한 설명**

– 이미 존재하는 문제는 무엇이고, 문제의 어떤 요소가 해결책의 실마리가 되는가?

– 이미 존재하는 해결책에는 무엇이 빠졌는가?

▶ **디자인 원칙에 대한 정의**

– 팀을 위해 중요한 단서는 무엇인가

(예: 어떤 지점에서 창의력이 더 요구되며 잠재적 사용자는 어떤 특징을 나타내는가?)

– 제한적 요소가 있는가, 어떤 핵심 기능이 필수 불가결한가?

– 디자인 프로세스의 어떤 지점에서, 누구를 합류시킬 것인가?

▶ **문제와 관련된 시나리오 정의**

– 바람직한 미래와 비전은 무엇인가?

– 어떤 시나리오가 예상되고 이는 실현 가능한가?

▶ **실현을 가정할 경우 도전 과제에 관한 정보**

– 초기 단계에서 누가 포함되어야 하는가?

– 혁신적인 해결책의 경우 고려해야할 문화는 무엇이며, 위험 요소에 대한 수용성은 어떻게 되는가?

– 예산과 일정은 어떠하며 혹시 제한사항이 있는가?

▶ **다음 단계와 마일스톤에 대한 정의**

– 언제까지 해결책이 나와야 하는가?

– 가치 있는 피드백을 얻을 만한 위원회 같은 것이 있는가?

디자인 씽킹에 익숙하지 않은 고객이나 사용자가 디자인 개요를 만들 경우, 이 자체를 작은 디자인 씽킹 프로젝트로 만들어 보는 것이 좋다. 이런 경우 우리는 대부분 문제 정의를 고객이나 사용자와 함께 만든다. 이렇게 함으로써, 다학제적 관점에서 단순한 증상이 아닌 근본 문제에 대한 다양한 의견을 들을 수 있다.

디자인 씽킹 워크숍을 제대로 하려면?

디자인 씽킹에서 가장 중요한 요소는 팀원 간의 협업이다. 따라서 참가자들을 한 곳에 모아 놓는 것이 좋다. 이렇게 해야만 문제 정의, 아이디어 그리고 잠재적 해결책을 완벽하게 이해할 수 있다. 또한 팀의 기술력과 능력("흐르는 T" 모델, 31 페이지 참조)을 최적화하여 이용할 수 있으며 팀의 역동성을 자극할 수 있다.

걱정거리를 한 곳에 모을 수 있다.

우리의 경험에 비추어 보면 좋은 결과는 주로 워크숍으로부터 나온다. 만약 그렇지 않다면, 워크숍이 제대로 운영되지 않았기 때문이다. 어쩌면 디자인 씽킹 퍼실리테이터가 팀을 목표한 방향으로 잘 이끌지 못했거나 혹은 방법적 숙련도가 떨어졌을 수도 있다.

퍼실리테이터는 적재적소에 필요한 도구와 방법을 선택하고 시간을 구성하는 책임이 있다. 그리고 계획을 수립할 책임도 있다. 동시에, 그룹의 수요와 니즈를 잘 파악하고 수용해야 한다. 궁극적으로 가장 적절한 해결책을 기꺼이 실행할 수 있어야 한다.

좋은 퍼실리테이터는 각 단계의 목표를 잘 알고 있어야 하고, 결과를 얻을 수 있는 시간 계획도 잘 세울 수 있는 경험이 있어야 하며, 지속적으로 긍정적인 분위기를 만들어낼 수 있어야 한다. 또한 퍼실리테이터는 중립적이어야 하는데, 내용에 헌신하기 보다는 촉진하는 임무가 우선이기 때문이다.

디자인 씽킹 워크숍 준비 과정

자신이 원하지 않더라도 워크숍 구성에는 계획이 필요하다. 처음에는 워크숍의 목표와 순서가 정의되어야 하며, 참가자들이 초대 되어야 하고, 재료가 준비되어야 한다.

준비 과정에도 워크숍 실행만큼 많은 시간이 필요하다.

디자인 씽킹 워크숍의 참가자들:

다음 사항을 고려해야 한다:

- 참가자는 누구인가?
- 참가자들은 서로를 아는가?
- 참가자들은 디자인 씽킹과 워크숍 주제를 얼마나 알고 있는가?
- 참가자들의 기대치는 어느 정도이고, 그들이 가지고 있는 배경은 무엇이며, 워크숍 참가에 대한 불안감은 없는가?

팀의 규모와 능력

좋은 디자인 팀은 다양한 배경과 경험을 가지고 있는 팀원으로 구성된다. 팀원이 팀으로 가져오는 경험과 지식은 "T형" 또는 "흐르는(drippy) T" 모델을 통해 표현된다. 가로 축은 전반적인 경험과 지식의 정도를 나타내고 세로 축은 전문 지식과 지식의 깊이를 나타낸다. 점점 더 "T형 프로필"이 "흐르는 T" 모델로 확장되어 가는 것을 볼 수 있다.

"흐르는 T" 모델

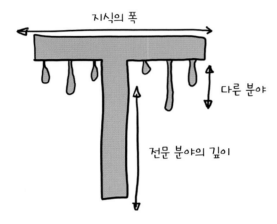

팀의 규모는 디자인 챌린지와 가용한 자원에 따라 다를 수 있다. 대체적으로 3~7명의 팀원이 있어야 한다. 우리의 경험에 비추어 보면 5명이 제일 적당하다. 10명이 넘는 팀은 조직력과 효율성이 떨어진다.

더 많은 사람을 참여하게 하고 싶다면 여러 팀이 서로의 특색을 유지하며 긴밀하게 협력해야 한다. 꼬여 있는 복잡한 문제일수록 어느 한 팀에 귀속되지 않은 전문가들의 "확장된 팀"이 좋은 경우도 있다.

디자인 씽킹을 위한 전용 공간 준비

워크숍 당일, 해당 장소에 일찍 가서 준비할 것을 권한다. 여유 있는 공간이 있어야 한다. 프로젝터 등 필요한 장비나 시설이 있을 경우 워크숍 시작 전에 테스트를 해 보는 것이 좋다. 벽이 있으면 큰 종이를 붙여서 알뜰하게 활용할 수도 있다. 과제와 팀의 규모에 따라서 각 그룹을 위한 개별적인 테이블이 배치되면 좋다.

필요한 재료

프로토타입을 만들고 워크숍을 성공적으로 이끌기 위해서는 다양한 재료가 필요하다 (프로토타입을 위한 재료, 33 페이지 참조).

일정과 시간 관리

참가자들에게 워크숍이 언제 어디에서 열리는지, 쉬는 시간은 어떻게 되는지 등에 대한 일정을 미리 알려줄 수 있다면 제일 좋다.

"창의적인 일"을 하는 것이 얼마나 힘든 것인지 과소평가 되는 경우가 흔하다. 충분하게 긴 휴식을 보장하도록 추천한다. 아직 워크숍 운영에 충분한 경험이 없다면 오리엔테이션을 위한 구체적인 계획을 만드는 것이 당연하다. 우리는 시작할 때나 점심시간 이후 혹은 필요할 때에 팀의 분위기를 띄워 줄 좋은 워밍업에 대한 경험이 많다. 예를 들어, 많은 퍼실리테이터들은 브레인스토밍 세션이나 팀이 프로토타입을 만들 때 조용한 음악을 틀어 주기도 한다.

워크숍에 대한 피드백

정기적으로 지금까지 진행된 과정을 되돌아보면 배울 게 많이 생긴다. 매회 워크숍에서 나온 피드백, 예를 들어 "I like, I wish, I wonder", "내가 지금 무슨 생각을 하고 있지?"와 같은 기법을 활용하면 팀은 늘 배우고 발전하게 된다. 이러한 회고 과정은 1)퍼실리테이션과 팀의 역동성 2)내용, 목표, 문제 해결책과 같은 두 단계로 이뤄진다.

누가 무엇을 언제까지 할까?

마무리와 결론

워크숍의 끝은 처음 못지않게 중요하다. 끝 인상이 첫 인상보다 깊게 남기 때문이다. 갑작스럽게 마무리하면 불만이 생길 수 있으므로 사람들을 기분 좋게 만들어 줄 필요가 있다.

해당 단계의 마지막에는 항상 다음 단계와 다음에 다룰 과제를 잘 정의하고 분배해야 한다.

결론 또한 처음과 마찬가지로 치밀하게 준비해야 한다.

대부분의 프로젝트에는 수없이 많은 미팅이 이어진다. 따라서 참가자들이 다음 미팅을 더욱 기대하고 프로토타입을 만들며 프로젝트를 실행하는 것을 기다리게 만들어야 한다.

자료 만들기와 기록하기

결과에 대한 자료를 가장 빨리 만드는 방법으로는 플립 차트, 페르소나, 포스트잇으로 가득한 벽, 피드백 캡처 그리드(217 페이지 참조) 그리고 완성된 프로토타입에 대한 사진이다. 만약 디자인 챌린지를 꼼꼼하게 기록할 필요가 있을 경우 워크숍을 시작하기 전에 미리 결과(예를 들면, 액션 아이템이나 우선순위 아이디어와 같은) 발표 순서나 구조를 생각해 두는 편이 좋다. 가능하다면 적시에 결과를 보여주기 위해 항상 기록하기를 권한다.

사진 기록

정리하기

워크숍이 마무리되면 누구나 하기 싫은 일이 하나 있다. 바로 워크숍 룸을 깨끗이 정리하는 것이다. 시간을 여유 있게 잡을 필요가 있다. 팁을 하나 소개하면 바로 여러 사람이 힘을 모아 최대한 빨리 정리하는 것이다. 따라서 각 그룹이 사용했던 재료나 결과를 잘 정리할 수 있도록 동기부여 하는 것이 좋다. 집에 목업이나 프로토타입을 기념품처럼 가지고 가게 하는 것도 방법이다.

> **퍼실리테이터를 위한 팁:**
> · 역동성과 예상치 못한 상황에 개방적으로 대처한다.
> · 참가자들의 기분을 잘 파악한다.
> · 웃어라. 특히 자신에 대해서 웃는 것이 중요하다.
> · 토의를 활동적으로 진행해서 "아이디어 저장소(parking lot)"를 만든다.
> · 명확한 지시와 시간 계획을 참가자들에게 잘 전달한다.
> · 과제 수행을 적극적으로 지지하고 돕는다.
> · 참가자들이 실제적인 아이디어나 깊이 있는 발견 등과 같은 목표를 가지고 이를 달성할 수 있도록 동기부여 한다.

어떤 재료가 필요한가?

"손으로 생각하라"와 "말하는 것 보다 직접 보여주는 것이 낫다"라는 말은 디자인 씽킹에서 아주 중요한 의미를 갖는다. 아이디어는 눈에 보이는 프로토타입으로 만들어지면서 완성된다. 이를 위해서는 간단하고 빠르게 만들 수 있는 재료가 필요하다. 또한 린 캔버스와 같은 워크시트지는 A4 용지에 인쇄하여 사용하게 된다.

프로토타입을 위한 재료

재료는 항상 즉시 사용할 수 있도록 준비되어야 한다. 재료가 고급일 필요는 없다. 알루미늄 호일, 파이프 클리너, 접착 테이프, 카드 보드, 끈, 스티로폼 정도의 간단한 재료만 있어도 충분하다.

그룹과 모더레이션을 위한 재료

플립 차트, 펜, 종이(A4와 A3), 포스트잇(다양한 색깔과 크기)을 충분히 준비해야 한다. 작은 워크숍 모더레이션 박스를 준비하여 각 그룹이 사용할 기본적인 접착 펜 , 가위, 압정, 접착 테이프, 포스트잇 그리고 펜을 준비한다.

기술적 장비

프로젝터, 스피커, 카메라를 포함하여 멀티 탭, 긴 코드, 어댑터를 준비하여 공간을 효율적으로 사용하도록 한다. 당연히 물, 음식, 커피, 차 그리고 참가자들을 위한 점심 예약도 빠뜨려서는 안된다.

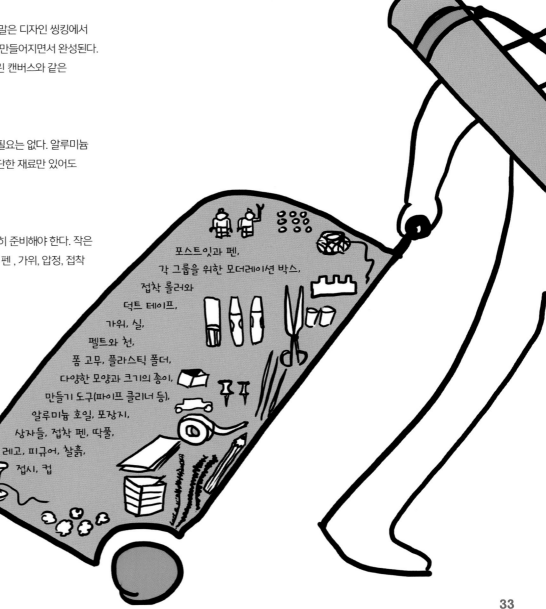

포스트잇과 펜,
각 그룹을 위한 모더레이션 박스,
접착 롤러와
덕트 테이프,
가위, 실,
펠트와 천,
폼 고무, 플라스틱 폴더,
다양한 모양과 크기의 종이,
만들기 도구(파이프 클리너 등),
알루미늄 호일, 포장지,
상자들, 접착 펜, 딱풀,
레고, 피규어, 찰흙,
접시, 컵

디자인 씽킹 워크숍을 위한 캔버스와 예시 주제

워크숍 캔버스를 이용하면 가장 효율적으로 디자인 씽킹 워크숍을 진행할 수 있다. 워크숍 캔버스는 3일 정도의 기일 내에 가장 중요한 요소들을 정확하게 파악하는데 도움이 된다.

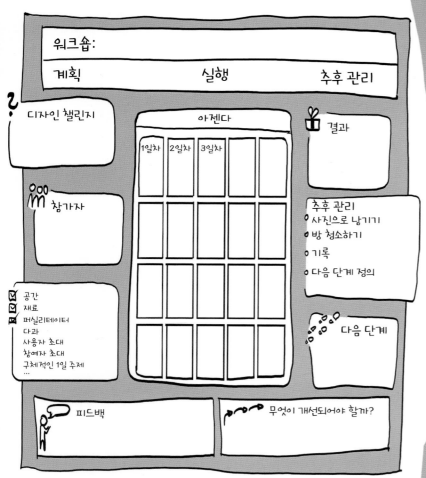

Day 1:
킥오프 & 워밍업
· T형 프로필로 팀과 팀의 역량을 소개하기
· 디자인 씽킹 마인드세트 설명

범위
· 디자인 챌린지 설명
· 문제의 범위와 목적 정의

브레인 덤프
· 브레인스토밍

조사
· 이미 존재하는 해결책 탐색 :
　사용자 관찰하기와 이해하기

종합
· 조사한 내용과 스토리텔링의 변화
· 관점

Day 2:
페르소나
· 조사한 내용과 관점을 바탕으로 페르소나 만들기

아이디어 발상하기
· 브레인스토밍의 여러 가지 종류
· 아이디어를 모으고 연결하기
· 아이디어 우선 순위 정하기

프로토타입 제작과 테스트
· 중요한 경험 프로토타입을 만들고 테스트 하기
· 다양한 프로토타입 만들기
· 프로토타입 테스트하기
· 프로토타입 개선하기

Day 3:
프로토타입 제작과 테스트
· 최종 프로토타입 만들기

검증하기
· 프로토타입 테스트하기, 린 캔버스, 스토리

프레젠테이션
· 해결책 프레젠테이션

마무리
· 다음 단계 검토하기
· 회고하기/피드백
· 방 정리와 작별 인사

워크툴킷 다운로드

www.dt-toolbook.com/agenda-en

창의적 공간의 이점은 무엇인가?

창의적인 공간은 팀 역동성, 프로젝트 결과 그리고 일할 때의 즐거움에 큰 영향을 준다. 그동안 정말 다양한 공간에서 워크숍을 진행했는데, 결국 사람들이 가장 편안함을 느끼는 공간이 디자인 씽킹에 가장 좋은 공간이라는 것을 알게 되었다.

좋은 공간은 창의성을 자극하고, 영감을 주며, 회고하기에 적절하고, 협업을 촉진하며, 무엇보다도 프로젝트의 목적에 맞아야 한다. 공간은 디자인 씽킹 사고를 하고 연습할 수 있도록 유연하게 꾸밀 수 있어야 하지만 공간에 있는 가구들은 기본적으로 무관하다. 또한 다양한 자세(앉거나 서 있는 상태)를 허용할 수 있어야 좋은 공간이 된다.

이상적으로는 서 있는 상태에서 일을 하는 것이 좋다. 참가자들은 서 있는 상태에서 정보를 단순히 소비하기보다 훨씬 더 참여적이고 능동적으로 바뀌기 때문이다. 앉아 있는 상태에서는 대부분 회의 모드로 들어간다. 끝없이 이어지는 프레젠테이션 슬라이드를 보며 아늑하게 커피를 즐길 뿐이다. 편안할 수는 있지만 새로운 시장 기회를 포착하는 일에는 거의 도움이 되지 않는다.

일상적인 업무 경험이나 사업과 전혀 관련이 없는 곳으로 장소를 옮길 경우 좋은 효과를 보기도 한다. 만약 이런 환경이 여의치 않으면 기존의 장소를 조금 다르게 꾸미는 것도 좋다.

가구의 경우 일반적으로 쉽게 옮길 수 있어야 한다. 그룹이나 1인 작업에 따라 가구를 쉽고 빠르게 배치할 수 있어야 하기 때문이다. 또한 4명의 구성원이 작업을 하면서 상호 교류할 수 있도록 최소한 15제곱미터 이상이 되어야 한다.

대부분 높은 책상이 필요한 경우는 흔치 않다. 의자 4개를 붙여 테이블처럼 사용할 수도 있다. 이 경우 사용하기 전에 흔들리지 않는지 확인해야 하지만 대부분 큰 무리가 없다. 그리고 조금 색다른 느낌을 주기도 한다.

다양한 화이트보드와 플립 차트는 워크숍 결과를 시각화하기 좋다. 벽을 종이로 덮어서 참가자들이 포스터나 사진, 플립 차트 등을 붙일 수 있게 하는 것이다. 창의적인 공간으로 가장 바람직한 것은 프로토타입 재료를 쉽게 가져다 쓸 수 있어야 한다는 점이다.

마지막으로 휴식 시간에는 충분한 물과 커피, 주스, 과일, 초콜릿, 과자 등을 제공하는 것도 중요한 포인트다. 창의적인 작업에는 늘 허기가 따르며 배가 든든해야 좋은 워크숍이 된다.

툴박스

이 책은 워밍업으로 시작하여 전문가들의 디자인 씽킹 도구와 방법을 설명하는 식으로 전개된다. 오리엔테이션에서는 디자인 씽킹 프로세스의 각 단계에 적용되는 도구에 대해 설명한다. 그래야 문제를 좀더 심도 있게 이해하고 잠재적 사용자를 제대로 파악하는데 도움이 된다. 이는 "이해하기"와 "관찰하기" 단계에서 이루어지며 여기서 발견된 사실을 기반으로 결과에 대한 종합적인 해결책을 제시하게 된다. 또한 관점을 좀더 구체화할 수 있는 전략도 제시된다. 해결책 부분에서는 아이디어 발상, 초기 프로토타입 제작, 테스트 등이 이뤄진다. 이 단계를 성공적으로 가이드할 수 있는 다양한 리소스들이 이 책에 포함되어 있다. 마지막으로 회고를 위한 방법들도 소개되어 있다.

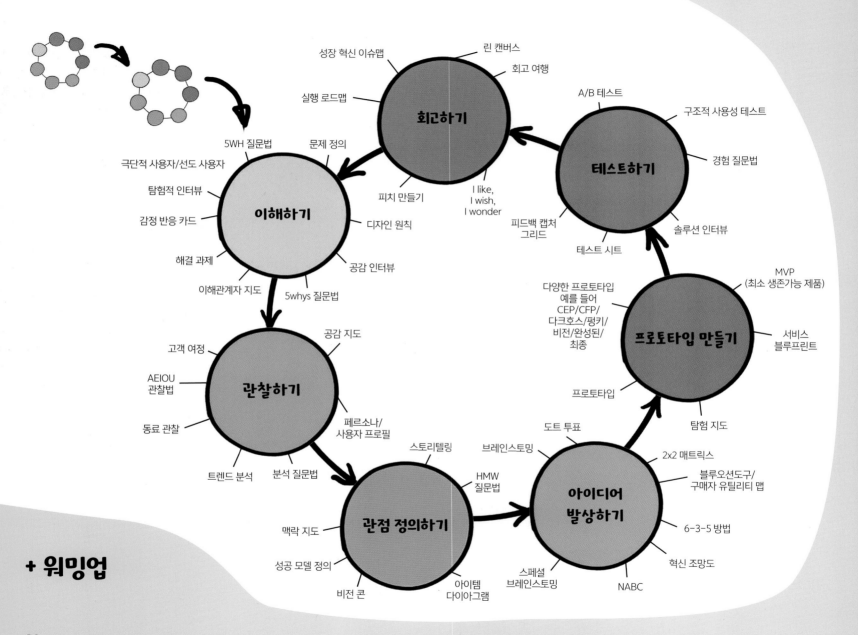

+ 워밍업

상황별 워밍업

워밍업의 효과

운동선수에게 워밍업은 근육을 최대한 이완시키는 것이고, 가수에게 워밍업은 목소리를 다듬는 것이다. 또한 자동차 경주에서는 자동차의 성능을 미세하게 조절하는 것이다. 디자인 씽킹에서는 워밍업을 시작 단계 뿐만 아니라 휴식을 가진 이후 혹은 팀이 더 이상 효율적으로 일하고 있지 않다고 판단될 때 한다. 협업을 위한 다양한 단계에서 여러 가지 이유로 사용될 수 있다. 워밍업은 창의력을 자극하고 팀의 능률을 높이며 휴식과 여유를 주거나 서로를 알아가는 시간이 된다.

워밍업은 협업을 유도하고 궁금해하는 태도를 유지하며 이를 강화하도록 돕는다. 워밍업을 잘하면 디자인 씽킹 프로세스가 원활하게 이뤄지고, 참가자들의 에너지가 넘치며, 문제 해결을 촉진하기도 한다. 하지만 때로는 역효과를 가져오는 경우도 있다. 상황에 맞지 않거나 조직 문화를 고려하지 않으면 워밍업이 오히려 긴장감과 불편함을 불러 일으키기 때문이다. 항상 상황에 맞는 워밍업을 고려하고 선택해야 한다.

다음 페이지에 다양한 워밍업이 소개된다.

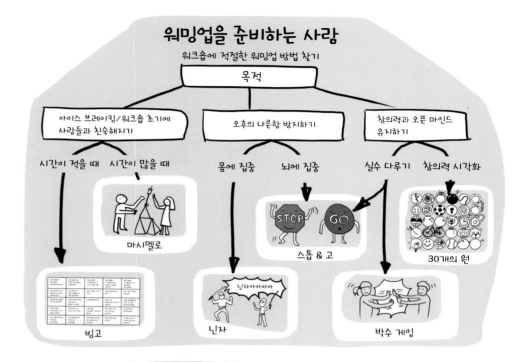

워밍업을 하는 이유

- 긍정적인 팀 분위기 조성
- 사회적 거리감 제거
- 긍정적인 에너지 확산
- 올바른 마인드세트와 방향성 준비
- 워크숍 참가자가 서로를 알아가는 기회 제공
- 성공해야 한다는 부담감 제거
- 참가자들의 주의를 돌려 워밍업 이후에 집중력 강화
- 즐기며 웃는 시간 제공

팁:

- 워밍업 방법을 선택할 때는 반드시 신중해야 한다. 그리고 참가자들이 워밍업에 잘 적응할 수 있어야 한다.

박수 게임

나는…

긍정적인 분위기를 만들고 싶다.

1.

참가자들끼리 파트너를 선택한다.

2.

다같이 3까지 센다(1-2-3-1-2-3…). 점점 더 빠른 속도로 반복한다.

1, 2, 3

3.

2를 박수로 바꾼다. 이제부터 숫자와 박수의 리듬이 생긴다.

1, 짝, 3

4.

다음은 숫자 1을 손가락 튕기는 소리(엄지와 중지를 이용)로 바꾼다. 손가락 클릭 한번으로 숫자박수에 리듬이 더해져서 참가자들은 많이 웃게 될 것이다.

틱, 짝, 3

그룹 크기	소요 시간	필요한 재료
2명 이상	5분	· 없음

응용:

자신과 다른 사람의 실수를 회고하며 이를 수용하는 것이 중요하다. 실수할 때마다 환호성을 지르면 그 느낌이 더 강해진다.

빙고 게임

영어 소설을 3권 읽었다.	피자 프로슈토를 3번 먹었다.	미국에 최소 3번 가 본 적이 있다.	최소 3개의 다른 국가를 방문했다.	레드불스를 최소 3잔 마신다.
호주나 뉴질랜드에 가 본 적이 있다.	영화관에서 제임스 본드 영화를 3편 봤다.	파리에 다녀온 적이 있다.	가장 좋아하는 색깔은 파랑이다.	해리포터를 읽었다.
3개 이상의 언어를 사용한다.	부모님은 다른 나라에서 오셨다.	형제 자매가 있다.	악기 연주를 할 수 있다.	롤링 스톤즈보다 비틀즈를 더 좋아한다.
구두보다는 운동화를 신는다.	바다에서 휴가를 보내는 것을 좋아한다.	하이킹과 산을 좋아한다.	카 셰어링을 이용한다.	스카우트 활동을 했다.
디자인 씽킹 경험이 있다.	디자인 씽킹 플레이북 책을 가지고 있다.	킥스타터에서 무언가를 샀다.	린 캔버스를 안다.	스타트 업에서 일하고 싶다.

나는...

참가자들이 서로에 대해 잘 알고 모두가 즐거운 시간을 갖게 하고 싶다.

1.
먼저 펜과 빙고 카드를 모든 참가자에게 배포한다.

2.
시작 신호와 함께 카테고리에 맞는 참가자 찾기가 시작된다 ("예"라고 대답하는 사람을 찾는다).

3.
다음의 두 가지 규칙을 따른다.
1) 가능한 많은 사람들과 대화하기 위해 각각의 사람은 딱 한 번만 대화를 할 수 있다.
2) 먼저 질문할 필드를 정하고 대화를 시작한다.

4.
빙고카드의 각 필드에 이름을 먼저 쓴 사람이 빙고! 라고 외치면 게임이 끝난다. 만약 아무도 주어진 시간 내에 빙고를 하지 못한다면, 가장 많은 칸을 채운 사람이 이긴다.

5.
최종결과를 공유하고 워밍업을 마무리한다.

안녕하세요?

당신이 좋아하는 색깔은 파란색이죠?

맞아요!

빙고!

그룹 크기

16명 이상

소요 시간
7~10분

필요한 재료

· 펜
· 참가자 당 빙고 카드 1장

응용

카드는 워크숍의 분위기에 따라서 특정 주제로 준비할 수 있고 어떤 구체적인 질문으로 준비할 수 있는데 예를 들어, 회사에 화이트 보드가 있는가? 혹은 디자인 씽킹에 대한 경험이 있는가? 등이다. 특별히 유별난 질문을 쓸 수도 있다(채식주의자이다 혹은 스카이 다이빙을 자주 간다). 참가 인원의 숫자와 시간에 따라서 가로, 세로, 대각선 한 줄을 채워서 빙고를 외치는 것으로 규칙을 바꿀 수 있다.

스톱&고

나는...

교류에 방해가 되는 것을 없애고 집중력을 강화하며 즐거운 시간을 보내고 싶다.

게임 방법

· 모든 사람이 방 안을 자유롭게 움직인다.
· 모더레이터가 "스톱"을 외치면 멈추고, "고"를 외치면 계속 걷도록 지시한다.
· 집중력을 높이기 위해 "스톱"과 "고"의 뜻을 바꾼다고 밝히고 바꿔서 지시한다. "스톱"이라고 외치면 걷고, "고"라고 외치면 멈춘다.
· 다음 단계에서는 "이름(나의 이름 부르기)" 그리고 "박수(손뼉치기)"를 추가한다(모터레이터가 "이름"이라고 외치면 본인의 이름을 말하고, "박수"라고 외치면 손뼉을 친다).
· 이 두 가지 단어의 뜻도 서로 바꿔본다(모터레이터가 "박수"라고 외치면 나의 이름을 말하고, "이름"이라고 외치면 손뼉을 친다).
· "점프"와 "댄스" 명령도 추가해본다.
· 이 단어들의 뜻도 서로 바꿔본다.
· 참가자들이 게임에 익숙해지고 모든 것이 제대로 이루어지면, "이름, 이름, 이름"이라고 외치고, 참가자들은 이름을 세 번 말하며 박수를 치고, 서로 격려하며 마무리한다.

그룹 크기	소요 시간	필요한 재료
6명 이상	8분	· 없음

응용

· 모더레이터는 참가자로 대체될 수 있고, 참가자 그룹에서 누군가가 지시를 내릴 수도 있다. 맥락과 상황에 따라 개성있는 방법을 적용할수 있는데 점프를 앉는 것으로 또는 박수를 치는 대신 하이파이브 같은 것으로 바꿀 수 있다.
· 다른 단어를 사용해도 된다. 예를 들어, 콜라=오른쪽으로 돌기, 환타=왼쪽으로 돌기, 스프라이트=점프, 레드불=...
· 실수한 사람은 환호성을 지르며 박수를 치게 한다.

30개의 원

나는...

참가자들의 창의력을 높여주고 싶다.

교육 목표

창의력에 대한 참가자들의 자신감을 높인다. 예쁘게 그림을 그려야 한다는 부담을 주지 않고 메시지에 집중하면서 원 안의 하얀 부분을 채워 나가게 한다.

게임 방법

· 참가자들에게 펜과 원이 그려져 있는 종이를 나눠준다.
· 원 안에 원으로 표현할 수 있는 무언가의 그림을 가능한 많이 채우라고 요청한다.
· 시간을 제한하고 "시작"이라고 외치면 원 안에 그림을 그리기 시작한다.
· 제한 시간은 2분.
· 결과를 비교하여 얼마나 많은 원이 채워졌는지만 따지지 말고, 그 내용(배구공, 축구공, 농구공 등은 시계, 반지, 눈보다 동질성이 높은 것으로 간주한다)에 집중한다.
  혹시 누군가가 "규칙을 어기고" 두 개 이상의 원을 연결하여 하나로 만들지는 않았는가?

그룹 크기	소요 시간	필요한 재료
3명 이상	5~10분	· 펜 · 종이

응용

· 예를 들어, 냄비 뚜껑과 같은 단어를 제시한다. 그리고 참가자들에게 '냄비 뚜껑'을 어떤 용도로 대체할 수 있는지 떠오르는 대로 기록하게 한다. 예를 들어, 참가자들은 터보건 썰매, 원반, 운전대, 드럼 등을 적는다.

닌자 게임

닌자아아아아!!

나는...
참가자들의 주의를 산만하게 하여 워밍업 이후 더 많은 집중력을 발휘하게 하고 싶다.

교육 목표
빠른 판단력과 순발력을 요구하고, 재미있게 즐기게 한다.

1.
참가자들을 작은 그룹으로 나눈 뒤 다같이 모여서 원을 만들게 한다 (손은 옆 친구의 어깨 위에 올려놓아도 된다).

2.
한 사람이 "닌자!"라고 외치면 (닌자를 길게 말하면 더 많은 효과를 볼 수 있다) 모든 사람이 뒤로 물러나서 점프를 하며 원하는 닌자 포즈를 취하고 멈춰 선다.

3.
팀에서 미리 정해진 사람이 한 발자국을 움직여서 다른 사람의 손을 때리려고 시도한다. 공격을 한 사람은 계속 그 동작을 유지해야 하고, 공격을 당한 사람은 손을 피할 수 있다.

4.
손을 맞으면 "아웃"되고 게임에서 퇴장한다.

5.
한 사람의 동작이 끝나면 시계 방향의 다음 사람이 움직이기 시작하고, 다시 게임이 시작된다. 게임은 최후의 한 명이 남을 때까지 진행된다.

그룹 크기	소요 시간	필요한 재료
5~6명	20분	✂ · 넓은 공간

마시멜로 챌린지

나는...

참가자들이 아이디어를 빠르게 구체화할 수 있는 능력과 팀워크를 만들게 하고 싶다.

교육 목표

손으로 생각하는 능력과 반복 작업, 테스트가 중요하다는 것을 알린다.

1.

도전과제는 팀 단위로 가장 높은 구조물을 만들어서 그 꼭대기에 마시멜로를 올리는 것이다.

2.

각 팀은 정해진 분량의 준비물을 받는다.

3.

마시멜로의 높이를 측정하기 때문에 마시멜로는 구조물의 가장 위에 있어야 한다.

4.

구조물은 바닥이나 책상 위에서부터 시작한다. 천장에서 내려오는 형태의 구조물은 안 된다.

5.

구조물은 제한 시간이 끝난 후 최소 10초 동안은 다른 인위적인 도움 없이 유지되어야 한다.

6.

각 팀에게 주어지는 시간은 15~20분이다. 만약 구조물을 일찍 만든 팀이 있다면, 모더레이터를 불러 구조물의 높이를 측정할 수 있다.

그룹 크기	소요 시간	필요한 재료
 5명	20분	· 마시멜로 1개 · 스파게티 20개 · 접착 테이프 1미터 · 줄 1미터

팁

게임을 마친 후에 진행되는 회고 과정이 아주 중요하다. 행동에 대한 편견 "빨리 그리고 자주 실패하라", 반복 작업과 테스트 그리고 팀워크에 대해 이야기를 나눈다.

단계: 이해하기
(Understand)

문제를 잘 이해하는 것은 디자인 씽킹에서 가장 중요한 요소다. "이해하기" 단계에서, 우리는 그 문제에 대해 우리 스스로 익숙해지기를 원한다. 디자인 챌린지를 구체화하기 위해 "문제 정의"라고 일컫는 질문으로 표현한다. 문제 정의는 다양한 기법과 도구를 통해 확장되기도 하고 좁혀지기도 한다. 5WH 질문이나 5whys 질문법과 같은 도구는 여기서 매우 유용하다. 목적은 가능한 한 많이 잠재 사용자의 니즈를 파악하는 것이다. 이렇게 얻어진 결과들은 우리로 하여금 문제 정의를 더욱 분명하게 하고, 팀의 문제를 공통적으로 이해하는데 도움을 준다.

문제 정의(Problem statement)

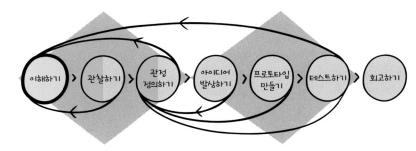

나는...

핵심 문제를 일관성 있게 정의하고 간단한 문장으로 표현하고 싶다.

이 도구로 할 수 있는 작업

- 고객과 팀 간의 문제에 대한 공통적인 이해도를 높인다.
- 디자인 챌린지에서 문제 분석으로부터 수집된 결과를 표현한다.
- 아이디어 발상의 방향과 틀을 개략적으로 설명한다.
- 타겟화된 "How might we..." 질문(HMW 질문)을 작성할 수 있는 근거를 마련한다.
- 차후의 성공 측정을 위한 기준을 마련한다.

이 도구에 대한 유용한 정보

- 디자인 씽킹에서 우리는 항상 문제에서 출발하며, 결코 해결책에서 출발하지 않는다.
- 디자인 챌린지는 문제 상황의 이해부터 시작된다.
- 문제 해결을 시작하기 전에 문제를 명확하게 이해해야 한다.
- 문제 정의는 분석 결과를 통합하고 포착하기 위한 핵심 도구다.
- 문제 정의("관점 정의하기" 참조)는 관련 문제 공간의 시작과 끝 그리고 "아이디어 발상하기" 단계로 전환하는 것을 나타낸다.

어떤 도구를 대신 사용할 수 있는가?

- 디자인 개요(29 페이지 참조)
- 디자인 원칙(53 페이지 참조)

문제 정의 작성을 지원하는 방법은?

- 맥락 지도는 수집된 정보의 맥락과 패턴을 이해하는 데 도움이 된다(133 페이지 참조).
- 원인-결과 다이어그램을 통해 문제의 원인과 영향을 구별할 수 있다.
- "How might we..." 질문은 문제 정의의 결과를 디자인 기회로 전환하는데 도움이 된다 (125 페이지 참조).
- 5WH 질문법(71 페이지 참조)

어느 정도의 시간과 어떤 재료가 필요한가?

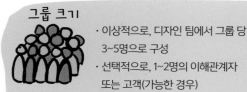

그룹 크기

· 이상적으로, 디자인 팀에서 그룹 당 3~5명으로 구성
· 선택적으로, 1~2명의 이해관계자 또는 고객(가능한 경우)

3~5명

소요 시간

· 문제 정의를 작성하는데는 일반적으로 피, 땀, 눈물뿐만 아니라 약간의 시간이 필요하다.
· 최소 30분의 짧은 주기가 유용하다.

30~40분

필요한 재료

· 펜과 포스트잇
· A4 세로 용지와 A3 가로 용지 여러 장
· 질문의 구조는 빈칸 채우기 텍스트로 제공할 수 있다.

순서: 문제 정의

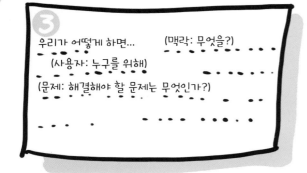

도구 적용 방법

· 구성 요소를 직접 종이에 스케치하거나 템플릿을 사용한다.
· **1단계:** 다음 질문(문제/대상자/맥락)은 문제 정의 작성에 도움이 된다.
  ✓ 무엇이 문제인가? 왜 그것이 문제인가?
  ✓ 누가 문제를 가지고 있는가? 누가 필요한가?
  ✓ 문제는 언제 어디서 발생하는가?
  ✓ 그 문제는 현재 어떻게 해결되고 있는가?
· 몇 장의 A4 용지(세로)에 질문을 적고 그 아래에 답변을 위한 충분한 공간을 남겨둔다.
· 질문과 답변에 다른 색상을 사용하고 가능한 한 읽기 쉽고 크게 쓴다.
· 이러한 문제 정의를 최소 10개 이상 작성한다.
· **2단계:** 이 종이를 벽에 부착하고 그 아래에 A3 용지를 가로로 붙인다. 그런 다음 정의된 문제를 통합하거나, 예를 들어 도트 투표(dot voting)를 통해 가장 적절한 항목을 선택한다 (159 페이지 참조).
· **3단계:** 개별적으로 정의된 문제를 체계적으로 중요한 문제로 전환한다. 예를 들어, "우리가 어떻게 하면 디자인을 다시 할 수 있을까? [무엇을?]... [누구를 위해?]... 그래서 [그 니즈가] 만족되는가?"

이것은 Stefano Vannotti가 가장 즐겨 쓰는 도구다

직위:

취리히 예술 대학(ZHDK)의 MAS 전략 디자인 연구 책임자

"문제 분석에서 나온 모든 결과를 적절하게 조합하는 것은 모든 프로젝트에서 가장 결정적인 순간입니다. 핵심 과제를 모르면 어떤 문제도 성공적으로 해결할 수 없습니다."

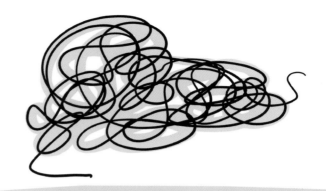

왜 그는 이 도구를 좋아하는가?

특정 디자인 챌린지를 명확하고 이해하기 쉽게 설명하는 것은 그 아이디어의 타깃이 되는 세대를 위한 필수 조건이다. 많은 프로젝트에서 먼저 문제 상황을 명확하게 이해해야 한다. 문제 정의 방법은 혁신적인 해결책을 위한 올바른 관점과 적절한 프레임워크를 정의하는데 도움이 될 수 있다. 여기에 좋은 디자인 씽킹의 진정한 강점이 있다: 그것은 바로 창의성의 성공적인 발현을 위한 충분한 토대를 만드는 것이다.

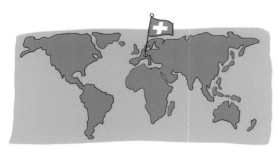

국가:

스위스

소속:

취리히 예술 대학교(ZHdK)

전문가 Tips:

문제를 재구성하라

· 문제 정의가 잘 되었다고 문제가 해결되는 것은 아니다. 그럼에도 불구하고, 문제를 명확하게 표현하는 것은 다음 단계를 위한 견고한 기초를 제공한다. 문제를 재구성하는 것을 문제를 제대로 이해하는 데 확실히 도움이 된다. 많은 프로젝트는 둘 이상의 관점에서 고려해야 하는 도전적인 문제 정의를 다룬다. 어떤 경우에는 다른 사용자의 관점에서 여러 가지 문제 정의를 표현하는 것이 합리적이다.

바로 잡아라

· 종종 문제, 원인, 결과가 뒤죽박죽된다. 구조적인 명확성을 만들어라.

· 바람직한 결과에 대한 초기 비전은 문제를 올바르게 정의하는 것과 밀접하게 관련이 있다. 이러한 맥락에서, 문제와 해결책은 프로젝트의 진행 과정에서 서로 영향을 주고 변화한다는 것을 깨닫는 것이 중요하다.

· 문제 정의는 기본 과제를 명확하게 파악하는데 도움이 된다. 그러나 프로젝트의 다음 단계를 위해서는 적절한 디자인 기회가 HMW 질문의 형태로 도출되어야 한다.

검수:　**Martin Steinert**

소속 | 직위:　노르웨이 과학기술대학교(NTNU) | 엔지니어링 디자인 & 혁신학과 교수

- 릴리가 문제를 설명한다. 팀은 초기 조사 내용을 바탕으로 문제를 보완한다. 그들은 5WH 질문으로 문제를 분석한다.
- 그러면 다양한 문제가 언급되고, 문제의 맥락뿐만 아니라 특정한 대상자들이 묘사된다. 이러한 요소들은 함께 만들어낸 문제 정의에 역순으로 통합된다.
- 토론은 공통된 표현을 만들어내고 대상 그룹을 이해하는데 도움이 된다.

주요 학습

- 명확하고 간결하게 문제를 정의하기 위해서는 여러 번의 시도가 필요한 경우가 많다.
- 명확한 표현과 단어 선택의 즐거움은 여기서 중요한 요소다.
- 다른 형태들을 만들어내고, 그룹에서 이에 대해 토론한다.

워크툴킷 다운로드

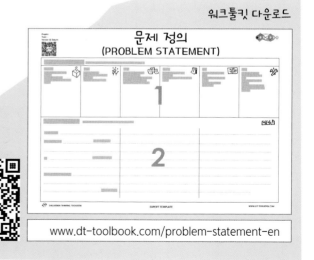

www.dt-toolbook.com/problem-statement-en

디자인 원칙(Design principles)

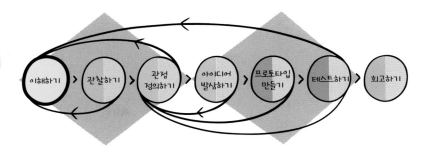

나는...

디자인 씽킹 프로젝트 동안 팀의 프레임워크를 구성하는 가이드라인을 정의하고 싶다.

이 도구로 할 수 있는 작업

- 프로젝트 초기에 구체적인 사고방식이나 제품/서비스에 대한 요구 사항에 초점을 맞춘다.
- 팀원 모두가 동일한 수준으로 작업할 수 있도록 팀 과제에 대한 일관된 이해를 제공한다.
- 디자인 팀의 의사결정이 더 빨리 이루어질 수 있도록 지침을 제공한다.
- 높은 우선순위로 먼저 처리해야 하는 것의 일반적인 특성을 정의한다.
- 향후의 디자인 챌린지가 동일한 주요 원칙에 따라 작성될 수 있도록 하는 가이드라인을 만든다.

이 도구에 대한 유용한 정보

- 전체 디자인 씽킹 사이클에서, 디자인 팀은 매순간 의사결정을 내려야 하는 상황에 처하게 된다. 이러한 중요한 지점에서 디자인 원칙은 팀을 지원할 수 있다.
- 디자인 원칙은 광범위하고 중요한 개념에서부터 각 사례의 디자인 방향에 대한 결정을 지원하는 프로젝트별 요구사항에 이르기까지 다양하다.
- 또한 제품의 가장 중요한 기능은 디자인 원칙을 통해 다른 이해관계자 그룹에 전달된다.
- 디자인 원칙은 후속 프로젝트 팀에게 디자인에서 지침을 주는 아이디어가 무엇인지 더 잘 이해할 수 있도록 하기 때문에 디자인 씽킹 사이클을 넘어서도 중요하다.
- 또한 디자인 원칙은 제품과 서비스 기능에 대한 경험을 바탕으로 하기 때문에 팀의 지식 기반과 같다.

어떤 도구를 대신 사용할 수 있는가?

- 성공모델 정의(137 페이지 참조)

이 도구와 함께 쓸 수 있는 도구는 무엇인가?

- 이해관계자 지도(83 페이지 참조)
- 프로젝트 후원자 또는 기타 관련된 이익 단체(예: 의사결정자 및 운영 위원회)의 목록
- 과제를 할당한 조직의 미션과 비전
- 도트 투표(159 페이지 참조)

어느 정도의 시간과 어떤 재료가 필요한가?

그룹 크기

5~12명

- 디자인 챌린지에 따라 디자인 팀 + 선정된 이해관계자 및 고객으로 구성된 5명에서 12명 사이의 참여자
- 보통 퍼실리테이터 또는 프로젝트 매니저가 이끌어간다.

소요 시간

90~180분

- 디자인 원칙은 프로젝트의 중요한 기초다.
- 디자인 원칙을 정의하는 데는 최대 몇 시간이 걸릴 수 있다. 명확한 정의는 프로젝트 과정에서 불확실성이 발생할 때 팀을 신속하게 지원할 수 있다.

필요한 재료

- 화이트보드, 펜, 포스트잇
- 투표용 컬러 도트(도트 투표)
- 기타 디자인 챌린지 및 디자인 원칙에 대한 경험 기록 및 문서 자료

순서: 디자인 원칙

도구 적용 방법

해당 과제에 대한 디자인 원칙을 정의하는 것을 목적으로 화이트보드 세션에 핵심 팀과 관련 이해관계자들을 초대한다.

- **1단계:** 화이트보드 위에 "바구니"와 피라미드를 스케치한다. 그런 다음 모든 참가자들에게 디자인 원칙을 포스트잇에 적게 한 후, 그 포스트잇을 "바구니" 위에 붙이도록 한다. 팀원이 바구니 위에 포스트잇을 붙일 때마다, 자신이 써서 붙인 디자인 원칙의 이유를 설명하도록 한다.
- **2단계:** "바구니"가 가득 차면 디자인 원칙들이 적힌 포스트잇을 피라미드 그림 위에 3개의 그룹으로 나누어 분류한다. 분류에는 규칙이 있는데, 피라미드 위쪽일수록 해당 프로젝트와 관련하여 구체화된 원칙들을 배치하고, 일반적인 디자인 원칙들은 피라미드의 아래쪽에 둔다.
- **3단계:** 디자인 원칙들의 배치가 완료되면 투표를 할 수 있다(예: 도트 스티커 포함). 투표의 목적은 디자인 원칙을 섹션 당 최대 3개, 피라미드 당 최대 9개로 줄이기 위함이다.
- **4단계:** 선택 및 채택된 디자인 원칙들은 팀 구성원들이 자주 마주치는 위치에 놓아서 빠르게 접근할 수 있도록 하는 것이 가장 좋다.

- 디자인 원칙에 대한 영감은 www.designprinciplesftw.com과 같은 웹사이트에서 찾아 볼 수 있다.

이것은 Slavo Tuleja가 가장 즐겨 쓰는 도구다

직위:

ŠKODA AUTO DigiLab 혁신 책임자

"나에게 있어 디자인 씽킹은 따라야 할 훌륭한 원칙이지만 궁극적으로 우리 모두는 실행에 대해 평가를 받습니다. 프로젝트의 론칭, 고객 수, 판매 단위 그리고 삶의 변화를 생각해보세요."

왜 그는 이 도구를 좋아하는가?

디자인 씽킹을 적용할 때, 사람들이 창조적 자유에 대처하지 못하는 것을 자주 보게된다. 팀원들은 마음대로 쓸 수 있는 빈 종이를 앞에 놓고 앉아 어떻게 해야 할지를 모른다. 디자인 원칙은 서비스와 제품 개발의 다양한 단계에서 사용될 수 있기 때문에 내가 가장 좋아하는 도구다. 나는 주로 디자인 씽킹 경험이 적은 팀에 이 도구를 사용한다. 디자인 원칙은 디자인 사이클 전반에 걸쳐 가드레일 역할을 하며, 결정을 내리는 데 도움을 준다.

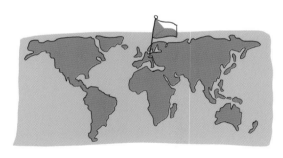

국가:

체코

소속:

ŠKODA AUTO DigiLab

검수: **Tobias Lüpke**

소속 | 직위: Ernst & Young | 국제 조세, 시장 및 BD 책임자

전문가 Tips:

왜?라는 질문으로부터 시작하라

· 질문: 왜 우리가 이 프로젝트를 하는 거지? 왜 지금일까? 왜 이 범위에 있지?

· 우리는 스스로에게 영감을 얻는다. 이미 다른 사람들은 이 경로 혹은 이와 유사한 경로를 통하여 다양한 적용 방식으로 디자인 원칙들을 개발해왔다.

· 우리는 이 활동이 전체 핵심 팀과 함께 수행되도록 하고, 디자인 원칙을 프로젝트 초기에 정의하는 것이 왜 중요한지에 대해 모두가 이해하도록 한다. 이것은 또한 이해관계자들을 디자인 원칙 정의 단계에 참여시킬 때 적용되며, 우리는 그들과 좋은 관계를 유지했으면 한다.

과감하게 보여줘라

· 디자인 원칙을 대형 포스터처럼 모든 팀원들이 볼 수 있는 장소에 배치한다.

· 디자인 원칙은 해결책의 가장 중요한 특성을 전달하는 데 도움이 된다.

· 또한 디자인 원칙은 비전을 정의하기 위한 좋은 기준이 되고, 미래 프로젝트의 성공적인 구현에 도움이 된다.

말하지 말고 그냥 보여줘라

· 일부 이해관계자들(예: 의사결정자)은 디자인 원칙을 무의미한 단어로만 여기는 것이 아니라 실제 적용되는 것을 보고 기뻐할 것이다.

· 또한 이 원칙은 프로젝트 중 팀이 개발한 솔루션을 지키는데 도움이 된다.

· 디자인 원칙을 만들 때 세부 사항에 너무 집착해서는 안된다. 왜냐하면 결국 세부 사항에 대해 단지 말로만 하는 것보다는 무언가를 시도해보는 것이 더 중요하기 때문이다.

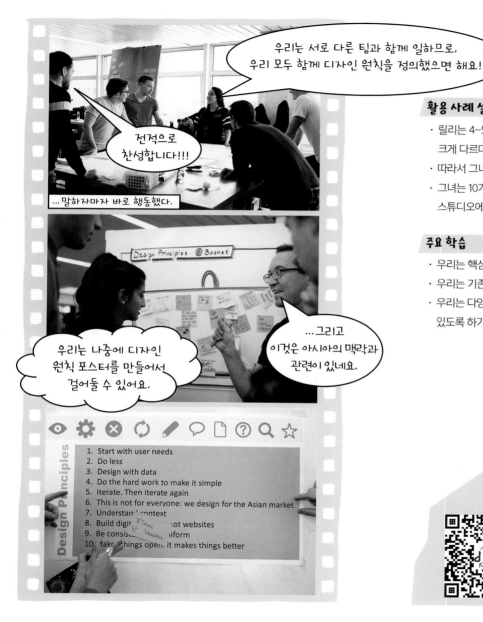

활용 사례 설명

· 릴리는 4~5명으로 구성된 총 5개의 팀과 함께 일하고 있다. 그녀는 각 팀의 아이디어가 크게 다르다는 것을 알았다.

· 따라서 그녀는 프로젝트의 핵심적인 디자인 원칙들과 가치를 정의하고자 한다.

· 그녀는 10가지로 정의된 디자인 원칙 목록을 작성하고, 그 원칙들이 잘 보이게 디자인 스튜디오에 포스터로 걸어두었다.

주요 학습

· 우리는 핵심 팀과 함께 디자인 원칙을 개발한다.

· 우리는 기존의 디자인 원칙들에서 영감을 얻는다.

· 우리는 다양한 질문에 보다 신속하게 답변하고 의사결정을 내릴 때 적절한 조치를 취할 수 있도록 하기 위해 디자인 원칙을 "사용 설명서"로 여긴다.

워크툴킷 다운로드

www.dt-toolbook.com/design-principles-en

공감 인터뷰(Interview for empathy)

질문 지도와 여정 지도를 사용한 심층 인터뷰로 다양한 형태를 포함

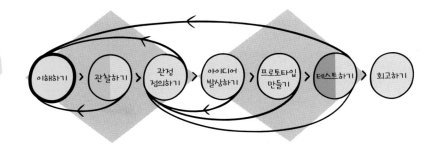

나는…

사용자 입장에서 문제를 고려하고 사용자와 공감대를 형성하고 싶다.

> 글쎄,
> 내가 보기엔…

이 도구로 할 수 있는 작업

- 사용자의 요구, 감정, 동기 및 사고방식을 이해한다.
- 피상적인 고려 사항(예를 들어 사용자의 좌절이나 더 깊은 동기)에 숨겨진 통찰을 확보한다.
- 사용자가 어떤 작업 흐름을 선호하는지, 어떤 정신 모델을 기반으로 하는지를 사용자 맥락에서 파악한다.
- 이미 획득한 정보를 검증하고 새로운 통찰을 얻는다.
- 디자인 씽킹 팀과 논의하기 위한 토대를 마련한다.

이 도구에 대한 유용한 정보

- 공감 인터뷰는 사용자 관점에서 세상을 보는 것이 목표다.
- 이 도구는 일반적으로 디자인 씽킹 사이클의 초기 단계에서 사용자의 행동 맥락을 이해하기 위해 사용된다. 그래야만 해결책 개발을 시작할 수 있다.
- 이 도구는 기존의 사고 패턴을 극복하는 데 도움이 된다. 특히 이전에 보다 분석적이고, 덜 인간 중심적인 접근법을 문제해결에 적용했다면 더욱 그렇다.

어떤 도구를 대신 사용할 수 있는가?

- 탐험적 인터뷰(63 페이지 참조)
- 동료 관찰(115 페이지 참조)

이 도구와 함께 쓸 수 있는 도구는 무엇인가?

인터뷰 전과 인터뷰 중:
- 대화에서 언급되는 모호한 점을 명확하게 하기 위해 5WH 질문(71 페이지 참조) 또는 5whys 질문법(67 페이지 참조)을 사용

인터뷰 후:
- 조사 결과를 요약하고 문서화하기 위해 현장 노트, 비디오 및 사진자료, 스케치 그리고 공감 지도(93 페이지 참조)를 사용
- 결과를 검증하기 위한 역할극 및 그림자 관찰
- 나머지 디자인 팀과 공감대를 형성하기 위한 스토리텔링(129 페이지 참조)

어느 정도의 시간과 어떤 재료가 필요한가?

그룹 크기

1~2명

- 이상적으로는 2인 1조
- 항상 두 사람이 함께 하는 것이 최선: 한 사람은 인터뷰를 진행하고, 다른 한 사람은 인터뷰 대상자의 감정과 신체 언어를 관찰하고 기록한다.

소요 시간

30~60분

- 문제에 대한 설명 그리고 문제에 대한 대립과 함께 인터뷰는 보통 30분에서 60분 정도 진행된다.
- 보통 인터뷰 대상자는 실제 인터뷰가 끝났을 때, 진짜 이야기를 말하고 중요한 통찰을 주는 경우가 많다.

필요한 재료

- 메모장 또는 템플릿 및 펜
- 비디오 또는 사진 기록을 위한 카메라 또는 스마트폰(인터뷰 대상자의 사전 허락을 구한다).

템플릿: 공감 인터뷰

페르소나와 문제에 대한 기존 가정:

- -

어떻게 하면 인터뷰 대상자가 문제의 맥락에 대해 자신의 이야기를 공유할 수 있도록 좋은 느낌을 주는 관계를 구축할 수 있을까?

스토리 탐색을 위한 주요 질문:

표현된 감정과 관련된 키워드와 주제

이야기의 개요:

도구 적용 방법

- 자신을 소개하고 나서 인터뷰를 통해 해결하고자 하는 문제를 설명한다.
- 인터뷰는 해결책을 찾는 것이 아니라 그들의 동기에 대해 배우는 것임을 강조한다.
- 성공적인 "공감 인터뷰"는 인터뷰 대상자와의 관계 구축에 좌우된다.
- 인터뷰 대상자가 편안함을 느끼고, 문제의 맥락에서 자신의 이야기를 디자인 팀과 기꺼이 공유할 때 가장 효과적인 인터뷰가 된다.
- 인터뷰 대상자가 자신의 이야기를 들려주는데 성공하면, 가능한 한 그를 방해하거나 일반적으로 이전에 가지고 있던 가정(assumption)으로 그에게 영향을 주지 않도록 주의한다.
- 동기가 여전히 명확하지 않으면 진지하게 듣고, 개방형 질문(W+H 질문)을 한다.
- 예/아니오 또는 한 단어로 답할 수 있는 질문은 피한다.
- 문제와 직접 관련이 없는 질문을 하거나, 처음에는 인터뷰 대상자를 혼란스럽게 할 수 있지만, 다른 관점에서 문제를 고려하는데 도움이 되는 내용을 소개한다.
- 인터뷰 대상자의 제스처와 바디 랭귀지에 주의를 기울이고, 필요한 경우 그들이 하는 대답과 모순된 제스처나 바디 랭귀지 같은 것은 메모한다.
- 가정을 설명하고, 핵심 질문을 적으며, 마지막으로 인터뷰 대상자의 이야기를 요약하기 위해 템플릿을 사용한다.

어느 정도의 시간과 어떤 재료가 필요한가?

그룹 크기

- 이상적으로, 관찰자 1명 또는 2명, 인터뷰 진행자 1명으로 이뤄진 2명 또는 3명의 팀을 구성한다.
- 인터뷰 진행자는 토론에 적극적으로 참여한다. 이와 함께, 인터뷰 결과를 기록하고 설명한다.

1~3명

소요 시간

- 프로젝트의 복잡성에 따라 인터뷰는 최대 1시간 정도 소요된다.
- 문서화를 위해 최대 90분을 추가하고, 다음 여정 단계로 이동한다.

30~120분

필요한 재료

- 질문 지도용 종이와 펜
- 대형 화이트보드에 여정 단계를 시각화
- 선택적으로 주변 환경을 기록하기 위한 카메라나 스마트폰

템플릿: 질문 지도와 여정 지도를 활용한 심층 인터뷰

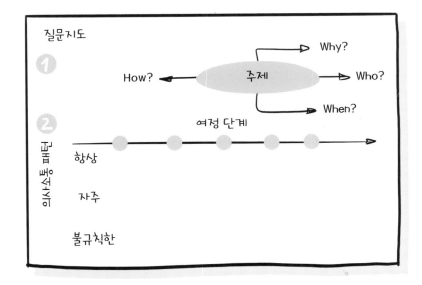

도구 적용 방법

- **1단계:** 잘 짜여진 질문 지도를 만든다. 이는 심층 인터뷰에 매우 중요하다. 시트의 중앙에 주제를 적고, W+H 질문으로 인터뷰 대상자와 함께 주제를 탐구한다. 어떤 경우에도 구조화된 설문지를 사용하지 않는다. 구조화된 설문지는 단지 우리의 가정을 확인하는 목적으로만 사용될 뿐이다. 디자인 팀과 함께 새롭게 얻은 결과를 논의한다.
- **2단계:** 질문 지도와 함께 "여정 단계"를 사용하여 작업한다. 이는 초기 단계에서 패턴을 발견하는데 도움이 된다.
- 인터뷰 대상자에게 스케치 형태나 일어난 순서대로 주제를 제시하거나 심화하도록 요청한다. 이 방법은 민감한 주제나 이전에 다뤄지지 않았던 주제에 대해 훨씬 더 깊이 있는 토론을 할 수 있는 기회를 제공한다.
- 질문 지도와 "여정 단계"는 다른 사고 과정에 의해 일어나는 예상치 못한 통찰을 얻는 것을 목표로 한다.
- 예를 들어, 이러한 방법으로 온라인 쇼핑몰 사용자에게 질문하여 다음을 확인할 수 있다.
  - 사용자가 이전에 정보를 수집했던 모든 장소
  - 가치있는 정보
  - 구매 결정을 했을 때, 무엇이 결정적인 계기가 되었는가?
  - 지불이 얼마나 간편했는가?

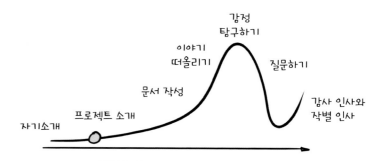

심층 인터뷰와 "여정 단계"를 사용하여 보다 완벽한 여정 지도를 만들 수 있다. 사용자와의 공감 및 상호작용과 더불어, 여기에서의 목표는 고객/사용자가 가지고 있는 터치포인트에 대한 구체적인 정보를 보여주고 팀과 논의하는 것이다.

전문가 Tips:

인터뷰를 하라

· 좋은 인터뷰 대상자가 될 사람을 찾는다. 이 문제와 직·간접적으로 연결된 사람을 생각해본다.
· 인터뷰를 시작할 때는 인터뷰의 목적과 광범위한 맥락에 대해 (인터뷰 대상자가) 분명하게 알 수 있도록 소개한다. 인터뷰 대상자에게 문제를 설명하려 들지 않는다.
· 친절하되 말을 많이 하지 않는다. 경청과 관찰은 심층 인터뷰에서 핵심 기술이다.

단순한 질문을 하라

· "어떻게 그러한 제안을 받게 되었나요?"와 같이 간단한 질문으로 시작한다. 그런 다음 열린 질문으로 확장한다. 예를 들어, "문제를 어떻게 해결했는지 설명할 수 있나요?"
· 일반적으로 개방형 질문은 상호관계와 의존도를 확인하는데 도움이 된다.
· 어느 부분이 모순이며, 왜 모순이 존재하는가?
· 비언어적 정보를 관찰하고, 인터뷰 대상자가 무슨 생각을 하는지 알아보기 위해 질문을 반복적으로 한다.
· 예/아니오로만 대답할 수 있는 닫힌 질문은 피한다.

마지막에는 인터뷰 대상자의 기대치를 살펴보라

· 인터뷰가 끝나면 인터뷰 대상자에게 "당신이 기대했던 바로 그 경험이었습니까?"와 같은 기대치와 니즈를 요약해본다.
· 예를 들어, "더 추가하고 싶은 내용이 있나요?"와 같은 마지막 질문은 뭔가 흥미로운 사실을 보여주거나 새로운 통찰을 줄 수도 있다.

이것은 Adharsh Dhandapani가 가장 즐겨 쓰는 도구다

직위:

IBM 사내 기업가이자 소프트웨어 엔지니어

"디자인 씽킹은 방정식 없이 'x'를 찾을 수 있게 해줍니다."

왜 그는 이 도구를 좋아하는가?

뇌의 거울 뉴런 덕분에, 인간은 타인과 공감할 수 있는 타고난 능력과 성향을 가지고 있다. "공감 인터뷰" 도구는 이러한 자연스러운 능력을 활용하여 사용자의 관점에서 세상을 바라볼 수 있게 한다. 새로운 관점을 가지는 것은 기존에 가지고 있던 잘못된 가정과 문제 영역에 널리 퍼져있는 잘못된 믿음을 확인하고 신뢰하지 않게 한다. 그것은 그 자체로 당신을 다른 사람들과 차별화될 수 있게 한다.

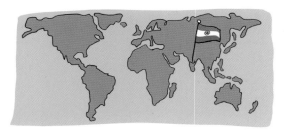

국가:

인도

소속:

IBM

검수: **Jui Kulkarni**

소속 | 직위: IBM iX | 어플리케이션 컨설턴트

거울 뉴런은 사람들이 어떤 행동을 할때 또는 같은 행동을 하는 다른 사람들을 볼 때-둘 사이에는 아무런 차이가 없이-촉발된다. 인간이 공감할 수 있는 이유는 거울 뉴런이 있기 때문이다.

전문가 Tips:

신뢰를 구축하면서 인터뷰를 시작하라

· 예를 들어, "아이스 브레이커"로 인터뷰를 시작할 수 있다. 인터뷰 중에 공유된 개인 정보가 공개되지 않도록 보장하여 인터뷰 대상자가 안심할 수 있도록 하는 것이 중요하다. 필요한 경우, 인터뷰에 사용되는 마이크 및 기타 기술 장비를 사용하는 방법에 대해 인터뷰 대상자에게 안내한다.

인터뷰 대상자와 개인적인 관계를 구축하라

· 인터뷰 대상자를 잘 알고 있다면 개인적인 이야기를 나누며 안심시킬 수 있다.

· 인터뷰는 사용자에게 더 나은 해결책을 디자인하기 위해 인터뷰를 한다는 사실을 강조한다.

· 일반적으로 사람들은 제품을 판매하려는 영업 담당자의 이메일이나 전화를 싫어한다. 따라서 첫 번째 연락 시 조사 목적으로 연락을 취했고, 마케팅이나 판매 기회로 사용하지 않을 것임을 분명하게 명시한다.

가능한 한 다양한 감각을 다뤄라

· 거울 뉴런이 작동하기 위해서는 직접적인 감각 지각이 필요하므로, 가능한 많은 감각을 사용하도록 인터뷰를 디자인하는 것이 중요하다. 자연스러운 환경에서 사용자를 직접 만나고, 나중에 다시 보거나 인터뷰 내용을 이해하기 위해 스마트폰 녹음기를 사용하는 것이 유용하다.

인터뷰에서 얻은 정보들을 확인하라

· 역할극이나 그림자 관찰과 같은 도구를 사용하여, 인터뷰 대상자가 하는 진술의 진위 여부를 확인할 수 있다.

팀과 메시지를 공유하기 위해 스토리텔링을 사용하라

· 스토리텔링은 다른 팀원들과 사용자에 대한 통찰을 공유하기 위한 중요한 도구다.

활용 사례 설명

· 학생 팀과 인터뷰를 계획하고, 팀원들은 시제품과 질문 지도를 준비하여 학생들에게
  인공지능(AI)에 대한 두려움에 대해 질문한다.
· 학생이 AI 프로토타입을 사용해보고, 팀은 피드백을 기록한다.
· 이후 디자인 씽킹 팀은 인터뷰 여정 지도에 통찰을 정리한다.

주요 학습

· 이 도구를 사용하기 위해 반드시 전문적으로 교육을 받은 민족학자이거나 디자이너일
  필요는 없다.
· 인터뷰에서 얻은 모든 정보를 기억하기는 어렵다. 따라서 가능하면 2인 1조로 메모를 하고
  인터뷰를 기록하는 것이 가장 좋다.
· 공감 인터뷰는 사용자와 시간을 보내고, 그의 이야기를 듣고, 5WH 질문으로 더 깊이 파고들
  수 있는 특별한 기회를 만들어준다.

워크툴킷 다운로드

www.dt-toolbook.com/interview-empathy-en

탐험적 인터뷰
(Explorative interview)

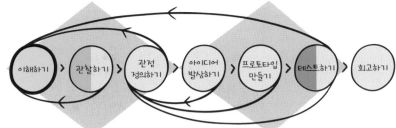

나는...

새로운 제품이나 서비스를 생각하기 전에 사용자에 대해 자세히 알고 싶다.

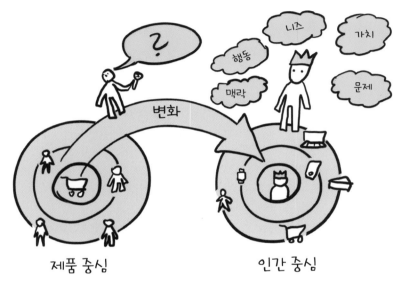

제품 중심   인간 중심

이 도구로 할 수 있는 작업

- 사람들의 일상생활을 탐구한다.
- 사용자와 그가 말하지 못한 니즈를 깊이 이해한다.
- 행동에 영향을 미치는 기본 가치, 신념, 동기 및 열망을 파악한다.
- 제품이 아니라 사용자와 사용자의 니즈를 중요시하는 마인드세트를 만든다.
- 니즈 충족에 영향을 줄 수 있는 문화적, 사회적 측면을 탐구한다.
- 초기 단계에서 위험을 최소화하고 기회를 포착하여 초기 개념 아이디어를 테스트한다.

이 도구에 대한 유용한 정보

- "탐험적 인터뷰"는 일반적으로 디자인 씽킹 사이클의 초기 단계에서 사용된다.
- 주요 목표는 해결책을 만들고자 하는 사람들의 일상생활에 대해 배우는 것이다.
- "탐험적 인터뷰"는 제품에만 집중하지 않고, 사용자에게 다른 요구 사항이 있음을 팀에 보여줄 수 있는 좋은 기회다.
- 기존의 가정에 의문을 제기하고, 실제로 관련성이 있는 기능과 경험으로 개발하는 것이 적절하다.

어떤 도구를 대신 사용할 수 있는가?

- AEIOU 관찰법(107 페이지 참조) 또는 문화인류학적 조사 방법으로 사람들의 생생한 경험을 깊이 이해한다.

이 도구와 함께 쓸 수 있는 도구는 무엇인가?

- 고객 여정(103 페이지 참조)
- 페르소나/사용자 프로필(97 페이지 참조)
- 연상 카드
- 걸으며 대화하기
- 일상생활의 시각화

그룹 크기

· 1명의 인터뷰 진행자가 인터뷰 대상자와 깊은 관계를 맺는 것이 이상적이다.
· 대안으로 한 사람은 인터뷰를 진행하고 다른 한 사람은 메모를 할 수 있다.

1~2명

소요 시간

· 인터뷰 가이드를 준비하는데 보통 40분이 소요되며, 인터뷰는 60~120분 정도 진행된다.
· 인터뷰 참가자의 일상생활을 깊이있게 이해하기 위해 주변 환경 탐색에 충분한 시간을 할애한다.

60~120분

필요한 재료

· 인터뷰 가이드
· 펜과 종이
· 인터뷰 대상자가 허용하는 경우, 이미지와 동영상을 캡쳐할 수 있는 카메라 또는 스마트폰

템플릿과 순서: 탐험적 인터뷰

인터뷰 가이드:

1 소개:
일반적인 것부터 시작한다. 대화를 시작하고 분위기를 부드럽게 만들기 위한 "편안한" 질문은 무엇인가?

> 직업이 무엇인가요?

> 최근에 경험한 것을 말해주세요.

> 최근에 어떤 일로 짜증이 났는지 말해주세요.

2 전체적인 스토리를 알아본다:
인터뷰 대상자의 희망, 두려움, 동기를 이해하는데 도움이 되는 질문은 무엇인가?

> 무엇을 위해 저축하고 있나요?

> 돈을 저축하는데 도움이 되는 일은 무엇인가요?

> 이 맥락에서 가장 큰 도전은 무엇이었나요?

> 전/중/후에 무슨 일이 일어났나요?

> 왜요?

> 잠깐... 그게 정확히 무슨 뜻인가요?

> ...(중지)

3 결론: 답변 내용에 대해 앞으로 어떤 일이 진행되는지 설명하고 인터뷰 대상자에게 감사를 표한다.

> "만약 한 가지 소원이 있다면..."

> 대화에 감사드립니다.

도구 적용 방법

· **1단계:** 먼저 다루어야 할 주제와 질문이 포함된 인터뷰 가이드를 작성한다. 광범위한 질문부터 시작하여 주제를 단계별로 확대한다.

· 인터뷰는 일반적인 장소 또는 인터뷰 대상자가 편안하다고 느끼는 장소에서 진행되어야 한다(가장 적합한 장소는 인터뷰 대상자 본인의 집일 수도 있다).

· 인터뷰 대상자에게 중요한 질문과 주제가 나올 경우 인터뷰 가이드에서 벗어나도 좋다.

· **2단계:** "What", "Why", "How"와 같은 열린 질문을 하고, "예/아니오"로 답할 수 있는 질문은 피한다.

· 인터뷰 대상자가 자신의 관점에서 자신의 행동이나 의견을 설명할 수 있도록 질문해야 한다.

· 표준화된 답변을 피하고 구체적인 사건을 찾기 위해 "언제 마지막으로..."와 같은 구체적인 예시를 들어 질문한다.

· "이것이 당신에게 무엇을 의미하는지..." 또는 "왜 그랬는지..."와 같이 깊이 파고드는 질문을 한다.

· 인터뷰 대상자의 언어로 말하고 전문 용어를 피한다. 인터뷰 대상자가 자신의 삶의 전문가라는 것을 명심한다.

· **3단계:** "한 가지 소원이 있다면 무엇일까요?"와 같은 질문으로 인터뷰를 마무리한다.

이것은 Rasmus Thomsen이 가장 즐겨 쓰는 도구다

직위:

전략적 혁신 에이전시 IS IT A BIRD의 디자인 디렉터 & 파트너

"나는 디자인 씽킹이 모든 혁신 과정에서 두 가지 근본적인 질문에 답할 수 있는 잠재력을 가지고 있기 때문에 좋아한다. 우리가 올바른 것을 디자인하고 있는가? 우리가 제대로 디자인하고 있는가? 나에게 있어 첫 번째 질문은 언제나 가장 중요한 문제였고, 이것은 우리가 진정으로 탐구적이고, 우리가 사는 세상과 사람들에 대해 호기심을 가지면서 초기 작업을 철저히 해야 한다는 것을 의미한다."

왜 그는 이 도구를 좋아하는가?

제품이나 서비스는 우리의 일상생활에서 사용될 것이다. 만약 그것들이 사용되는 맥락을 이해하지 못한다면, 우리는 의미 있는 해결책을 디자인할 수 없다. 결국, 제품이나 서비스는 사용자에게 실제로 부가가치를 제공할 수 있도록 디자인되어야 한다. 탐험적 인터뷰는 우리가 목표 그룹에 맞는 것을 개발하도록 하는 좋은 방법이다.

국가:
덴마크

소속:
IS IT A BIRD

검수: **Philipp Bachmann**

소속 | 직위: 그리손스 응용과학 대학교 | 서비스 혁신 연구소장 | 전략 & 혁신학과 교수

전문가 Tips:

인간의 가치에 집중하라

· 우리는 우리 자신의 가정과 가설에 의문을 제기한다.

· 그렇게 함으로써, 겉보기에는 진부한 질문이나 대부분의 사람들이 당연하게 여기는 것에 도전하는 것을 피하지 않는다. 예를 들면, 만약 우리가 5살짜리 아이에게 라디오가 무엇인지 물어본다면, 우리는 어른에게서 듣는 것과 전혀 다른 대답을 얻을 것이다.

그림은 천 개의 단어 이상을 말한다

· 스케치와 그림을 통해 "탐험적 인터뷰"의 범위 내에서 추상적인 주제를 더 만들고, 보다 구체적인 유형의 대화를 할 수 있다.

· 양해가 된다면, 인터뷰 대상자에게 말보다는 행동으로 보여달라고 요청한다.

· 집에서 인터뷰를 할 경우 그들에게 의미 있는 물건에 대해 질문하여 개인적인 일상생활의 요소를 발견한다.

좋은 대화에는 침묵이 있다

· 인터뷰 대상자들이 상황을 분석할 수 있도록 대화 중에 짧은 침묵 시간을 갖는다.

· 인터뷰를 평가하는 동안 인터뷰 중에 발생하는 새로운 주제와 질문에 주의하는 것이 특히 중요하다. 놀라운 통찰은 그와 같은 인터뷰에서 다반사로 일어난다.

필요한 경우 외부로부터 도움을 받는다

· 인터뷰 대상자와 비슷한 옷을 입고 비슷한 말투로 인터뷰를 진행한다.

· 필요하다면, 경험이 풍부한 디자인 씽킹 전문가를 인터뷰에 대동한다.

활용 사례 설명

- 우리는 진정한 원인을 알아내는 대신 먼저 해결책을 찾으려는 경향이 있다.
- 일반적인 실수는 실제로 사람들이 그런 제안이 필요한지 묻지도 않고 타겟 그룹에 대한 제안을 먼저 하는 것이다.
- 가장 좋은 방법은 해결책을 개발하기 전에 문제를 이해하기 위해 "탐험적 인터뷰"를 먼저 하는 것이다.
- 디자인 씽킹 프로젝트의 성공 여부는 문제를 올바르게 해결하느냐에 달려있다.
- 릴리는 팀을 자랑스럽게 생각할 수 있다. 후속 미팅도 있을 것이다.

주요 학습

- 마음을 열고 대하라: 인터뷰에 응한 사람들은 전혀 다른 세계관과 가치관을 가질 수 있다.
- 주의하라: 디자인 씽킹 프로세스의 시작 단계에서 목표는 탐색하고 이해하는 것이다.
- 순진하게 행동하라: "멍청한" 질문을 하는 것을 두려워하지 않는다.

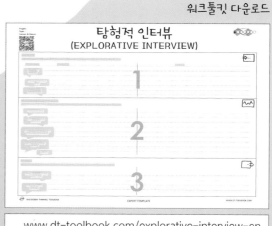

워크툴킷 다운로드

www.dt-toolbook.com/explorative-interview-en

5whys 질문법(Ask 5x why)

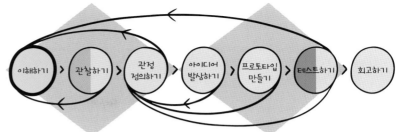

나는...

문제의 겉만 훑어보지 않고, 깊이 있게 문제를 이해하고 싶다.

이 도구로 할 수 있는 작업

· 문제의 진짜 원인을 파악한다.
· 지속 가능한 해결책을 개발한다.
· 명확한 증상을 탐색하는 것 이상으로 깊이 파고들어 더 많은 것을 알게 된다.
· 새롭고 놀라운 통찰을 얻기 위해 깊이 파고든다.

이 도구에 대한 유용한 정보

· 상황과 문제의 진짜 원인을 이해하기 위해 5번 "Why"라고 질문한다.
· 이 질문법은 질문을 하고 사용자를 관찰하고, 문제의 중요한 경험과 기능을
  보다 심층적으로 탐구하고자 할 때마다 사용할 수 있다.
· 이 도구는 주로 디자인 씽킹 사이클의 초기 단계와 프로토타입 테스트에 사용된다.
· 반복적인 질문은 사용자가 언급하지 않은 숨겨진 문제를 파악하는데 도움이 된다.
  이를 통해 다른 수준의 통찰을 얻고 상황을 더 잘 평가할 수 있다.
· "테스트" 단계에서 이 인터뷰 기법을 사용하는 경우, 어떤 기능과 경험이 사용되는지,
  어떤 기능이 적용되거나 폐기되어야 하는지를 보다 정확하게 이해하는 데 도움이 된다.

어떤 도구를 대신 사용할 수 있는가?

· 사용자와 해결해야 할 문제에 대해 자세히 알아보기 위한, 테스트 단계의 피드백 캡처
  그리드(217 페이지 참조)

이 도구와 함께 쓸 수 있는 도구는 무엇인가?

· 탐험적 인터뷰(63 페이지 참조)
· 페르소나/사용자 프로필(97 페이지 참조)
· 5WH 질문(71 페이지 참조)

어느 정도의 시간과 어떤 재료가 필요한가?

그룹 크기
- 2인 그룹이 이상적이다.
- 한 사람은 대화를 진행하고, 다른 한 사람은 기록에 집중한다.

2명

소요 시간
- 필요한 시간은 인터뷰 시간으로 보통 30~40분
- "5whys 질문법"은 특정한 문제에 사용하거나 대화를 보다 깊이 있게 유도하기 위한 방법으로 사용할 수 있다.

30~40분

필요한 재료
- 메모장 및 펜
- 인터뷰 대상자가 녹화에 동의하는 경우, 스마트폰 또는 카메라

템플릿과 순서: 5whys 질문법

 문제에 대한 자세한 설명

1. 왜 문제인가요? (문제 설명)	② 결과
	무엇이 문제인가요? 그것의 증상은 무엇인가요?
2. 왜?	직접적인 영향
	왜 그 문제가 발생했나요? 어떤 기술이 사용되나요?
3. 왜?	원인 - 결과
	문제의 또 다른 원인은 무엇인가요?
4. 왜?	조직의 장애물
	문제를 어떻게 피할 수 있을까요?
5. 왜?	시스템적인 장애물
	시스템적인 접근이 발생을 막을 수 있나요?

도구 적용 방법

- 템플릿을 사용하거나 빈 종이에 답변을 적는다.
- **1단계**: 문제를 가능한 한 자세히 설명하고 사진이나 스케치를 사용하여 설명한다.
- **2단계**: "근본 원인" 분석부터 시작하여 가능한 한 자주 "Why?"라고 질문한다.
- 인터뷰 대상자의 각 답변에 Why?라고 다시 질문한다.
- 더 이상 말이 되지 않으면 "왜?"라고 질문하는 것을 멈춘다.
- 그런 다음에 같은 방식으로 다른 문제를 탐색하거나 주어진 답변에 대해 인터뷰 대상자와 깊이 있는 토론을 시작한다.
- 간단한 프로토타입과 스케치를 해결책 토론에 함께 사용하여 사용자로부터 첫 번째 반응을 얻는다.

변형된 방법

"Why?" 질문 외에, "How?"라고 5번 질문한다. 이 인터뷰 기법을 사용하여 문제의 "근본 원인"에 대한 지속적인 해결책을 찾는다. "Why?" 라는 질문을 통해 디자인 씽킹 팀은 문제를 검토할 수 있고, "How?"라는 질문으로 그 문제를 어떻게 해결해야 할지 알 수 있다.

이것은 Florence Mathieu가 가장 즐겨 쓰는 도구다

직위:

Aïna 설립자이자 <Le Design Thinking par la pratique, Eyrolles> 저자

"프로토타이핑을 통한 공감과 실험은 내가 노인의 삶을 재창조하기 위해 사용하는 디자인 씽킹의 핵심 요소다. 노인의 삶을 다루기 시작하는데 있어서 그들의 입장에서 생각하고 그들의 깊은 니즈를 이해하는 것보다 더 좋은 방법은 없다."

왜 그녀는 이 도구를 좋아하는가?

좋은 디자인은 문제에 대한 예리한 이해를 바탕으로 한다. 혁신적인 해결책을 개발하기 위해서는 문제의 원인을 주의 깊게 분석해야 한다. 5번 "왜?"라고 묻는 것은 내가 문제의 표면에만 겉돌지 않고 더 깊이 들어가는데 도움이 된다.

"5whys 질문법"은 우리가 좋은 결과를 얻고자 인터뷰를 할 때 사용할 수 있는 가장 간단한 도구다. 그것은 문제의 근본 원인을 이해하는 데 도움을 주고, 결국 더 나은 해결책을 얻을 수 있게 한다.

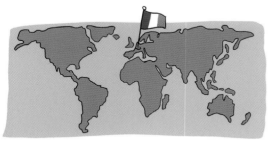

국가:
프랑스

소속:
Aïna

검수: **Sebastian Garn**

소속 | 직위: B&B Markenagentur GmbH | 크리에이티브 디렉터

전문가 Tips:

어떤 가정도 하지 마라

· 문제의 근원에 대해 어떠한 가정도 하지 않는다.

· 인터뷰 대상자가 자신의 이야기를 하도록 하고, 주의 깊게 듣고, 뭔가 분명하지 않은 부분이 있는 경우 추가 질문을 한다.

질문하기를 너무 일찍 멈추지 마라

· 5whys 질문이 진짜 원인을 알아내기에 충분하다는 보장은 없다.

· "Why"라고 질문하는 것이 불편해지거나 또는 진짜 원인이 발견될 때까지 계속 질문한다.

역방향 질문으로 결과를 확인하라

· 문제의 근본 원인을 제대로 발견했는지 확인하기 위해서는 "if(만약)-then(그러면)" 형식으로 역질문을 하는 것이 좋다.

<예시>

· 질문 "왜 아팠나요?"

 – 주말에 야외에서 시간을 보냈기 때문입니다.

역방향 질문

· "주말에 야외에서 시간을 보내지 않았다면, 지금 아프지 않을까요?"

 – 겉옷을 제대로 챙기지 않은 것이 아마도 야외에서 있었던 것보다는 더 주요한 원인이 되었을 것입니다. 그러므로 야외에 있었던 것은 원인의 일부일 뿐입니다. 왜라는 질문을 많이 할수록 문제의 근본 원인을 더욱 명확히 찾아낼 수 있다.

활용 사례 설명

· 인터뷰가 진행되는 동안과 디자인 씽킹 팀과 후속 토론을 하는 과정에서 모순되는 인터뷰 내용이 여러 차례 발견되었다.

· 팀은 이 부분을 다시 탐색하고자 한다. 팀은 다음 인터뷰에 들어가서, 이번에는 인터뷰를 마치기 전에 적어도 5번 "why?"라고 묻기로 결심한다.

· 인터뷰 대상자들이 답변을 멈출 때까지 여러 번 질문하면, 질문이 철학적으로 변하기도 한다.

주요 학습

· 시작 단계에서부터 문제를 가능한 한 자세히 설명한다.

· 문제 원인 분석에 전문가 및 사용자를 참여시킨다.

· "왜"라고 적어도 5번 질문한다.

· 조사 결과를 반드시 기록한다.

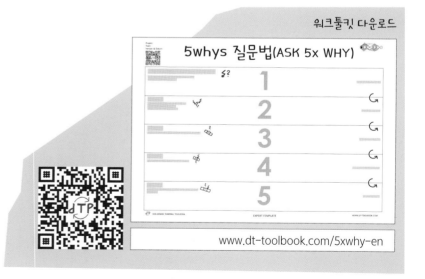

www.dt-toolbook.com/5xwhy-en

5WH 질문법(5W+H questions)

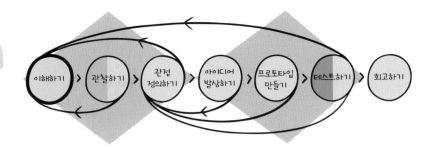

나는...

문제 또는 상황을 전체적으로 파악하거나, 인터뷰에 필요한 적절한 질문을 찾기 위해 새로운 조사 결과, 정보, 깊은 통찰 등을 얻고 싶다.

이 도구로 할 수 있는 작업

· 5WH 질문은 새로운 통찰과 정보를 얻는데 도움이 되므로 문제나 상황을 체계적으로 파악할 수 있다.
· 특정 상황에서 구체적인 관찰을 통해 보다 추상적이고 잠재적인 감정 및 동기를 유추한다.
· 관찰 단계에서 5WH 질문을 사용하여 세밀하게 관찰하고, 새로운 무언가를 발견하면 더 깊이 파고든다.

이 도구에 대한 유용한 정보

· 직관적으로 5WH 질문은 Who?, What?, When?, Where?, Why?, How? 와 같이 W 또는 H로 시작하는 질문이다.
· 예를 들어, 보도 기자들은 5WH 질문을 조사의 기초로 사용한다. 다양한 답변이 가능한 개방형 질문이기 때문이다.
· 5WH 질문을 통해 사용자 또는 고객의 희망사항과 의견을 자세히 알 수 있다.
· 5WH 질문의 단순한 구조는 여러 단계에서 기본적인 개요와 깊은 통찰을 얻는데 도움이 된다. 이 도구로 팀의 조사 결과와 관찰 사진을 분석해 이전에 발견하지 못했던 니즈와 경험을 발굴할 수 있다.
· 관찰 단계에서 5WH 질문은 "무엇"이 "어디서", "어떻게" 발생하는지를 탐색하는 데 도움이 된다.

어떤 도구를 대신 사용할 수 있는가?

· 공감 인터뷰(57 페이지 참조)
· 탐험적 인터뷰(63 페이지 참조)
· AEIOU 관찰법(107 페이지 참조)

이 도구와 함께 쓸 수 있는 도구는 무엇인가?

· 문제 정의(49 페이지 참조)
· 디자인 원칙(53 페이지 참조)
· 5whys 질문법(67 페이지 참조)

그룹 크기

- 5WH 질문법은 팀이나 인터뷰 준비에 적용할 수 있다.
- 따라서 팀 규모는 중요하지 않다.

3~5명

소요 시간

- 소요 시간은 달라질 수 있다. 5WH 질문은 도입 질문으로 빠르고 형식적으로 활용하거나 많은 토론과 함께 집중적으로 활용할 수 있다.
- 일반적으로 5WH 질문법은 디자인 사이클의 여러 단계에서 유익하다.

30~60분

필요한 재료

- 템플릿 인쇄본 또는 5WH 그리드를 용지 한 장에 스케치한 것
- 펜, 포스트잇

템플릿: 5WH 질문법

Who	What	When	Where	Why	How
누가 관여되어 있습니까?	이 문제에 대해 무엇을 알고 있습니까?	언제 문제가 시작되었습니까?	문제가 어디서 발생하고 있습니까?	문제가 중요한 이유는 무엇입니까?	이 문제가 어떻게 기회가 될 수 있습니까?
누가 이 상황의 영향을 받습니까?	무엇을 알고 싶습니까?	사람들은 언제 결과를 보기를 원합니까?	이전에는 어디서 문제를 해결했습니까?	왜 이러한 문제가 일어납니까?	어떻게 해결할 수 있습니까?
의사결정자는 누구입니까?	면밀히 조사 해야 할 가정은 무엇입니까?		비슷한 상황이 어디에 있습니까?	왜 아직 해결되지 않았습니까?	문제를 해결하기 위해 이미 무엇을 시도했습니까?

도구 적용 방법

- 5WH 질문은 모든 상황에서 사용할 수 있다. 아래 두 가지 상황을 소개한다.

상황 1: 문제를 더 잘 이해하기

- 목표: 문제의 초기 개요와 가능한 가설 및 시작점에 대한 정보를 얻는다.
- 관련된 모든 5WH 질문을 제기하고 답변해본다.
- 주어진 맥락에서 5WH 질문이 의미가 없으면 건너뛴다.
- 불확실성이 존재하거나 추가 질문이 발생하는 곳을 살펴보고, 인터뷰에서 어떤 질문을 제기해야 하는지 알아본다.

상황 2: 니즈를 더 자세히 알아보기

- 목표: 사용자 또는 이해관계자와의 인터뷰에 대한 기반을 제공한다.
- 가능한 하위 질문 목록(예: 마인드맵 형태로)을 준비한다.
- 질문을 다양화하고, 그 질문들을 활용해 "플레이한다". 상황에 맞게 그 질문들을 조정한다.
- 이 모든 것을 통해 인터뷰 질문 또는 질문 지도를 작성한다.
- 많은 정보를 얻도록 노력한다. 다른 5WH 질문의 맥락에서도 이유를 물어본다.

이것은 Kristine Biegman이 가장 즐겨 쓰는 도구다

직위:

트레이너/코치/베를린 인간 중심 디자인 연구소 퍼실리테이터

"디자인 씽킹은 마음을 열고, 가정을 버리고, 실험하고, 불안감과
실패를 포용하고, 무엇보다도 그 프로세스를 신뢰하게 만든다.
나에게 있어 디자인 씽킹은 사람을 위해 디자인하는 동안 사람들
사이에서 멋진 일들이 일어나도록 만드는 강력한 수단이다. 매일
이 일에 기여하게 되어 감사하다!"

왜 그녀는 이 도구를 좋아하는가?

5WH 질문법은 전체 디자인 씽킹 사이클에서 가장 일반적으로 사용되는 도구 중 하나다. 이
질문법은 특히 문제 정의와 관련된 문제 영역을 더 잘 이해하는데 유용하다. 또한 5WH 질문은
이미 수집된 정보를 분석하고 세밀히 조사하는데 도움이 된다. 5WH 질문은 내가 더 깊이
파고들 수 있도록 도와주기 때문에 내가 가장 좋아하는 도구다!

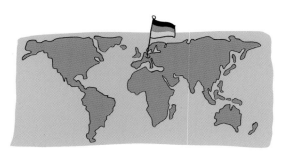

국가:
독일

소속:
launchlabs

검수:　　**Moritz Avenarius**

소속 | 직위:　oose | 디자인 씽킹 퍼실리테이터 | 전략 컨설턴트

전문가 Tips:

항상 여러 번 답변을 요청하라

· 묻고 또 물음으로써 더 깊이 파고들 수 있다. 이미 답을 알고 있다고 생각해도 다시
묻는다. 이상해 보이지만 '초심자의 마음'으로 돌아가, 어린 아이처럼 '왜'라고 몇 번
이나 연속해서 물어본다.

· 모든 질문에 하나 이상의 답을 찾도록 노력한다. 상충되는 답변은 진정한 니즈에 대한
더 많은 정보를 얻는데 특히 흥미로울 수 있다.

· 템플릿의 5WH 질문이 문제 정의의 맥락에서 의미가 없다면 간단히 건너뛴다. 5WH
질문법을 통해 가능한 많은 정보를 수집하고, 이를 다른 인터뷰 기법(예: 5whys
질문법)과 결합하려고 노력한다. 예를 들어, 가능한 하위 질문 목록을 만든 다음
마인드맵으로 결합할 수 있다.

다른 관점을 만들어 보기 위해 질문을 부정적인 것으로 바꿔서 해보라

· "언제 문제가 발생하지 않는가?" 또는 "누가 영향을 받지 않는가?"와 같은 질문들처럼
질문을 부정형으로 바꾸면 다양한 답변을 얻는 장점도 있고, 창의성을 촉진할 수도
있다.

· 팀이 믿거나 알고 있다고 생각하는 모든 것을 발견하기 위해 브레인스토밍 세션의
맥락에서 또는 초기 브레인 덤프의 기초로 5WH 질문법을 사용하는 것이 매우 유용
하다.

가짜 뉴스는 NO! 언제나 사실에 기반을 두고 하라

· 예를 들어, 데스크 리서치 및 데이터 분석 등의 사실을 바탕으로 답변을 뒷받침하는
것이 좋다.

활용 사례 설명

- 싱가포르의 의사결정권자와 심층 인터뷰를 준비하기 위해 팀을 나눴다.
- 5WH 질문은 문제를 더 잘 이해하는 것을 목표로 한다.
- 디자인 팀은 동남아시아 기업의 디지털 전환에 대해 더 많이 알 수 있도록 40개 이상의 서로 다른 5WH 질문을 수집했다.
- 릴리는 디자인 씽킹 팀이 프로세스에서 5WH 질문법을 훨씬 더 자주 사용하도록 한다.

주요 학습

- 상황에 맞는 5WH 질문을 정의하라.
- 구조화된 개요를 도출하기 위해 팀의 질문에 대답하라.
- 고객 인터뷰 내용을 더 깊이 파고들어 다시 물어보라.
- 중요한 사실들을 찾아 답변을 보충하라.

워크툴킷 다운로드

www.dt-toolbook.com/wh-questions-en

해결 과제(JTBD, Jobs to be done)

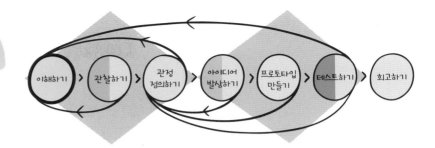

나는...

고객에게 가치를 제공하고 고객의 문제를 해결하는 방법에 집중하고 싶다.

When
내가 디지털 카메라로
사진을 찍을 때

I want to
전문 사진 작가가 찍은 것처럼
보이도록 편집할 수 있기를
원합니다.

So I can
그래야 완벽하게
보여줄 수 있습니다.

When
내가 핸드폰으로
사진을 찍을 때

I want to
쉽고 간단한 방법으로
편집할 수 있기를 원합니다.

So I can
그래야 친구들과 빠르게
공유할 수 있습니다.

이 도구로 할 수 있는 작업

· 고객의 과제(해결 과제)를 체계적으로 포착하고 새로운 통찰을 얻는다.
· 고객의 니즈를 도출하거나 알려진 니즈를 보다 분명하게 나타내기 위해 이전에 언급되지
  않았던 고객의 숨겨진 과제를 찾는다.
· 예를 들어 서비스 고유의 목적을 제공하기 위해 전체 고객 경험을 최적화한다.

이 도구에 대한 유용한 정보

· 클레이튼 크리스텐슨의 "해결 과제(JTBD)" 접근법은 고객/사용자에게 집중하고
  새로운 해결책을 찾을 수 있도록 도와준다.
· 고객이 해결해야 하는 과제를 깊이 이해한다면, 성공 가능성이 높아진다.
· 이것이 JTBD가 디자인 씽킹 커뮤니티에서 점점 더 인기를 끌고 있는 이유다. 고객이
  수행해야 하는 직무에 대한 조정은 나침반 역할을 하며, 이는 파괴적인 비즈니스 모델을
  가능하게 한다.
· JTBD의 기본 아이디어는 고객이 과제를 해결해야 할 때마다 제품이나 서비스에 대해
  감탄하게 만드는 것이다.
· 목표는 고객의 더 깊은 사회적, 정서적 또는 개인적 과제를 충족시키는 것이다.

어떤 도구를 대신 사용할 수 있는가?

· 페르소나/사용자 프로필(97 페이지 참조)

이 도구와 함께 쓸 수 있는 도구는 무엇인가?

· 5WH 질문법(71 페이지 참조)
· 5whys 질문법(67 페이지 참조)
· 공감 인터뷰(57 페이지 참조)
· 고객 여정(103 페이지 참조)

어느 정도의 시간과 어떤 재료가 필요한가?

그룹 크기

3~5명

- JTBD는 모든 규모의 팀에 사용할 수 있다. 단, 효율적인 팀 규모는 5명을 초과하지 않는다.
- 고객과의 직접 인터뷰는 두 사람이 한 조가 되어 수행하는 것이 좋다.

소요 시간

60~120분

- 각 인터뷰의 문제 설명에 30~60분 소요 예상
- 최소 두 번의 인터뷰를 실시한다.
- 기본적으로 JTBD는 몇 분 안에 완료될 수 있지만, 추가 논의가 생길 수 있다.

필요한 재료

- 포스트잇, 펜, 마커 등
- 플립 차트, 벽 또는 기타 자유롭게 쓸 수 있는 표면
- 적합한 경우, 샘플 고객 작업이 포함된 템플릿

템플릿과 순서: 해결 과제 (JTBD)

When I,	I want to	so I can
[상황]	[동기]	[기대 결과]
①	②	⑤

도구 적용 방법

- JTBD는 (1)상황 설명, (2)동기 설명, (3)기대 결과의 세 가지 요소로 구성된다.
- JTBD 접근 방식을 통해 간접적인 목표와 과제를 파악한다. 이를 이해하기 위해서는 5WH 질문법과 5whys 질문법으로 더 깊이 파고들 필요가 있다.
- 고객 과제는 고객 여정에 따라(103 페이지 참조) 또는 제품 수명 주기 전반에 걸쳐 포착할 수 있다. 과제들은 개별적으로 적는 것이 가장 좋으며, 수행해야 할 다른 과제들로 나누어진다.
- 각 과제를 수행해야 하는 이유를 묻는다. 예를 들어, 다음과 같은 질문으로 시작한다: 고객이 우리에게서 구매하는 이유는 무엇인가?
- 이 절차는 고객 과제의 수집, 구조화 및 우선순위를 용이하게 한다.
- 고객 과제를 "When...(상황), I want to...(동기), So I can...(기대 결과)" 형식으로 기록한다.
- 이를 근거로 해서, 다음 단계에서 "왜 안됩니까"고 물을 수 있다. 예를 들어 "고객이 우리에게 구매하지 않는 이유는 무엇입니까?"라고 질문할 수 있다.
- JTBD 문장에 대한 답변으로부터 새로운 아이디어를 창출하고 마지막으로 사용자에게 중요한 경험과 기능을 제공한다.

이것은 Patrick Schüffel이 가장 즐겨 쓰는 도구다

직위:
School of Management Fribourg in Singapore Momentum Builder at STO Global-X
교수 & 연락사무관

"디자인 씽킹은 제품과 서비스를 매우 빠르고 고객 중심적으로 개발하는데 도움이 된다."

왜 그는 이 도구를 좋아하는가?

JTBD 방법을 내가 가장 좋아하는 이유는 첫째, 간단하고 직관적으로 이해할 수 있고 둘째, 뿌리 깊은 고객 니즈에 대해 질문할 수 있어서다. 올바르게 사용할 경우, 이 도구는 자칫 사소해 보일 수 있는 상황에서 결정적인 통찰을 제공한다.

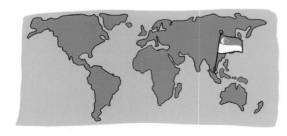

국가:
싱가포르

소속:
STO Global-X

검수: Line Gram Frøkjær

소속 | 직위: SODAQ | 기계 디자인 엔지니어

고객은 단순히 제품을 구매하는 것이 아니라, 일을 하기 위해 그것들을 산다.
– 클레이턴 크리스텐슨

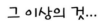

그 이상의 것...

전문가 Tips:

진짜 니즈를 찾아라

· JTBD 접근 방식은 고객/사용자가 그들의 니즈에 대해 말하기를 꺼리지만, 수행해야 하는 작업과 당면한 과제에 대해 이야기할 수 있기 때문에 가치가 있다.

· JTBD 접근법이 유익하기 위해서는 표면적으로만 사용할 것이 아니라 여러 원칙을 준수해야 한다. 가치 창출의 초점은 고객이 달성해야 할 핵심 과제에 있다. JTBD는 시장 기회를 위한 기반이 된다. 즉, 전체적인 그림을 얻기 위해 다른 작업도 고려해야 한다(제품 수명 주기 전반에 걸쳐 고객/사용자의 접점뿐만 아니라 인접하고 감성적인 작업). 이러한 작업을 병행하지 말고 별도로 측정한다. 또한, 각 과제는 사전에 정의된 KPI로 측정할 수 있다. 예상되는 결과는 시장의 일부이어서 고객이 달성하고자 하는 바를 정확하게 설명해야 한다. 결과는 해결책과 무관하며 정량적 조사 기법으로 검증과 측정을 해야 한다.

고충과 이득도 찾아라

· 고객이 업무와 관련해 겪는 고충(문제와 어려움)과 이득(혜택과 즐거움)을 동시에 기록한다.

· 고객의 입장에서는 제2의 해결책과 즉흥적인 해결책도 도움이 될 수 있다. 이는 고객이 시간과 돈을 투자해 문제를 해결하는 관점을 보여준다.

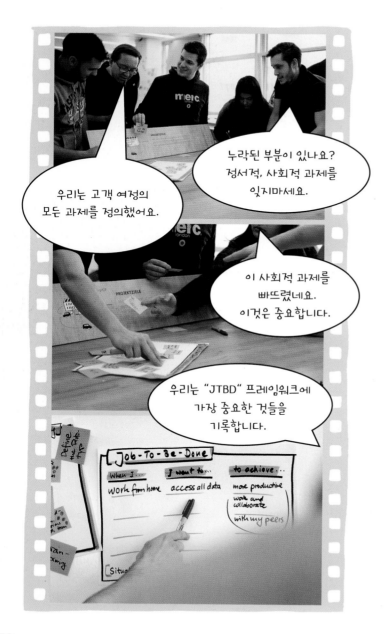

활용 사례 설명

- 릴리 팀은 사용자가 해결해야 할 과제를 정의한다.
- 그녀는 고객 여정을 기본으로 삼고, 더 중요한 감정적, 사회적 과제로 이를 보완한다.
- 우선순위를 정한 후, "해결 과제" 프레임워크에서 가장 중요한 과제를 설명한다. 각 문장에 대해 주요 고충과 이득이 결정된다. 개별 JTBD는 릴리가 고객 경험을 재설계하기 위한 중요한 출발점이 된다.

주요 학습

- 고객 과제는 패턴에 따라 다음과 같이 기록된다:
- "내가 ...할 때(상황), 나는 ...하기를 원한다(동기 부여), 그래서 나는 ...한다(기대 결과)."
- 숨겨진 비기능적, 사회적, 정서적 또는 개인적 고객 과제는 특히 중요하며 종종 해결책의 열쇠가 되기도 한다. 고객 여정에 따른 모든 과제에 JTBD 프레임워크를 사용한다.

워크툴킷 다운로드

www.dt-toolbook.com/jtbd-en

극단적 사용자/선도 사용자
(Extreme users/Lead users)

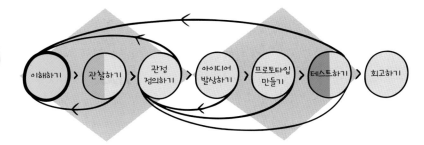

나는...

일반 사용자들에게 알려지지 않은 새롭고 혁신적인 아이디어와 사용자 니즈를 찾고 싶다.

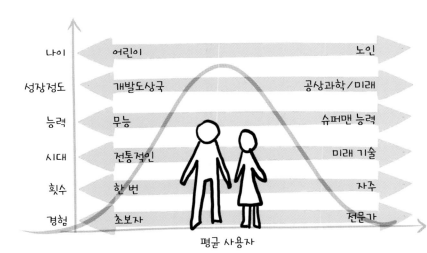

이 도구로 할 수 있는 작업

· 일반 사용자가 명확하게 표현할 수 없는 사용자의 니즈를 파악한다.

· 새롭고 혁신적인 아이디어를 발굴한다.

· 사용자 행동이나 니즈의 초기 트렌드를 파악한다.

· 좀 더 포괄적인 디자인을 위해 아이디어를 발상한다.

이 도구에 대한 유용한 정보

· 극단적 사용자/선도 사용자(파워 유저 및 전문가라고도 함)는 동일한 기본 아이디어를 기반으로 한다. 그들과의 상호작용을 통해 사용자와 그들의 니즈에 대한 더 나은 정보를 얻고자 한다.

· 선도 사용자는 종종 혁신가로 등장하기도 한다. 선도 사용자는 대중적인 시장보다 앞선 니즈를 가지고 있다. 선도 사용자는 제품의 존재 여부와 상관없이 이미 강력한 니즈를 가지고 있고, 해결책을 통해 얻을 수 있는 것이 많기 때문에 이미 해결책을 만들 수도 있는 사용자다. 복잡한 제품의 경우, 기존 선도 사용자의 방법이 한계에 부딪혔을 것이기 때문이다.

· 그러나 극단적 사용자는 일반적인 사용 한도를 초과하거나 제품, 시스템 또는 공간을 일반 사용자보다 훨씬 많이 사용한다(예: 택시 기사 vs 일반 자동차 운전자, 극단적 운동선수 vs 일반적 운동선수).

· 극단적 사용자는 일반 사용자와는 다른 방식으로 세상을 경험한다. 이것은 그들의 니즈가 더욱 두드러질 수 있음을 의미한다. 극단적인 사용자 그룹을 통해 드러난 니즈는 더 넓은 집단의 잠재적 니즈일 수 있기 때문이다.

어떤 도구를 대신 사용할 수 있는가?

· 공감 인터뷰 (57 페이지 참조)

· 탐험적 인터뷰 (63 페이지 참조)

· AEIOU 관찰법 (107 페이지 참조)

· 공감 지도 (93 페이지 참조)

· 동료 관찰 (115 페이지 참조)

이 도구와 함께 쓸 수 있는 도구는 무엇인가?

· 5whys 질문법 (67 페이지 참조)

· 5WH 질문법 (71 페이지 참조)

· 해결 과제 (75 페이지 참조)

그룹 크기

2명

- 2인 1조로 구성된 팀이 이상적인데, 한 사람은 대화에 집중하고, 다른 한 사람은 대화 내용을 기록하는 데 집중한다.

소요 시간

30~120분

- 사용자 환경에서 사용자와의 상호작용은 소요 시간이 각기 다를 수 있다.
- 선도 사용자를 찾는 데는 일반적으로 많은 시간과 지속성이 필요하다. 극단적 사용자는 찾기 쉽다.
- 다른 잠재적 선도 사용자에 대해선 이미 알려진 사용자에게 물어본다.

필요한 재료

- 노트패드와 펜
- 인터뷰 대상자가 녹화에 동의하는 경우, 조사 결과 기록을 위한 스마트폰 또는 카메라

템플릿과 순서: "극단적 사용자/선도 사용자"

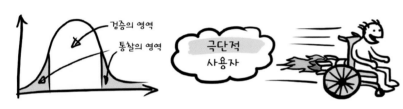

	특징	복잡성	결과물	순서
선도 사용자	트렌드에 앞서간다. 시간과 자원을 기꺼이 투자하고 경험이 풍부하며 잘 연결되어 있다.	찾기 힘들다	일반적으로 매우 좋은 통찰력	1. 트렌드 파악 2. 선도 사용자 식별 3. 선도 사용자와 공동 작업 4. 문제 정의에 대한 반영 및 계획
극단적 사용자	극단적: 젊은/나이든, 가난한/부유한 일반적인/비정기적인 사용자 전문가/아마추어	찾기 쉽다	유용한 추가 정보	1. 극단적 사용자 파악 2. 관찰 및 상호작용 결정 (질문, 그림자 관찰, 또는 그룹 인터뷰) 3. 페르소나에 대한 조사 결과 활용, 명확한 문제 정의 또는 초기 아이디어 수집

도구 적용 방법

선도 사용자

- 시장 동향 또는 관련 문제 정의 영역에 대한 잠재적 선도 사용자를 파악한다.
- 선도 사용자와 인터뷰 또는 공동 작업을 한다. 다른 잠재적 사용자에 대한 추천사항에 대해서는 항상 기존 선도 사용자에게 물어보는 것이 바람직하다.
- 선도 사용자와의 상호작용을 통해, 이전에는 고려하지 않았던 해결책이나 그런 해결책을 찾을 수 있는 경로를 찾을 수 있다.

극단적 사용자

- 해당 사용자가 관심을 가질 수 있는 차원을 기반으로 잠재적인 극단적 사용자 (예: 어린이 또는 나이가 많은 사람, 초보자 또는 최고 전문가)를 확인한다.
- 그들에 대해 가장 잘 배울 수 있는 방법을 정한다.
- 찾은 결과를 사용하여 문제 또는 광범위한 대상 그룹에 대한 정보를 축적한다. 파워 유저는 사용 강도가 높은 것이 특징인 헤비 유저이다.

순서

- 선도 사용자, 파워 유저 또는 극단적 사용자들을 인터뷰하고 관찰할 때, 특히 사용자가 개발했을 수 있는 제2의 해결책이나 이전에 알려지지 않았던 해결책 대안을 찾아야 한다. 그런 다음 아이디어가 대상 사용자의 니즈를 충족하는지 확인하기 위해 나중에 프로토타입을 테스트하여 결과를 검증한다.

이것은 Katja Holtta-Otto가 가장 즐겨 쓰는 도구다

직위:

Design Factory, Aalto University 상품 개발 교수

"디자인 씽킹은 정말 사람들에 대한 생각을 하는 것이다. 개발한 제품을 사용할 사람들뿐만 아니라 불특정(잠재적) 사용자들에 대한 생각이다."

왜 그녀는 이 도구를 좋아하는가?

나에게 있어 사용자들과의 상호작용은 마치 누군가가 나에게 그들의 니즈를 볼 수 있게 해주는 돋보기를 건네준 것과 같다. 그것은 물론 항상 그곳에 있었지만 내가 전에는 알아차리지 못했던 것이다. 다양한 디자인 챌린지에서 극단적 사용자와의 작업은 나에게 큰 도움이 되었다. 한 프로젝트에서 나는 휠체어에 대한 통찰을 얻었다. 극단적 사용자들과의 상호작용에서 나는 이러한 보조기구가 도로뿐 아니라 잔디밭이나 자갈길과 같은 고르지 않은 표면에서도 작동해야 한다는 사실을 알게 되었다.

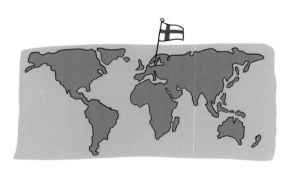

국가:

핀란드

소속:

알토 대학

검수: **Andreas Uthmann**

소속 | 직위: CWK | 신규사업 개발 및 혁신 부문장

전문가 Tips:

엉뚱한 아이디어를 찾아라

· 극단적 사용자와의 영감을 주는 상호작용은 종종 우리를 거칠고 새로운 아이디어로 이끌어준다. 이런 유형의 사용자와 함께 시간을 보낼 수 있는 충분한 기회를 가져야 한다.

· 일반적으로 모든 사용자를 전문가로 취급해야 한다. 특히 민감한 사용자 집단을 상대하고 있다면 그들의 관심사를 존중해야 한다.

경계를 넘어 협업하라

· 극단적 사용자 그룹(예컨대, 8~12세 그룹)과 상호작용하는 좋은 경험을 한다. 서로 다른 의견들과 그룹 내 상호작용은 종종 추가적인 통찰을 가져다준다.

· 이는 항상 몇몇 극단적 사용자들을 관찰하고 인터뷰해야 함을 의미한다. 결과적으로, 극단적 사용자들의 요구 패턴을 알 수 있는 확률이 높아진다.

· 하지만 조심하라! 어떤 것을 극단적인 방법으로 사용하는 모든 사람이 다 혁신적인 것은 아니다. 즉, 극단적 사용자가 선도 사용자는 아니다.

모든 채널을 동원해 선도 사용자와 관계를 유지하라

· 선도 사용자와 소통하고 관계를 유지할 수 있는 다양한 방법이 있다. 여기에는 WhatsApp 그룹 또는 임시 블로그가 포함된다. 이는 일반 사용자나 선도 사용자 모두를 대상으로 하며 광범위한 토론 기회가 제공된다.

· 모든 참가자가 의견을 제시할 수 있도록 일시적으로 대화를 할 수도 있다. 자연스러운 첫 번째 아이디어, 생각 및 제한된 설문 조사를 위한 "편지함"도 상호작용을 촉진한다.

- 릴리의 팀은 대다수의 니즈를 포착하기 위해 선도 사용자 및 극단적 사용자를 결정한다.
- 게이머는 극단적인 사용자다. 오직 가상세계에서만 편안함을 느끼고, 현실 세계에 관심을 기울이지 않는다. 그러나 잘 설계된 가상세계에 대해 매우 구체적인 아이디어를 가지고 있다.
- 릴리의 팀은 문제에 대한 이해도를 높이기 위해 이러한 극단적 사용자들에게 초점을 맞추고자 한다.
- 확인된 선도 사용자 및 극단적 사용자의 이미지는 팀이 그들과 공감대를 형성하는데 도움이 된다.

주요 학습

- 언뜻 보기에는 관련이 없어 보일지라도 모든 극단적 사용자의 요구를 고려하라. 흔히 우리는 사물을 제대로 인식하지 못한다(예: 시끄러운 환경에서는 제대로 들을 수 없다).
- 극단적이고 선도적인 사용자뿐만 아니라 모든 유형의 사용자를 대상으로 나중에 요구 사항을 테스트하라.

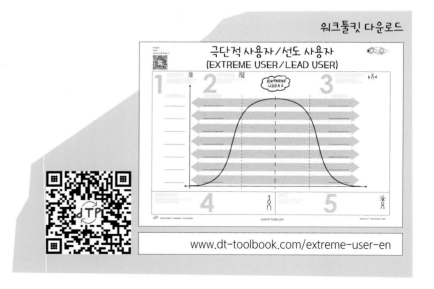

www.dt-toolbook.com/extreme-user-en

이해관계자 지도
(Stakeholder map)

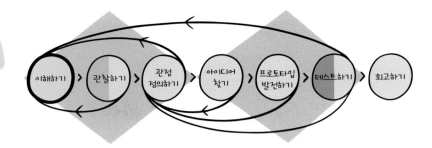

나는...

모든 이해관계자, 즉 그 문제와 잠재적인 해결책에 대한 주장이나 관심이 있는 조직과 사람에 대한 개요를 얻고 싶다.

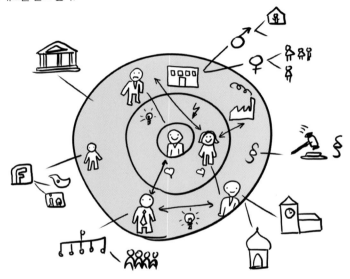

이 도구로 할 수 있는 작업

· 향후 활동뿐만 아니라 전략적 및 의사소통 계획을 위한 귀중한 정보를 확보한다.
· 프로젝트에서 특정 행위자의 영향력에 대해 가정한다.
· 행위자에 관한 정보 부족을 암시하는 단서, 예를 들어, 지금까지 충분히 고려되지 않은 행위자를 확인한다.
· 단체 또는 권력 구조에 관한 첫 번째 결론을 도출하고, 서로 다른 이해 관계자 간의 잠재적 갈등을 발견한다.

이 도구에 대한 유용한 정보

· 이해관계자 지도는 다양한 이해관계자의 입장을 명확히 하는데 도움이 되는 시각화 도구다. 이 도구는 이해관계자 분석의 일부로써, 시스템 내의 권력 구조뿐만 아니라 이해관계, 억제 요소 및 지지 요인을 발견하는 것을 목적으로 한다.
· 이해관계자 지도와 분석을 통해 모든 이해관계자 집단의 특성과 그들 사이의 관계에 대한 정보를 얻을 수 있으며, 모든 이해관계자와 효과적으로 소통할 수 있다.
· 이해 집단을 이해하고 그들과의 관계를 구축하는 것은 필수적인 과정이다.
· 이해관계자는 프로젝트의 "성공 또는 실패"를 결정하는 사람들이기 때문에 필수적이며 그들에 대한 지식은 필수적이며 또한 해결책 구현에 매우 중요하다.

어떤 도구를 대신 사용할 수 있는가?

· Power-Interest 매트릭스

이 도구와 함께 쓸 수 있는 도구는 무엇인가?

· 5WH 질문법(71 페이지 참조)
· AEIOU 관찰법(107 페이지 참조)
· 브레인스토밍(151 페이지 참조)

그룹 크기

· 이상적으로는 각 이해관계자의 대표들로 팀을 구성한다.
· 보통 디자인 팀이 첫 번째 이해관계자 지도를 개발하고 이해관계자들과 후속 논의를 통해 그 결과를 검증한다.

3~6명

소요 시간

· 이해관계자 지도 작성은 복잡성에 따라 60~240분 정도 소요된다.
· 관련된 모든 당사자가 이해관계자와 그들의 니즈에 대해 공개적으로 말하기

60~240분 까지는 시간이 걸린다.

필요한 재료

· 큰 용지와 펜
· 큰 사각 테이블 또는 화이트보드
· 레고나 플레이모빌을 사용해 개별 대상자에게 캐릭터를 배정할 수 있다.

순서와 템플릿: 이해관계자 지도

① 활용 사례 정의
② 이해관계자 브레인스토밍

③ 이해관계자 연결하기

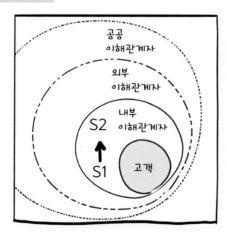

──────── 긴밀한 관계(빈번한 연락, 정보 교환, 조정, 상호 신뢰, 공동 이익)

──?── 약하거나 비공식적인 관계. 물음표는 불분명한 관계를 보여준다.

════════ 제도적으로 제휴 및 협력 사업을 수립한다.

───▷ 정보 및 값의 흐름 방향을 나타낸다.

──⚡▷ 번개 표지판은 이해당사자 간의 긴장, 갈등 또는 위험을 보여준다.

──┤├── 단절되거나 손상된 관계를 말한다.

도구 적용 방법

· **1단계**: 활용 사례 정의부터 시작하라. 이는 제품, 프로젝트, 또는 서로 다른 부서와의 협업이 될 수 있다.
· **2단계**: 관련된 모든 이해관계자를 나열하라.
· 질문을 통해 다양한 이해관계자에 대해 깊이 이해한다. 질문은 활용 사례에 따라 정의된다.
   – 누가 성공으로 이득을 볼 것인가? 누가 성공에 관심을 가지고 있는가?
   – 누구와 협력하고 있는가? 누가 우리에게 값진 아이디어를 제공하는가?
   – 어떻게 영업과 마케팅이 성공을 거둘 수 있는가?
   – 아이디어를 누가 그리고 어떤 이유로 막고 있는가?
   – 실패로 이득을 보는 사람은 누구인가?
· **3단계**: 먼저 이해관계자 지도를 작성하고 지도에 다양한 이해관계자를 입력한다. 그런 다음 이해관계자들을 연결한다.
· 이해관계자 연결을 위해 서로 다른 상징 기호들(예컨대, 더 복잡한 관계엔 끊어진 선 표시 등)을 정의하고 사용한다.
· 이해관계자 지도를 회고하고 다음 단계, 행동 그리고 이해관계자 지도 작업으로 발생할 수 있는 결과를 알아낸다.

이것은 Amber Dubinsky가 가장 즐겨 쓰는 도구다

직위:

THES – TauschHaus – EduSpace 공동설립자

"나는 원칙대로 살아간다. '어떤 것'을 시각화할 수 있을 때 비로소 '그것'을 진정으로 이해하게 된다."

왜 그녀는 이 도구를 좋아하는가?

팀, 부서, 조직 및 기타 이익집단 내의 역학관계는 종종 대단히 흥미롭고 복잡하며 중요하다. 이러한 상호작용을 이해하기 위해서는 이해관계자 지도의 생성이 필수적이다. 이렇게 확인된 관계는 건설적인 방법으로 다루어져야 하는데, 이것은 상당한 민감성, 명확성, 투명성을 필요로 한다.

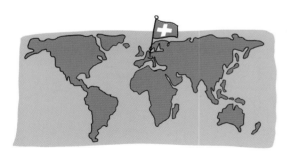

국가:

스위스

소속:

THES

검수: **Remo Gander**

소속 | 직위: Bossard Group | 그룹 프로젝트 매니저

전문가 Tips:

그 일에 적합한 사람들을 모아라

- 이해관계자 지도 작성과 이해관계자 분석을 위해서는 참가자를 신중하게 선정하는 것이 중요하다. 첫째, 우리는 전문 지식이 필요하고 둘째, 새로운 관점을 제시하는 참가자가 필요하다. 종종, 프로젝트 팀에서 이해관계자 지도를 만들고, 나중에 가장 중요한 이해관계자들을 인터뷰함과 동시에 우리의 가정(assumptions)에 의문을 제기하는 것이 바람직하다.

효율적이고 효과적으로 일하라

- 이해관계자를 정의할 때는 일반적인 프로필에서 벗어나 가능한 한 구체화하는 것이 중요하다.
- 이해관계자의 브레인스토밍, 포지셔닝 및 평가에 충분한 시간을 계획해야 한다. 일반적인 상징적 언어는 해석에 도움이 된다. 우리는 이해관계자 지도에 서로 다른 피규어(예: 레고 파불랜드의 동물들)를 사용하여 매우 즐거운 경험을 했다. 다른 색상의 끈 및 파이프 클리너를 이해관계자들간의 연결에 사용할 수 있다.

구현을 위한 주요 이해관계자들을 파악하라

- 전체 프로젝트 동안 결과를 전달하고 정기적으로 업데이트하는 것을 권장한다. 프로젝트 실행을 위한 이해관계자 지도는 성공에 중요한 역할을 한다. 해결책 구현을 준비할 때 이해관계자 분석을 적용하는 것은 그 가치가 여러 번 입증되었다.

활용 사례 설명

· 릴리는 먼저 자신의 팀과 브레인스토밍 세션을 진행한다. 이어 가장 중요한 이해관계자를 함께 선정한다. 이해관계자들과의 더 나은 공감을 위해, 팀은 이해관계자의 성격을 묘사하거나 상징하는 피규어를 사용한다.

· 그런 다음 서로 간의 관계를 표현하고 누가 가장 중요한 사람이고 누가 어떤 방식으로 참여할 것인지를 결정하는 방식으로 정리한다.

· 이러한 방식으로 의사소통 방법을 초기 단계에 정의하면, 누구도 누락되지 않을 수 있다. 이를 바탕으로 릴리는 주요 이해관계자들을 참여시키고 예를 들어, 그들과 함께 프로토타입을 테스트할 수 있다.

주요 학습

· 특정한 활용 사례를 정의한다.

· 관련된 모든 이해관계자와 함께 목록을 작성한다.

· "누가 성공으로 이득을 볼 것인가?"와 같은 구체적인 핵심 질문을 한다.

· 이해관계자 지도에 이해관계자를 입력하고 서로 간의 관계를 시각화한다.

· 결과를 반영하고 그 결과로부터 구체적인 조치를 취한다.

워크툴킷 다운로드

www.dt-toolbook.com/stakeholder-map-en

감정 반응 카드
(Emotional response cards)

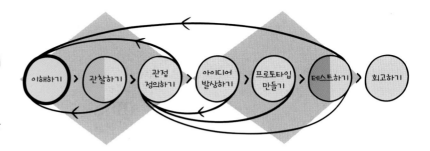

나는...
보다 나은 인터뷰 결과와 통찰을 얻기 위해 사용자와 상호작용할 때 나타나는 사용자의 감정을 더 많이 알고 싶다.

이 도구로 할 수 있는 작업
· 다시 디자인하기 전에 기존 제품의 매력을 테스트하고 새로운 아이디어와 비교한다.
· 경쟁 제품, 브랜드 및 경험을 자세히 파악한다.
· 전략, 정보 아키텍처, 상호작용, 미학 및 속도에 관한 자료를 수집한다.
· 비전: 시작 단계에서 클라이언트에게 제품이 사용자들에게 어떻게 특징지어지기를 원하는지 알아본다.
· 신제품의 경우 사용자가 경험하고 생각하고 느낀 점을 파악한다(예: 유용성 테스트 후).
· 다양한 반복 작업으로 프로토타입을 비교한다.

이 도구에 대한 유용한 정보
· 감정 반응 카드는 공감 대상 그룹을 분석하기 위한 정성적인 도구다. 이 카드는 대상 그룹에게 상황을 구체적이고 심도 있게 이야기할 수 있도록 돕는다.
· 결과적으로, 대상 그룹의 구성원은 자신의 감정, 신념 및 인식에 대해 이야기하게 된다. 사람들은 무언가가 어떤 느낌인지 잘 기억할 수 있지만 일반적으로 그것에 대해 이야기하기 위해서는 계기가 필요하다.
· 감정 반응 카드는 일반적으로 디자인 씽킹 사이클의 초기 단계에서 개발 방향을 이해하고 결정하기 위해 사용된다.
· "마이크로소프트 리액션 카드"는 2002년 조이 베네딕과 트리쉬 마이너에 의해 <Measuring Desirability>라는 간행물에서 처음 언급되었다-당시에는 118장의 카드를 사용했다. 50개의 감정 반응 카드는 아주 유용한 것으로 입증되었다.

어떤 도구를 대신 사용할 수 있는가?
· 공감 인터뷰(57 페이지 참조)
· 공감 지도(93 페이지 참조)

이 도구와 함께 쓸 수 있는 도구는 무엇인가?
· 페르소나/사용자 프로필(97 페이지 참조)
· 구조적 사용성 테스트(229 페이지 참조)
· 솔루션 인터뷰(225 페이지 참조)
· 5whys 질문법(67 페이지 참조)
· 5WH 질문법(71 페이지 참조)

어느 정도의 시간과 어떤 재료가 필요한가?

그룹 크기

1~2명

· 2인 1조가 이상적이다. 한 사람은 대화를 관찰하고, 다른 한 사람은 질문을 던진다.
· 그러나 한 명의 인터뷰 진행자만 으로도 가능하다.

소요 시간

15~20분

· 감정 반응 카드 준비에 약 5분 소요.
· 후속 질문에 따라 1회 진행 시, 10~15분 소요.

필요한 재료

· 노트패드와 펜
· 50장의 감정 카드

템플릿: 감정 반응 카드

①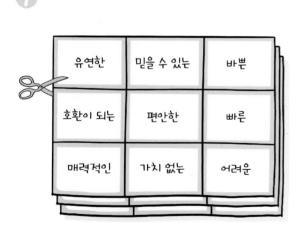

②

③

⑤

④

노트: 마이크로소프트 툴킷

도구 적용 방법

· **1단계:** 50장의 카드를 프린트해서 얇은 카드 보드지에 풀로 붙인다.
· **2단계:** 카드를 순서대로 별도의 테이블에 놓는다.
· **3단계:** 테스트 후 사용자에게 제품에 대한 자신의 경험을 가장 잘 설명하는 3장의 카드를 선택하도록 요청한다. 형용사가 절대적으로 정확할 필요는 없으며, 부정적 응답도 허용됨을 설명한다. 카드들은 감정의 방아쇠 역할을 한다. 카드 선택 과정에서 감정을 드러내며 혼잣말을 할 수도 있다. 눈에 띄는 것은 무엇이든 적어라! 테스트 대상자가 카드를 선택하면 탁자 한쪽에 놓고 해당 형용사를 적는다. 추후 통찰을 위해 노트에 약간의 여백을 남겨 둔다.
· **4단계:** 테스트 대상자가 3장의 카드를 선택하면, 그가 그렇게 느낀 각각의 상황에 대한 형용사를 (질문을 통해) 탐색하고, "왜"라고 질문을 하여 통찰을 심화시킨다. 다른 질문 기법들은 보충 정보를 제공하는데, 예를 들어 "대신 무엇을 기대했는가?" 등이다.
· **5단계:** 대상자의 답변을 직접 인용문으로 기록한다. 감정 지도 진행 상황을 사진 찍거나 비디오로 녹화한다.

이것은 Armin Egli가 가장 즐겨 쓰는 도구다

직위:

UX 컨설턴트이자 UX와 혁신 전공 대학 강사

"디자인 씽킹은 고객과 함께 올바른 제품을 만들 수 있는 마법의 도구상자다."

왜 그는 이 도구를 좋아하는가?

좋은 제품으로 가는 길은 분명하지 않다고 생각한다. 해결책을 종종 (문제에서) 제안해보지만 눈에 보이지 않는다. 프로젝트의 핵심과 문제를 파악하는 것이 나의 일이다. 이 맥락에서 가장 중요한 질문은 "why"이다. 관련된 사람들을 면밀히 살펴보면 연결고리와 근본 문제를 발견하게 된다. 이것은 신뢰를 필요로 한다. 신뢰가 있을 때 개인적인 이야기를 알 수 있다. 감정 반응 카드는 그것을 위한 진입점을 제공한다. 그런 다음 더 깊이 그 문제를 파고든다.

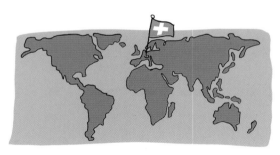

국가:

스위스

소속:

Zühike

검수: **Philip Hassler**

소속 | 직위: Venturelab | 공동 매니징 디렉터

전문가 Tips:

감정 반응 카드를 사용하여 비전을 명확하게 하거나 프로토타입 테스트와 관련된 맥락을 파악할 수 있다.

더 큰 비전을 설명하라

- 이 카드는 프로젝트를 시작하기 전에 고객의 최신 제품 및 특성에 대한 인식을 높이는 데 사용된다.
- 소요 시간: 제품에 대한 고려 사항에 5분(최종이 아님) 및 "Why" 질문에 5분. 예를 들어, CEO와 제품 관리자를 인터뷰할 때 인터뷰 대상자가 응답하는 수준(전략, 기능, 상호작용, 미학)을 파악하는 것은 흥미롭다. 이로 인해 이미 "유레카" 순간이 생길 수도 있으며 디자인 원칙에 대한 중요한 정보를 찾을 수 있다.

프로토타입에 대한 반응을 탐색하라

- 감정 반응 카드는 프로토타입을 테스트한 후 사용자의 관점을 심층적으로 분석하는데 사용된다.
- 일반적인 소요 시간: 3장의 카드를 선택하는데 약 3분, 사용자가 각 카드에 대해 이야기하는 데에 약 10분("Why" 질문).

명심하라

- 현재 상황에 대해 문제를 제기하고 (아마도 몇 가지 도구를 사용하여) 나중에 원하는 미래 상황도 질문하는 경우: 먼저 모든 도구를 사용하여 현재 상황에 대해 질문한다. 그래야만 사용자가 목표 상황에 대해 어떻게 생각하는지 파악할 수 있다. 그렇지 않으면 현재 상황에 대한 질문이 영향을 받을 위험이 있다.

활용 사례 설명

- 디자인 팀은 "Future of Work"라는 프레임 워크 안에서 민첩한 협업을 위해 다양한 평면 레이아웃을 디자인해왔다.
- 3D 모델에서 일반적인 연습을 한 후, 팀은 "감정 반응 카드"를 사용하여 공간 크기와 상관없이 공간 개념과의 관계를 테스트한다.
- 테스트를 받는 사람은 형용사 "어려운"을 선택하고 다음과 같이 말한다. "만약 이 방에서 일하는 것을 상상해야 한다면... 오우우... 효과적으로 함께 일하는데 도움이 되지 않고, 복도에서 스탠드업 미팅을 갖는 것도 어렵습니다."

주요 학습

- 사람들은 감정을 기억한다.
- 사람들은 감정 반응 카드와 같은 방아쇠가 주어진다면 기억하기가 더 쉽다는 것을 알게 된다.
- 고객 및 사용자는 일반적으로 공손하기를 원한다. 카드는 감정 표현의 어색함을 줄이는데 도움이 된다.

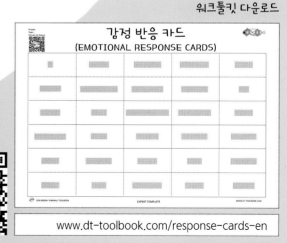

워크툴킷 다운로드

감정 반응 카드
(EMOTIONAL RESPONSE CARDS)

www.dt-toolbook.com/response-cards-en

단계: 관찰하기
(Observe)

문제를 정의한 후, 디자인 씽킹 프로세스의 다음 단계는 관찰이다. 이 단계에서 우리는 사용자와 사용자의 요구에 대해 가능한 한 많이 배우기를 원한다. 이것이 우리가 고객 경험 체인, 페르소나, 탐험적 인터뷰 그리고 AEIOU 관찰법과 같은 간단한 도구를 사용하는 이유다. 이 도구들은 우리가 통찰을 얻고 기록하는데 도움을 준다.

공감 지도(Empathy map)

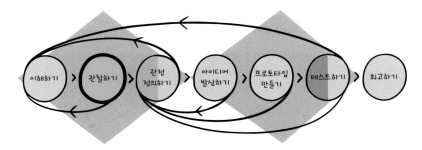

나는...

고객/사용자를 더 잘 이해하기 위해 그들의 감정을 인지하고 그들의 행동에 공감하고 싶다.

이 도구로 할 수 있는 작업

· 사용자에 대한 관찰과 테스트로 얻은 통찰을 기록하고, 사용자와 공감하기 위해 다른
  관점에서 사용자를 바라본다.
· 사용자가 어디에서 문제(고충)나 잠재적 이득(혜택)을 얻는지 잘 이해하고, ('해결 과제'라고
  불리는) 사용자의 과제를 추론한다.
· 페르소나를 만들기 위해 조사 결과를 수집한다.
· 관찰 내용을 간결하게 요약하고 예상치 못한 통찰을 기록한다.

이 도구에 대한 유용한 정보

· 공감 지도는 공감 대상 그룹을 분석하기 위한 도구다.
· 공감 지도를 사용하는 목적은 5WH 질문을 통해 잠재적 사용자에 대한 깊이 있는
  통찰을 얻는 것이다.
· 고객 여정 지도나 페르소나와는 달리 공감 지도는 잠재적 고객의 감정적인 면에 더
  집중한다.
· 공감 지도를 주로 '이해하기', '관찰하기', '관점 정의하기', '테스트하기' 단계에서
  사용한다.
· 고객/사용자를 잘 아는 전문가와 이야기 나누고, 스스로 활동하며, 사용자가 하고
  있는 일을 직접 해보는 것을 제안한다. "사용자의 신발을 신고 걸어라!"

어떤 도구를 대신 사용할 수 있는가?

· 공감 인터뷰(57페이지 참조)
· 피드백 캡처 그리드(217 페이지 참조)
· 가치 제안 캔버스

이 도구와 함께 쓸 수 있는 도구는 무엇인가?

· 고객 여정(103 페이지 참조)
· 페르소나/사용자 프로필(97 페이지 참조)
· 해결 과제(75 페이지 참조)

그룹 크기

· 인터뷰 당 2명의 팀이 이상적이다.
· 한 명은 질문을 하고, 다른 한 명은 기록과 녹화를 한다.

2~3명

소요 시간

· 보통 20~30분 또는 인터뷰나 대화가 지속되는 동안 진행한다.
· '해결 과제'는 보통 명확하지 않기 때문에 수행해야 할 과제에 대한 추론에는 시간이 더 걸릴 수 있다.

20~30분

필요한 재료

· A4나 A3용지에 공감 지도 템플릿을 몇 장 프린트하여 준비
· 공감 지도에 핵심 사항을 기록하기 위한 펜과 포스트잇

템플릿과 순서: 공감 지도

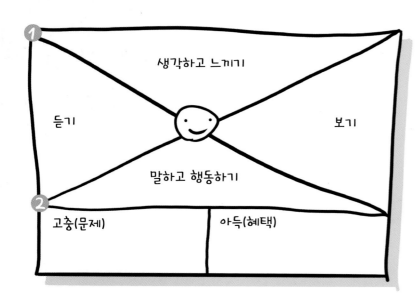

도구 적용 방법

· 공감 지도에서 "니즈"를 탐색한다. 명사(해결책)가 아니라 사용자가 도움이 필요한 부분에 대해 동사(행동)의 관점에서 생각한다.
· 종이에 레이아웃을 그리거나 공감 지도 템플릿을 사용한다.
· **1단계:** 인터뷰 도중(또는 인터뷰 직후)에 템플릿을 채운다.

  1. 고객/사용자는 무엇을 보는가?
  – 그들의 환경은 어떠한가?　　　　　　　– 고객은 어디에 있는가? 그는 무엇을 보는가?
  2. 고객/사용자는 무엇을 듣는가?
  – 누가 그에게 영향을 주는가?　　　　　　– 누가 그와 대화하는가?
  3. 고객/사용자는 무엇을 생각하고 느끼는가?
  – 고객/사용자를 움직이는 감정은 무엇인가?　– 고객/사용자는 무슨 생각을 하는가?
  – 그들과 그들의 태도에 대해 뭐라고 하는가?
  4. 고객/사용자는 무엇을 말하고 행동하는가?
  – 고객/사용자는 무엇을 말하는가?　　　　– 고객/사용자가 해야 하는 모든 것은 무엇인가?
  – 사용자는 어디에서 모순된 행동을 하는가?

· **2단계:** '고충'과 '이득' 칸을 채운다.
  – 그들의 가장 큰 문제와 도전 과제는 무엇인가?
  – 그들이 가질 수 있는 기회와 이득은 무엇인가?

이것은 Laurène Racine이 가장 즐겨 쓰는 도구다

직위:

Ava의 제품 관리자

"애매모호함은 우리의 모든 삶을 둘러싸고 있습니다. 디자인 씽킹은 이 애매모호한 세상의 문제들을 풀 수 있는 마인드세트를 가지게 해줄 뿐만 아니라 이들을 완전히 즐길 수 있게 해줍니다."

왜 그녀는 이 도구를 좋아하는가?

좋은 디자인은 당신이 디자인하는 사람에 대한 깊은 이해에 바탕을 두고 있다. 디자이너들은 공감의 다양한 유형을 개발할 수 있는 수많은 방법을 가지고 있다.

공감 지도는 초심자처럼 호기심을 가지고 상황을 탐색할 수 있도록 돕는다. 우리는 의식적으로 모든 감각을 이용하여 사용자들이 겪고 있는 경험을 똑같이 하게 된다. 공감 지도는 훌륭한 보조 자료다. 예를 들어 페르소나와 고객의 상황을 이해하도록 해준다. 하지만 고객과 같은 상황에 놓일 때 가장 잘 작동한다.

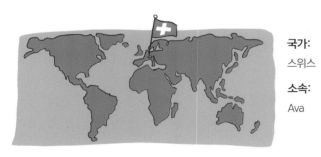

국가:

스위스

소속:

Ava

검수: **Jessika Weber-Sabil**

소속 | 직위: Breda University of Applied Sciences | 선임 연구원 겸 강사

공감 지도의 다른 템플릿도 있습니다. 필요하다면 상황에 맞게 적용하세요.

인용문과 한 말들 (SAY)		생각과 태도 (THINK)
영향을 주는 것들 (HEAR)	해결 과제(DO)	느낌과 감정 (FEEL)
고충(PAINS)		이득(GAINS)

전문가 Tips:

가치 제안에 대한 기준을 세워라

· 고충(Pains)과 이득(Gains)은 나중에 팀과 토론한 후 채운다.

· 이런 방법으로 공감 지도에 작성된 내용에 대한 리뷰와 그에 대한 회고가 동시에 이뤄진다.

· "해결 과제"에서 고객의 과제(해결 과제)를 추론한다.

· 이렇게 하면 페르소나와 가치 제안 캔버스 작성을 위한 견고한 기준이 마련된다.

결과를 기록하라

· 상호작용을 통해 얻은 결과물은 잘 기록되어야 한다.

· 사진이나 비디오를 사용하는 것은 디자인 팀과 공유하기 쉬우며 유용하다.

· 가장 놀랍고 중요한 인용문이나 진술은 그대로 적는다.

인간의 가치에 집중하라

· 생각, 의견, 느낌, 감정은 직접적으로 관찰하기 어렵다. 대신 이를 광범위한 단서로 유추한다. 또한, 바디 랭귀지와 억양, 어휘 선택에 주의를 기울인다; 이들은 보통 말보다 더 많은 것을 말한다. 비디오 카메라로 이러한 내용을 포착한다.

· 중요한 측면에 집중하라.

· 가장 중요한 포인트 즉, 가장 주요한 세 가지 고충과 이득에 집중한다.

모순을 찾아라

· 모순에 집중하고 그 중요성을 생각한다.

· 우리는 흔히 두 가지 특징이나 진술 사이의 모순에서 새로운 무언가를 발견한다.

· 예를 들어, 고객/사용자가 말하는 것과 궁극적으로 그가 어떻게 행동하는지 사이의 모순에서 말이다.

활용 사례 설명

· 인터뷰가 끝난 후 모든 참가자는 자신들이 찾은 주요한 결과물들을 요약하고 공감 지도에 작성한다.

· 릴리의 팀이 극단적 사용자와의 인터뷰 전체를 동영상으로 녹화했기 때문에 주요한 부분들을 다시 볼 수 있다.

· 최종적으로 고객의 문제(해결 과제)는 물론 고충과 이득도 밝혀진다. 그런 다음 이러한 결과를 사용자 프로필로 옮기고 나중에 이것과 일치하는 페르소나로 옮긴다.

주요 학습

· 공감은 다른 사람들, 그들의 삶, 상황, 일을 이해하고 그들의 관점에서 문제를 해결할 수 있는 능력이다. 공감대를 형성한다는 것은 사용자와 만나는 것을 의미한다.

· 명사가 아닌 동사를 사용한다. 니즈는 동사(사용자가 도움을 필요로 하는 활동)다. 명사는 주로 해결책이다.

· 가정을 검토하고 질문하고 그로부터 통찰을 얻는다.

워크툴킷 다운로드

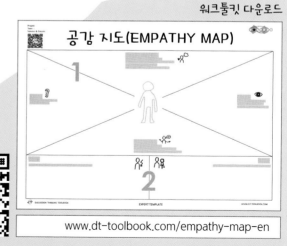

www.dt-toolbook.com/empathy-map-en

페르소나/사용자 프로필
(Persona/User profile)

프리스타일 페르소나와 미래 사용자로의 변화를 포함

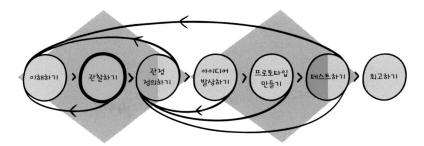

나는...

고객/사용자와 가능한 해결책에 대해 자세히 알고 싶다.

이 도구로 할 수 있는 작업

- 해결책에 대한 잠재적인 고객/사용자의 가상 캐릭터를 만든다.
- 팀원 모두에게 공유되는 고객/사용자의 그림을 만든다.
- 일반적인 고객/사용자의 목표, 욕구, 니즈를 시각화하고 디자인 팀과 공유한다.
- 타겟 그룹을 일관성 있게 이해한다.
- 전형적인 고객/사용자의 경험을 이야기와 그림으로 기록한다.

이 도구에 대한 유용한 정보

- 페르소나(사용자 페르소나, 고객 페르소나 또는 구매자 페르소나라고도 한다)는 사용자나 고객의 유형을 대표하기 위해 만들어진 허구의 캐릭터다.
- 페르소나는 잠재적 새로운 해결책(예: 웹사이트, 브랜드, 제품 또는 서비스)을 각각의 니즈과 해결 과제의 맥락으로 표현한다.
- 이것은 웹사이트의 개별적인 기능, 상호작용 또는 시각적인 디자인을 나타낼 수 있다.
- 페르소나는 최대한 자세하게 묘사되어야 한다. 여기에는 이름, 성별 그리고 인구통계학적 데이터(예: 나이, 직업, 취미)들이 포함되어야 한다. 페르소나의 성격과 특징에 대한 정보 또한 기록되어야 한다. 목표, 니즈, 두려움은 이러한 내용으로부터 추론할 수 있다. 마찬가지로 페르소나의 전기(biography)도 사회적 환경으로부터 소비 패턴에 대한 결론을 도출하는데 도움이 된다.
- 팀은 실제 인물과 같은 페르소나를 만날 수 있어야 한다.

어떤 도구를 대신 사용할 수 있는가?

- 인터넷의 페르소나
- 프리스타일 페르소나(99 페이지 변화 참조)
- 미래 사용자 페르소나(100 페이지 참조)

이 도구와 함께 쓸 수 있는 도구는 무엇인가?

- 공감 인터뷰(57 페이지 참조)
- 공감 지도(93 페이지 참조)
- 5WH 질문법(71 페이지 참조)

그룹 크기

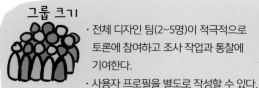

· 전체 디자인 팀(2~5명)이 적극적으로 토론에 참여하고 조사 작업과 통찰에 기여한다.
· 사용자 프로필을 별도로 작성할 수 있다.

2~5명

소요 시간

· 고객 프로필을 작성하는 것만 고려하면 보통 20~40분이면 충분하다. 더 자세한 세부 사항 (예: 사진 기준)을 작성하기 위해서는 더 많은 시간을 계획해야 한다.
· 또한 2명 또는 그 이상의 사람들이 대상 그룹을 구성할 수 있다.

20~40분

필요한 재료

· 구조가 그려진 템플릿 또는 플립 차트
· 펜과 포스트잇
· 잠재적 고객을 그들의 환경에서 관찰한 사진들

순서와 템플릿: 페르소나/사용자 프로필 캔버스

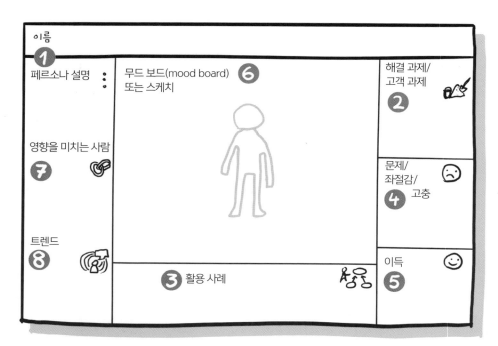

도구 적용 방법

· 잠재적 사용자에 대한 정보를 수집하고 문제 정의를 위해 페르소나가 어떤 유형에 해당하는지 팀원들과 토론한다.
· **1단계:** 페르소나를 묘사한다. 페르소나의 이름, 성별, 나이를 기록한다. 그리고 사회적 환경, 가족, 취미 등 부가적인 요소를 추가한다.
· **2단계:** 페르소나가 하는 업무(일)는 무엇인가? 그는 어디서 도움을 받을 수 있는가?
· **3단계:** 문제 정의의 맥락에서 모든 활용 사례를 설명한다(어디서? 무엇을? 어떻게? 어디에서?). 사용자는 우리의 제안을 이용하는가? 그 전후에 무슨 일이 일어나는가? 그는 어떻게 하는가?
· **4단계:** 사용자가 겪는 가장 큰 어려움과 문제는 무엇인가? 사용자가 기존 제품 및 제안에 대해 가지고 있는 해결되지 않은 문제 또는 어려움이 있을 수 있다.
· **5단계:** 사용자가 가지고 있거나 가질 수 있는 이득(가능성, 혜택)과 고충 (문제, 챌린지)을 알아본다.
· **6단계:** 고객을 시각화하기 위해 스케치를 하거나(선택사항) 디자이너가 영감을 얻기 위해 사용하는 무드 보드와 유사한 잡지 사진 또는 스크랩으로 사용자 프로필을 보충한다.
· **7단계(8단계):** 누가 페르소나에 영향을 미치는지(가족, 아이, 이해관계자 등) 어떤 일반적인 트렌드(예: 메가트렌드, 시장 동향, 기술 동향 등)가 페르소나에 영향을 미치는지 생각한다(8단계).

어느 정도의 시간과 어떤 재료가 필요한가?

그룹 크기
· 전체 디자인 팀(2~5명)이 토론에 적극적으로 참여하고, 조사한 내용과 결과를 함께 나눈다.

2~5명

소요 시간
· 페르소나를 만들기 위해서는 20~60분이 필요하다.
· 또한 페르소나에 대한 정보를 수집하고 검증하기 위해 충분한 시간을 계획해야 한다.

20~60분

필요한 재료
· 2×1미터 크기의 시트
· 펜, 포스트잇, 마커
· 잡지, 신문
· 접착테이프, 풀
· 인터넷에서 가져온 그림들
· 사진들

순서: 프리스타일 페르소나

도구 적용 방법

· 프리스타일 페르소나는 특별하게 등장하고, 우리가 만난 사용자의 기억을 기반으로 한다.
· **1단계**: 사용자의 실물 크기 모형을 만든다.
  Tip: 바닥에 종이를 펼쳐 놓는다. 한 명이 원하는 위치에 눕고 다른 팀원들이 윤곽선을 그린다.
· **2단계**: 문제 상황이나 행동 맥락에서 사용자를 묘사한다. 대표적인 요소들을 그림에 채워 넣는다.
· **3단계**: 프리스타일 페르소나의 인구통계학적 정보를 기재한다; 나이, 성별을 정한다.
· **4단계**: 페르소나의 이름을 정한다.
· **5단계**: 고객 프로필의 요소(예: 고충, 이득, 해결 과제, 활용 사례)와 페르소나의 행동, 습관, 감정 그리고 사회적 관계를 추가한다.
· **6단계**: 페르소나를 완성한다. 잡지나 신문의 그림으로 페르소나를 표현하고, 그들이 좋아하는 브랜드와 영향을 받는 브랜드에 대해 토론한다. 가치관, 도덕성 그리고 환경적인 요소에 대해 구체적으로 말한다.

어느 정도의 시간과 어떤 재료가 필요한가?

그룹 크기
· 전체 디자인 팀(2~5명이 이상적)이 토론에 적극적으로 참여하고, 조사 내용과 결과를 함께 나눈다.

2~5명

소요 시간
· 미래 사용자를 생성하는 데는 15~30분이 필요하다.
· 충분한 정보 수집을 위해 추가 시간(15~30분)을 계획해야 한다.
· 해석에 시간을 할애한다.

45~60분

필요한 재료
· 2×1미터 크기의 시트
· 펜
· 잡지, 신문
· 접착테이프, 풀
· 인터넷에서 가져온 그림들
· 사진들

순서: 미래 사용자 페르소나

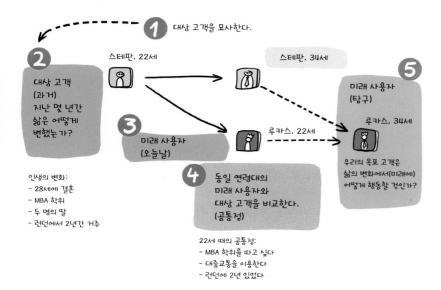

① 대상 고객을 묘사한다.

② 대상 고객 (과거) 지난 몇 년간 삶은 어떻게 변했는가?

스테판, 22세

스테판, 34세

인생의 변화:
- 28세에 결혼
- MBA 학위
- 두 명의 딸
- 런던에서 2년간 거주

③ 미래 사용자 (오늘날)

루카스, 22세

④ 동일 연령대의 미래 사용자와 대상 고객을 비교한다. (공통점)

22세 때의 공통점:
- MBA 학위를 따고 싶다
- 대중교통을 이용한다
- 런던에 2년 있었다

⑤ 미래 사용자 (탐구)

루카스, 34세

우리의 목표 고객은 삶의 변화에서(미래에) 어떻게 행동할 것인가?

노트: 타마라 캘리턴의 저서 <전략적 통찰과 혁신을 위한 플레이북(Playbook for Strategic Foresight and Innovation)> 중에서 www.innovation.io/playbook

도구 적용 방법

디자인 팀은 미래의 페르소나를 추론하려고 한다. 특히 장기간에 걸친(5년 이상) 혁신 프로젝트의 경우 이러한 고려가 필요하다.

· **1단계:** 대상 고객을 묘사한다.
· **2단계:** 12년 전 이 고객이 어떤 라이프스타일과 가치관을 가졌는지, 당시 그가 내린 결정에 대해 팀과 함께 생각하고 토론한다.
  - 시간이 지나면서 이 모든 것이 어떻게 변했는가?
    (28세 결혼으로 인한 변화, MBA 학위, 두 딸의 아버지, 런던에 2년간 체류)
· **3단계:** 세대에 걸친 연구에 기초하여, 현재와 미래의 사용자를 묘사한다.
· **4단계:** 22세 때 두 사람(스테판과 루카스)을 비교하고 34세가 될 때까지 무엇이 달라졌는지, 무엇이 그대로 유지되었는지 이해하려고 노력한다.
  - 22세 때의 공통점: 둘 다 MBA 학위를 이수하기를 원했고, 둘 다 대중교통을 이용했고, 둘 다 싱글이다.
· **5단계:** 미래 대상 고객을 추론한다. 우리의 미래 사용자는 현재의 대상 고객과 나이가 같다.
· **6단계:** 이것을 통해 어떤 통찰을 얻을 수 있는가? 미래에는 어떤 것이 더 중요할까?

직위:

신속한 변화를 위한 디지털 컨설턴트, Mimacom AG

"페르소나는 디자인 씽킹의 핵심입니다. 페르소나 개념을 통해
사용자의 교육, 라이프스타일, 관심사, 가치관, 목표, 니즈, 욕구,
사고방식 및 행동을 조사하여 근본적인 혁신을 이룰 수 있습니다."

왜 그녀는 이 도구를 좋아하는가?

제품을 개발할 때 사용자를 상상하면, 수많은 역할과 캐릭터가 내 머릿속에 떠오르며
흥미진진해진다. 프리스타일 페르소나는 잠재적 사용자와 작업하는 것을 더욱 생생하게
만든다. 이렇게 하면 고객의 니즈와 바람을 더 잘 이해할 수 있다. 실물 크기의 페르소나는
잠재적 고객이나 사용자를 더 잘 상상하게 해준다.

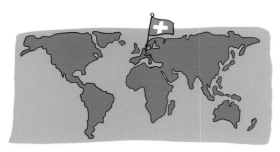

국가:

스위스

소속:

미마콤 AG

검수: **Florian Baumgartner**

소속 | 직위: Innoveto by Crowdinnovation AG | 혁신 조력자 겸 파트너

전문가 Tips:

최대한 현실적이어야 한다

- 특정 문제 진술을 통해 우리는 소위 페르소나 쌍둥이의 유용함을 알게 되었다. 예를 들어, 부부나 상호작용하는 기타 시스템(예: 인간/로봇 상호작용)이 포함된다.
- 모든 연령 범주와 관련 있는 일반적이고 성별 중립적인 페르소나는 피해야 한다. 이것이 페르소나를 최대한 자세하고 현실적으로 묘사할 것을 추천하는 이유다.

지속적으로 페르소나를 개선해 나간다

- 일반적으로, 우리는 특정 타겟 그룹에 대해 섣부른 가정을 하는 경향이 있다. 그 결과, 잘못된 가정을 바탕으로 한 고정관념들이 생겨나게 된다. 만약 우리가 불확실하다고 느낀다면, 우리가 만든 페르소나와 같은 사람을 찾아 나서야 한다. 만약 아무도 찾지 못한다면, 가정이 틀린 것이다.
- 전체 디자인 씽킹 사이클에 걸쳐 페르소나를 개발한다. 모든 상호작용에서, 프로토 타입을 테스트하고 관찰할 때 통찰이 더해지고 그것을 디자인 팀과 공유하고 페르소나에 추가한다.

적절한 곳에 인용문을 사용한다

- 고객과 사용자로부터 얻은 의미 있는 인용문을 통해 페르소나를 더욱 풍부하게 만들어 좋은 결과를 얻는다. 이렇게 하면, 페르소나는 더욱 생동감 있고 정확해진다.
- 문제 정의에 따른 페르소나의 수와 관련하여 팀 내에서 그들의 특징을 기억할 수 있는 만큼만 페르소나를 만들어야 한다.

활용 사례 설명

- 프로젝트에서 릴리의 팀은 여러 유형의 고객을 위해 사용자 프로필 캔버스 작업을 한다. 팀은 이러한 방식을 좋아하는데 주요한 조사 결과를 빠르게 시각화해주기 때문이다.
- 방법은 페르소나의 배경, 그의 정보, 행동, 고충, 이득 등을 묘사하고 여러 문구로 페르소나를 풍부하게 해준다.
- 팀은 또한 미래의 페르소나와 함께하고 싶어 한다. 인간과 로봇의 관계는 점점 더 중요해지고 있으며, 릴리의 팀은 사람들이 어떻게 그 사실을 팀에 통합시키는지 보고 싶어 한다.

주요 학습

- 페르소나는 허구의 캐릭터로, 사용자나 고객 유형을 나타내기 위해 만들어졌다.
- 페르소나는 인터뷰와 조사를 통한 사실을 바탕으로 만들어진다.
- 신문이나 잡지의 사진으로 페르소나를 완성한다.
- 문제 정의의 맥락에서 페르소나의 고충, 이득 그리고 이행해야 할 과제(해결 과제)에 대해 자세히 알아보는 것이 목적이다.

워크툴킷 다운로드

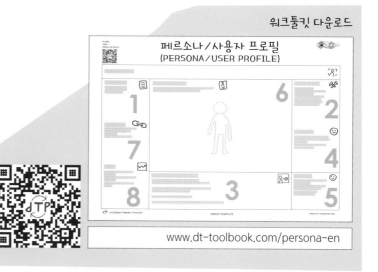

www.dt-toolbook.com/persona-en

고객 여정 지도
(Customer journey map)

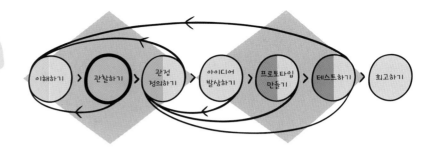

나는...

고객이 우리 회사, 우리 제품 또는 서비스를 이용할 때 경험하는 것을 자세하게 이해하기 위해서 '고객의 신발을 신고 걷고 싶다'.

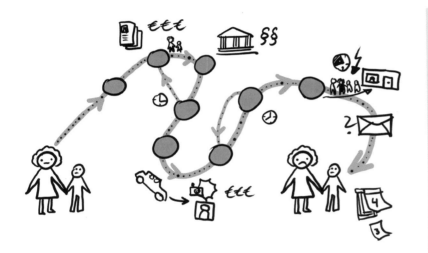

이 도구로 할 수 있는 작업

- 회사, 제품 또는 서비스에 대한 고객 경험에 관해 팀원들과 공통의 이해를 확고하게 한다.
- 고객 경험에 부정적인 영향을 미치는 "고충의 순간"을 발견한다.
- 고객의 모든 터치포인트를 확실하게 이해한다.
- 고객과의 상호작용에서 문제가 되는 지점과 격차를 줄이고 독특한 경험을 한다.
- 새롭고 개선된 고객 경험을 디자인한다.
- 고객 중심의 새로운 제품 및 서비스를 지속적으로 개발한다.

이 도구에 대한 유용한 정보

- 고객 여정 지도를 통해 고객과의 상호작용에서 나타나는 그들의 행동, 생각, 감정, 느낌을 시각화하여 공감대를 형성할 수 있다.
- 고객 여정 지도는 기업 내부 프로세스만 보여줄 수 있는 프로세스 지도와는 대조적으로, 인간과 그 요구에 맞게 설계된다.
- 고객 여정 지도는 제품이나 서비스와 직접 관련되지 않은 것들을 살펴본다(예: 알림, 대기, 주문, 배송, 설치, 고객 서비스, 폐기).
- 일반적으로 고객 여정 지도는 "이해하기", "관찰하기", "프로토타입 만들기" 단계에서 주로 개발되고 사용된다.
- 고객 여정은 또한 서비스 블루프린트(blueprint)를 생성할 수 있는 좋은 기반을 제공한다.

어떤 도구를 대신 사용할 수 있는가?

- 서비스 블루프린트(203 페이지 참조)

이 도구와 함께 쓸 수 있는 도구는 무엇인가?

- 공감 인터뷰(57 페이지 참조)
- 페르소나/사용자 프로필(97 페이지 참조)
- 해결 과제(75 페이지 참조)

어느 정도의 시간과 어떤 재료가 필요한가?

그룹 크기

- 각각의 과정에 전문가와 경험이 거의 없는 사람을 섞는다.
- 각 그룹 당 4~6명이 이상적이다.

4~6명

소요 시간

- 복잡한 정도에 따라 시간은 달라진다. 120분 후에 초안이 나올 수 있다.
- 고객 여정 지도의 특정 고객 그룹과 이벤트에 대한 변화가 필요한 경우가 많다.

120~240분

필요한 재료

- 포스트잇, 펜, 마커
- 대형 화이트보드
- 벽에 고객, 장소, 활동 및 여정의 시각화를 위한 그림을 걸어 놓기에 충분한 공간이 필요하다.

순서와 템플릿: 고객 여정 지도

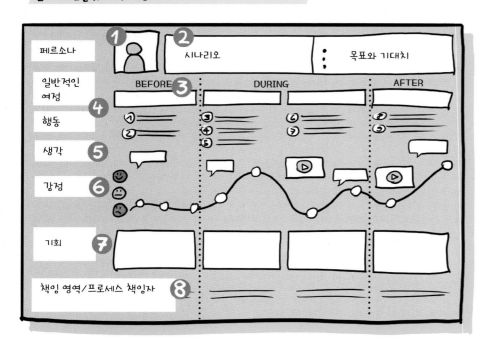

도구 적용 방법

- **1단계:** 고객 여정 지도에 사용될 페르소나를 선택하고 디자인 팀과 페르소나의 스토리를 공유한다.
- **2단계:** 수행할 시나리오 또는 작업을 선택한다. 페르소나는 무엇을 하고, 그 맥락은 무엇인가? 극과 극의 경험이거나 그 일부일 것이다.
- **3단계:** 실제 경험 전, 중, 후에 일어나는 일들을 정의하고 반드시 가장 중요한 단계가 포함되도록 한다. 모든 경험 단계를 표시한다(예: 포스트잇 사용). 확장 및 상세화 전에 메타 수준에 대한 개요를 편집하는 것이 더 쉽다.
- **4단계:** 어떤 상호작용을 어디에 어떻게 할당해야 하는지 결정한다. 템플릿에는 전형적인 여정과 각각의 행동들이 보여진다.
- **5, 6단계:** 페르소나의 생각(5단계)과 그가 느끼는 감정(6단계)을 추가한다. 색깔 도트나 이모티콘으로 각 단계의 정서적 상태(긍정적인 것과 부정적인 것)를 표현한다.
- **7, 8단계:** 잠재적 개선 영역(7단계)과 조직 내 조치/프로세스 책임자를 정의한다(8단계). 일단 고객 경험에 대한 명확한 그림이 나오면 디자인 팀은 자동으로 질문, 새로운 통찰 그리고 잠재적 개선점들을 찾아낸다.

이것은 Jennifer Sutherland가 가장 즐겨 쓰는 도구다

직위:

고객 경험, 디자인 씽킹, 린 스타트업, 혁신 등 새롭게 일하는 방식을 위한 고객 경험 디자이너이자 혁신 컨설턴트

"디자인 씽킹은 다른 많은 방법론들과 마찬가지로, 원칙적인 관점에서 접근해야 합니다. 각종 도구는 독단적이고 규정된 순서가 아니라 이러한 원칙에 따라 '목적에 적합한' 방식으로 적용되어야 합니다."

왜 그녀는 이 도구를 좋아하는가?

기업과 혁신팀은 기존 프로세스를 개선하거나, 비공개적인 단 하나의 방식으로 심사숙고하고 새로운 아이디어를 창출하는 것에 능숙하다. 그들은 모든 상호작용에 걸쳐 고객과 그의 회사 경험에 너무 집중하지 않는다. 고객 여정 지도는 프로세스를 다른 관점에서 보기 때문에 혁신 팀에 "유레카"의 순간을 가져다준다.

국가:
남아프리카 공화국

소속:
독립적 컨설턴트

검수: **Bryan Richards**

소속 | 직위: Aspen Impact | 디자인 혁신가, 인디애나 대학교 | 교수

전문가 Tips:

창의적으로 생각하라

· 취재하는 저널리스트처럼 생각하고, 고객의 감정적 여정을 심화하기 위한 질문을 한다.

· 맥락(사람과 시나리오)이 중요하다. 첫 집을 사는 신혼부부의 주택 구입과 백만장자의 휴가용 주택 구입은 전혀 다른 여정이다.

· 기존 경험을 이해하는 데 유용한 "여정"은 예를 들어, 고객이 하는 모든 행동, 활동의 맥락, 결정에 대한 생각, 구매 후 느낌, 상호작용 개선을 위한 모든 가능성이 있다.

행동과 목표를 만들어라

· 행동, 목표, 고객 기대 및 실패는 미래 경험, 기존 프로세스 또는 새로운 제품에 사용할 수 있는 "여정"이고, 예상 밖의 상황에도 사용할 수 있다.

· 기대 이상의 것을 측정하라.

· 첫 번째 프로토타입으로 사용할 수 있도록 고객 여정을 그릴 수 있다. 예를 들어, 고객 상호작용의 초기 접촉을 테스트할 수 있다.

· 고객 여정을 개선하는 방법에는 여러 가지가 있다. 예를 들어, 여행 초기의 감정을 제거하거나 해결책을 제공하는 방법 등이다. 또한, 물리적 세계와 디지털 세계 사이의 인터페이스를 설계하거나, 긍정적인 경험을 강화하거나, 부정적인 경험을 제거하거나, 순서를 바꿀 수 있다.

활용 사례 설명

- 릴리의 팀은 고객 여정 지도를 주요 단계로 나누고 각 단계를 개별적으로 검토한다. 이렇게 하면 디자인 팀이 각 단계에 더 잘 집중할 수 있다.
- 팀은 모두 동일한 활용 사례를 고려하고 목표에 합의하는지 확인한다.
- 팀은 고객 여정 지도와 감정 곡선을 바탕으로, 고려해야 할 주요 문제 영역을 결정한다.
- 예를 들어, 프랜차이즈를 통한 확장이 최적으로 설정되지 않았다는 새로운 통찰이 논의에서 나온다.

주요 학습

- 고객 여정 지도는 여정 중에 일어나는 고객의 감정을 포착하여 고객과 고객의 문제를 공통적으로 이해할 수 있도록 돕는다.
- 터치 포인트는 사용자가 회사와 접촉하는 지점들을 보여준다. 이들은 사용자가 원하는 경험을 제공하기 위해 선택적으로 최적화할 수 있다.

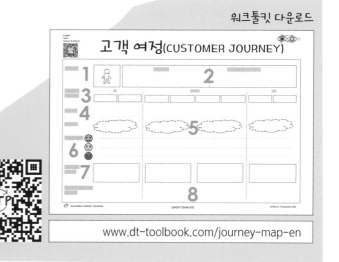

워크툴킷 다운로드

www.dt-toolbook.com/journey-map-en

AEIOU 관찰법(AEIOU)

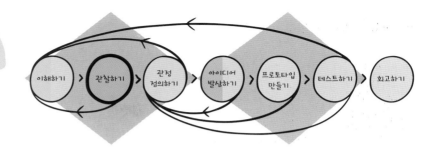

나는...

문제, 고객/사용자, 그의 환경에 대해 자세히 알고 싶다.

이 도구로 할 수 있는 작업

- 관찰한 것을 구조화하고 지식을 얻는 데 결정적인 5WH 질문을 한다.
- 대규모 디자인 팀이 유사한 관찰을 수행하여 많은 조사 결과들을 쉽게 평가하도록 한다.
- 사용자를 활동, 공간 및 대상과 연관시킨다.
- 일반 대중에게 공개되지 않은 통찰을 얻는다.
- AEIOU 관찰법은 구조와 지침을 제공하므로 경험이 부족한 디자인 팀도 통찰을 얻을 수 있다.

이 도구에 대한 유용한 정보

- AEIOU 프레임워크는 1991년에 릭 로빈슨, 일리야 프로코포프, 존 케인, 줄리 포코니에 의해 개발되었다.
- 디자인 씽킹에서 AEIOU 관찰법은 현장 관찰 및 새로운 통찰을 위한 시각화 기법으로 사용된다.
- 5WH 질문을 통해 잠재적 사용자들에 대한 심도 있는 통찰을 얻는 것이 목적이다.
- AEIOU 관찰법은 주로 "이해하기" 및 "관찰하기" 단계에서 사용된다. 또한 새로운 아이디어를 위한 영감의 원천이 될 수 있다.

어떤 도구를 대신 사용할 수 있는가?

- 스프래들리의 9가지 관점: 공간(space), 행위자(actors), 활동(activities), 목적(objectives), 행동(acts), 사건(events), 시간(time), 목표(goals), 감정(feelings)
- A(x4): 분위기(atmeosphere), 행위자(actors), 활동(activities), 인공물(artifacts)
- 소티린(Sotirin): 영역(territory), 사람(people), 물건(stuff), 대화(talk)
- POSTA: 사람(person), 사물(objects), 상황(situation), 시간(time), 활동(activity)

이 도구와 함께 쓸 수 있는 도구는 무엇인가?

- 탐험적 인터뷰(63 페이지 참조)
- 페르소나/사용자 프로필(97 페이지 참조)
- 5WH 질문법(71 페이지 참조)
- 5whys 질문법(67 페이지 참조)

어느 정도의 시간과 어떤 재료가 필요한가?

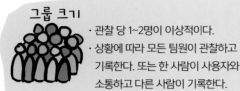

그룹 크기
- 관찰 당 1~2명이 이상적이다.
- 상황에 따라 모든 팀원이 관찰하고 기록한다. 또는 한 사람이 사용자와 소통하고 다른 사람이 기록한다.

1~2명

소요 시간

- 관찰은 1시간부터 최대 하루까지 걸릴 수 있다.
- 소요 시간 및 빈도는 문제 정의와 통찰을 얼마나 빨리 얻느냐에 달려있다.

60분~하루

필요한 재료

- AEIOU 질문지를 A4에 인쇄하고 단단한 마분지에 붙이거나 클립보드에 고정하여 쓰기 쉽게 한다.
- 펜

순서와 템플릿: AEIOU 관찰법

 ① 조사

 ② 관찰

 ③ + ④

활동 (activities)	무슨 일이 일어나는가? 그 사람은 무엇을 하고 있는가? 그들의 과제는 무엇인가? 그들은 어떤 활동을 하는가? 그 전과 그 후에 어떤 일이 발생하는가?
환경(environment)	환경은 어떻게 보이는가? 공간의 특성과 기능은 무엇인가?
상호작용 (interaction)	개별 시스템들은 서로 어떻게 상호 작용하는가? 어떠한 접점이 있는가? 사용자들은 서로 어떻게 상호 작용하는가? 작업은 어떻게 운영되는가?
물건(objects)	어떤 물건과 방법이 사용되었는가? 누가 어떤 환경에서 그 물건들을 사용하는가?
사용자 (users)	사용자들은 누구인가? 그들은 어떤 역할을 하는가? 누가 그들에게 영향을 미치는가?

도구 적용 방법

- **1단계:** 조사를 시작하고 사용자가 어디서, 몇 시에 그리고 어떻게 연락할 수 있는지 알아본다.
- **2단계:** 고객/사용자가 현재 문제 정의의 맥락에서 어느 위치에 있는지 확인한다.
- **3단계:** 관찰해야 할 개별 영역에 대한 질문과 지침을 제공하는 AEIOU 관찰법 템플릿에 작성한다.
- 각 팀원에게는 관찰을 위한 설문지를 제공하여 누구나 메모할 수 있도록 한다. 스마트폰으로 사진을 찍고 동영상을 만들 수 있다.
- 메모, 사진, 비디오, 인터뷰 및 현장 관찰의 형태로 소감을 모은다.
- 특히 현장 관찰에서는 AEIOU 프레임워크를 사용자의 환경에서 관찰하기 위한 진입점으로 사용할 수 있다.
- 관찰 후 기록에는 AEIOU 관찰법 템플릿을 사용한다. 해당 주제에 맞는 영역에 관찰 내용을 작성하는 것이 좋다.
- 사진이나 짧은 동영상으로 직접 관찰한 내용을 보충한다.
- AEIOU 프레임워크로 현장 관찰을 완료한 후, 패턴을 식별할 수 있도록 요약된 제목을 사용하여 주제와 관련된 블록으로 관찰 결과를 모으고 분류한다.

이것은 Steffi Kieffer가 가장 즐겨 쓰는 도구다

직위:

Relevate의 디자인 씽킹 코치 겸 디자인 전략가

"디자인 씽킹은 단순한 방법이나 프로세스가 아니고, 다양한 도전에 어떻게 접근하는가에 관한 마인드세트입니다. 사람들에게 진정한 가치를 제공하는 제품과 서비스를 만들고, 끊임없이 변화하는 세상의 풍경을 탐색할 수 있는 창의적인 자신감을 심어주는 데 도움이 됩니다."

왜 그녀는 이 도구를 좋아하는가?

AEIOU 관찰법으로 작업하는 것은 보물찾기와 같다: 어떤 위대한 것을 발견할지 아무도 모른다. 결국, 발견은 혁신의 핵심이다. 그것은 기본적으로 사용자, 그들의 환경 그리고 그들의 상호작용에 대해 얼마나 모르고 있는지를 상기시켜주는 꽤 겸손한 경험이기도 하다.

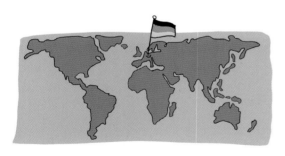

국가:

독일

소속:

Relevate

검수: **Daniel Steingruber**

소속 | 직위: SIX | 혁신 매니저

전문가 Tips:

AEIOU 프레임워크를 필요에 맞게 조정하라
· AEIOU 프레임워크는 관찰을 위한 좋은 출발점이다.
· AEIOU의 질문은 구체적인 요구에 맞게 조정되어야 한다.
· AEIOU 관찰법은 엄격한 프레임워크가 아니라 단순히 유용한 카테고리를 제공한다. 그중에서도 AEIOU 관찰법은 "<미래를 디자인하라(Design your future)>에 나오는 프레임워크의 하나로 사용되며, 에너지 저널의 기록을 반영한다. 이 예에서 "활동" 영역에는 "내가 즐기는 활동은 무엇인가?"와 같은 자신에 대한 질문이 포함되어 있다.

당면한 문제에 맞게 구조를 조정하라
· 더 복잡한 문제 정의의 경우 하위 범주로 작업하는 것이 바람직하다. 이 방법은 사건이 시간 순서대로 발생할 때 권장된다.
· 일반적으로 개별 AEIOU 관찰법의 범주는 서로 밀접하게 연결되어 있으며 이러한 측면에서 정신적인 관련성을 설정하는 것이 바람직하다.

말하지 말고 보여줘라
· 일련의 그림과 스토리텔링을 통해 더 큰 그림을 묘사하고, 팀과 효과적으로 공유할 수 있다.

- AEIOU 프레임워크는 릴리의 팀에 관찰을 위한 간단한 구조를 제공한다. 서로 다른 관찰 결과는 나중에 쉽게 통합될 수 있다.
- 게다가 이 절차에는 이미 가장 중요한 5WH 질문들이 포함되어 있다.
- 즉석 관찰은 별다른 준비 없이 할 수 있다.

주요 학습

- AEIOU 관찰법은 집중적인 연구와 현장 관찰을 통해 영감을 얻고, 문제에 대한 기초 지식을 습득하는데 도움이 된다.
- AEIOU 관찰법은 구조와 프레임워크를 제공하고 그 결과는 나중에 신속하게 통합할 수 있기 때문에 특히 미숙한 디자인 팀에 적합하다.

워크툴킷 다운로드

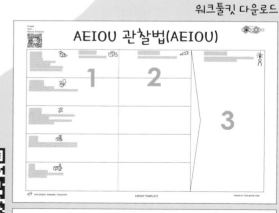

www.dt-toolbook.com/aeiou-en

분석 질문법
(Analysis questions builder)

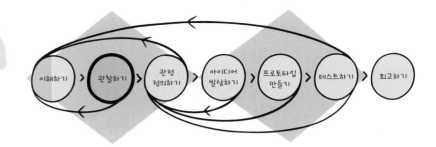

나는

디자인 씽킹 프로세스의 다양한 단계에서 유용한 빅데이터 분석을 통해 통찰을 얻고 싶다.

이 도구로 할 수 있는 작업

· 신제품, 개선된 제품 또는 제안된 기준을 구성하는 관련 영향 요인을 파악한 후, 목표한 방식으로 분석한다.
· 기술적인 "세부 사항"에 초점을 맞추므로 분석 과정에서 충분히 창의적인지 확인한다.
· 무의미한 시도를 방지하여 분석 프로세스의 효율성을 높인다.
· 데이터의 도움을 받아 문제와 해결 공간을 검토하기 위해 표준화된 절차를 활용한다.

이 도구에 대한 유용한 정보

· 올바른 질문을 할 경우, 데이터로 많은 답을 얻게 된다. 분석 질문법은 좋은 통찰을 얻기 위해 올바른 질문을 할 수 있도록 돕는다.
· 구조화된 절차는 창의성을 파괴하는 것들 때문에 주의가 분산되지 않도록, 관련된 영향 요인들을 파악하고 창의성을 발휘할 수 있는 자유를 준다.
· 영향을 주는 요소를 파악한 후 5WH 질문을 체계적으로 한다면, 짧은 시간 내에 분석에 적합한 질문을 개발하고 이후 실제 분석 과정에 대한 통찰을 빠르게 얻을 수 있다.
· 분석 질문법은 주로 "이해하기" 및 "관찰하기" 단계에서 사용한다.

어떤 도구를 대신 사용할 수 있는가?

· 극단적 사용자/선도 사용자(79 페이지 참조)
· 맥락 지도(133 페이지 참조)

이 도구와 함께 쓸 수 있는 도구는 무엇인가?

· 5WH 질문법(71 페이지 참조)
· 5whys 질문법(67 페이지 참조)
· 해결 과제(75 페이지 참조)

어느 정도의 시간과 어떤 재료가 필요한가?

그룹 크기

· 2~5명의 다학제적 팀 구성이 이상적이다.
· 데이터 분석 분야에 대한 사전 지식은 필요하지 않다.

2~5명

소요 시간

· 지속시간과 빈도는 문제 정의에 따라 달라진다. 보통 질문당 30분~1시간이 소요된다.

30~60분

필요한 재료

· 여러 장의 큰 종이(예: 플립 차트 시트)와 질문을 기록할 화이트보드
· 펜

순서: 분석 질문법

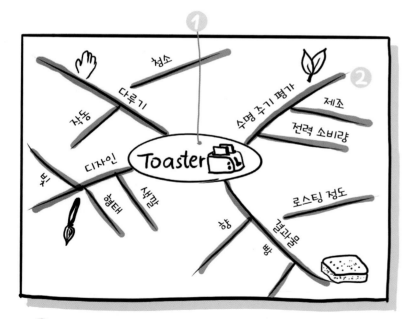

③ 5WH 질문을 한다. ④ 5WH 질문을 선별하고 데이터를 분석한다.

도구 적용 방법

· **1단계:** 분석 질문법의 주제를 정한다. 그것은 새로운 제품, 제안 또는 새로운 프로세스일 수 있다. 제품이 충족시켜야 하는 니즈, 즉 제품이 할 수 있어야 하는 것을 라이프사이클 평가(전력 소비, 생산을 위한 자원)와 같은 영향력 있는 적절한 요소로 정의한다. 이러한 결과는 자주 발생하기에 실제로 관련된 모든 것이 나열된다. 이 절차를 통해 종종 새로운 통찰을 발굴할 수 있다.

· **2단계:** 가장 관련성이 높은 영향 요소를 정의한다. 관련 데이터가 이미 준비되어 있거나, 포커스 그룹에 문의하여 디자인 씽킹 팀이 이미 알고 있는지 조사한다.

· **3단계:** 질문을 결정한다. 가장 관련성이 높고 큰 영향을 주는 3~5개의 영향을 끼치는 요인들에 대해 5WH 질문을 사용한다.
예: 토스트의 향: 누가 구운 빵을 좋아하는가? 빵이 타는 맛이 나지 않도록 얼마나 어둡게 구울 수 있는가? 토스트의 맛은 어떤가? 언제 특별히 맛이 좋아야 하나? 어디서 가장 잘 구워진 빵을 살 수 있나?

· **4단계:** 마지막 단계에서는 기록된 5WH 질문들을 살펴보고, 데이터에 대한 답변이 어느 방면에서 도움이 될 수 있는지 생각해본다. 그래야만 데이터가 어디서 오는지 생각해 볼 수 있다. 데이터는 보통 회사나 인터넷에서 구할 수 있거나 수집해야 한다.

직위:

Signifikant Solutions AG의 공동 설립자 겸 CEO

"디자인 씽킹은 구조화된 창의성을 분석 과정에 도입할 수 있는
가치 있는 도구입니다."

왜 그녀는 이 도구를 좋아하는가?

우리는 이 도구를 사용한 수많은 워크숍에서 어떻게 갑자기 레이더에 잡히지 않았던 요소들이
나타났는지를 계속해서 발견했다. 문제가 정의되면 후속 분석 과정이 상당히 효율적이다.

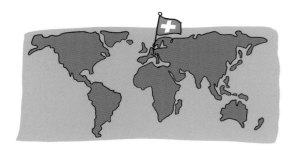

국가:

스위스

소속:

시그니피컨트 솔루션 AG

검수:　　**Amanda Mota**

소속 | 직위:　Docway Co | UX 디자이너

전문가 Tips:

디자인 씽킹 마인드세트의 모든 요소를 사용하라

- 지도를 그리는 것은 중요한 창조 과정이다. 시간을 들이고 좋은 데이터를 사용하여
  작업을 잘 준비해야 한다.
- 이 도구를 사용하는 것은 특히 다학제적으로 구성된 팀에게 큰 가치를 부여하여 영향을
  끼치는 어떠한 요소도 잊지 않도록 한다.
- 특정 데이터를 얻기 어려울 수 있다는 사실을 잊어서는 안 된다. 실제로 필요한 데이터가
  무엇인지 알고 약간의 조사를 한다면, 처음에 가능하다고 생각했던 것보다 더 많은
  데이터를 발굴할 것이다.

디자인 씽킹과 데이터 분석을 결합한 하이브리드 모델

- 하이브리드 모델(빅데이터 분석과 디자인 씽킹의 결합)의 적용에 대한 우리의 경험은
  전반적으로 꽤 괜찮았다. 이 모델은 우리가 전체 디자인 씽킹 사이클 동안 상황에 따라
  요구되는 데이터 통찰과 인간 통찰을 사용하도록 한다.

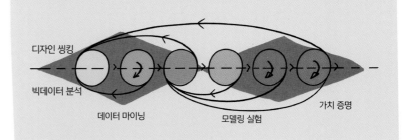

디자인 씽킹

빅데이터 분석

데이터 마이닝　　　　모델링 실험　　　　가치 증명

활용 사례 설명

· 릴리는 자신의 팀이 디자인 프로젝트에서 빅데이터를 분석하여 작업할 경우 분석 도구를 직접 적용하는 것을 자제하고, 먼저 데이터 분석으로 답해야 할 구조와 질문에 대해 생각해볼 것을 권한다.

· 가상 비서의 예시에서, 릴리의 디자인 팀 중 한 팀은 어떤 기능이 좋은 비서를 만들며, 어떤 속성이 정말 중요한지 그리고 마지막으로 이러한 질문에 데이터 분석으로 어떻게 답할 수 있는지를 고려했다.

주요 학습

· 데이터 분석 과정에서는 구체적인 질문부터 시작하는 것이 훨씬 효율적이다.

· 데이터 및 도구는 보통 실제 문제가 아니다.

· 빅데이터 분석에 관해서는 창의적이어야 한다.

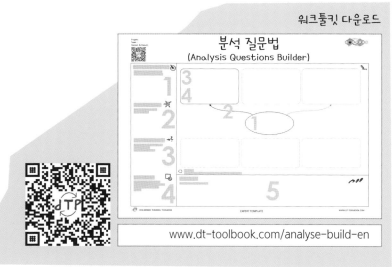

동료 관찰(Peers observing peers)

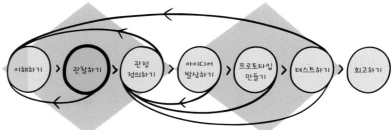

나는...

무슨 일이 일어나고 있는지 한눈에 알고 싶다.

이 도구로 할 수 있는 작업

- 사용자의 행동과 니즈를 "자연스럽고" 눈에 띄지 않는 방법으로 알아볼 수 있다.
- 문제 또는 정의된 디자인 챌린지에 대한 이해도를 향상시킬 수 있다.
- 오늘날 문제가 어떻게 해결되는지, 어떤 해결책이 사용되는지 그리고 그 과정이 실제 세계에서 어떻게 이루어지는지에 대한 새로운 통찰을 얻을 수 있다.

이 도구에 대한 유용한 정보

- 동료 관찰은 사용자가 "자연스러운" 환경에서 어떻게 행동하는지 이해하는 데 도움이 된다.
- 동료 관찰은 인터뷰가 어렵거나 직접 인터뷰를 하지 않는 초기 단계에서 특히 도움이 된다.
- 이 절차는 프로토타입 또는 최소 생존가능 제품(MVP)과 같은 "테스트하기" 단계에서 훨씬 더 심오한 통찰을 제공할 수 있다.
- 동료 관찰은 주로 "이해하기" 및 "관찰하기" 단계에서 사용된다.

어떤 도구를 대신 사용할 수 있는가?

- AEIOU 관찰법(107 페이지 참조)
- 공감 인터뷰(57 페이지 참조)
- 페르소나/사용자 프로필(97 페이지 참조)
- 솔루션 인터뷰(225 페이지 참조)

이 도구와 함께 쓸 수 있는 도구는 무엇인가?

- 공감 지도(93 페이지 참조)
- 5whys 질문법(67 페이지 참조)
- 5WH 질문법(71 페이지 참조)

그룹 크기

· 상황과 디자인 챌린지에 따라 3명 이하의 인원이 하나의 관찰을 진행해야 한다.
· 한 동료가 다른 동료를 관찰하는 것이 가장 좋다.

2~3명

소요 시간

· 소요되는 시간은 관찰하려는 것에 따라 좌우된다. 보통 60~240분이 소요된다.
· 관찰 후 기록 및 다른 관찰자와의 대화에도 시간이 걸릴 수 있다.

60~240분

필요한 재료

· 메모장 및 펜
· 휴대 전화 또는 비디오 카메라 (관찰될 사람이 동의한 경우)
· 스케치 또는 사진

순서와 템플릿: 동료 관찰

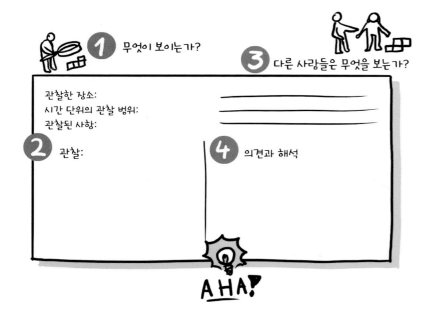

도구 적용 방법

항상 관찰과 해석을 구별해야 한다. 동료 관찰은 "우리가 생각하는 것에 관한 것"이 아니라 "우리가 보는 것"에 관한 것이다. 이것이 템플릿을 사용하고 우리가 실제로 보는 것만 설명하는 이유이다.

· **1단계:** 보이는 것, 예를 들어 일이 어떻게 이루어지는지 설명한다. 만약 우리가 맥락에 대해 이미 알고 있고 특정한 행동의 빈도를 알아내고 싶다면, 어떤 일이 얼마나 자주 일어나는지 알아내기 위해 추가 범주를 정의할 수 있다.

· **2단계:** "동료"가 수행하는 모든 단계를 기록한다. 관찰 중에 피실험자가 최대한 정상적으로 행동하는지 확인할 필요가 있다.

· **3단계:** 통찰을 수집하는 것 외에도, 다른 관찰자들은 그 과정을 어떻게 인지했는지를 논의하는 것이 바람직하다. 일반적인 질문은 다음과 같다: 당신은 무엇이 놀라웠는가? 당신은 무엇을 배웠는가?

이렇게 우리는 종종 문서로 기록된 관찰을 넘어서는 더 많은 정보를 수집할 수 있다.

· **4단계:** 행동을 해석한다.
· **5단계:** 그것으로부터 적절한 결론을 유추한다.

이것은 Ina Goller가 가장 즐겨 쓰는 도구다

직위:
베른 응용과학대학교 혁신경영학과 교수 겸
스킬스가든 AG 설립자

"디자인 씽킹은 지속 가능한 해결책이 만들어질 수 있도록
아이디어를 창출하고 검증하는 가장 재미있는 접근법입니다."

왜 그녀는 이 도구를 좋아하는가?

우리는 동료 관찰을 통해 많은 것을 배울 수 있다. 이것은 우리가 문제나 해결책에 관해
이야기해줄 뿐만 아니라, 일상에 대한 심오한 통찰을 얻을 수 있게 한다. 나는 접근법과 발견의
중요성에 대해 확신을 가지고 있기 때문에 이 도구를 가장 좋아한다. 이 도구는 우리에게
현실과 실제 과정이 어떻게 진행되는지에 대한 정보도 제공한다. 또한, 업무 수행을 위해
비공식적인 조직 경로가 어떻게 취해지는지도 보여준다.

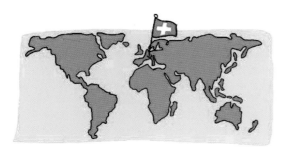

국가:
스위스

소속:
스킬스가든

검수: **Jean Michel Chardon**

소속 | 직위: Logitech AG | CTO 사무소 AI 책임자

전문가 Tips:

명확한 초점을 정의하라
무엇을 관찰해야 하는가? 누구를 관찰할 것인가? 무엇을 배울 것인가?

훈련은 필수다
해석 없이 관찰해야 얻을 수 있다. 관찰자의 발견이 어떻게 다뤄져야 하는지도
마찬가지다.

단지 관찰에 대한 것이 아니다
데이터를 수집하는 과정도 중요하다. 관찰 후 관찰자를 인터뷰하는 경우도 마찬가지다.

관찰과 해석을 구분하라
사용자가 직접 만든 보조 기구를 사용하거나 용도에 맞지 않게 사용하는 방법과 같이,
의도되지 않은 손쉬운 방법이나 해결책에 주의를 기울인다.

루틴 및 세부 사항에 주의하라
예를 들어 어떤 것이 얼마 걸리는 지와 같이 수량화 할 수 있는 정보를 제공한다. 정량적인
분석은 표와 그래프로 쉽게 시각화 할 수 있다.

가능하다면 직접 하라
다른 사람들의 입장이 되어 그들의 행동을 모방한다. 팀의 다른 사람들이 메모하는 동안
무슨 일이 일어나고 있는지 큰 소리로 말한다.

- 릴리의 팀은 대기업의 프로세스에 대해 더 알고 싶어한다.
- 그들이 직접 수행한 관찰에서, 사람들이 진정성 있게 행동하지 않는다는 인상을 받았다.
- 동료 관찰에서 그들은 다른 접근법을 선택하기를 원한다. 그들은 직원들에게 그들의 환경과 동료들을 관찰하는 방법을 가르친다. 그 팀은 이제 완전히 새로운 관점을 갖게 되었다!

주요 학습

- 관찰 대상을 정의한다.
- 동기 부여된 관찰자를 찾는다. 관찰과 해석의 차이가 무엇인지 그들이 확실히 알도록 한다.
- 관찰자들 간의 상호작용을 활용하여 지식을 습득한다.

워크툴킷 다운로드

www.dt-toolbook.com/observing-peers-en

트렌드 분석(Trend analysis)

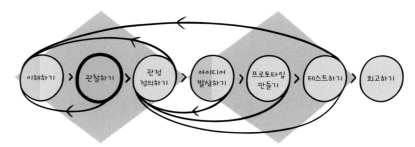

나는...

초기 단계에서 트렌드를 인지하고 이를 문제 정의에 통합하고 해결책을 찾고 싶다.

이 도구로 할 수 있는 작업

· 메가트렌드와 트렌드 및 이들의 접점을 탐색한다.
· 트렌드 간의 상관관계를 시각화하고, 트렌드가 상호 작용하는지 여부와 방법을 디자인 씽킹 팀 또는 고객과 논의한다.
· 너무 단순하고 주관적이며 폐쇄적인 관점을 피하고 전체적인 접근법을 찾는다.
· 트렌드 간의 접점과 인과관계를 파악하여 제시하고, 트렌드의 중요성에 대한 결론을 도출한다.
· 문제 정의 또는 아이디어에 대한 중요한 맥락 정보를 수집한다.

이 도구에 대한 유용한 정보

· 트렌드 분석의 목표는 트렌드를 파악하고 양적으로 계산하기 위한 것이다. 또한, 프로젝트의 원인과 영향도 탐구한다. 이를 근거로 기회와 위험을 발견하고 조치 방법을 추론한다.
· 트렌드 분석 도구는 사회적, 경제적, 기술적 발전을 중심으로 한 가치 있는 맥락 정보 수집을 돕는다.
· 제품 또는 서비스의 준비와 같은 추가 단계를 위한 출발점 역할을 한다.
· 서로 의존하는 트렌드의 이해는 디자인 프로세스에 깊이와 높은 품질을 제공한다.
· 개별적인 현상학적 특징과 트렌드의 접점을 찾을 때, 작은 반복 단계로 진행한다면 지속적으로 새로운 발견이 이어진다.

어떤 도구를 대신 사용할 수 있는가?

· 맥락 지도(133 페이지 참조)
· 현상학
· 시나리오 기법
· 예측 가능한 집단 자료 찾기

이 도구와 함께 쓸 수 있는 도구는 무엇인가?

· 탐험적 인터뷰(63 페이지 참조)
· 5whys 질문법(67 페이지 참조)
· 비전 콘(141 페이지 참조)

어느 정도의 시간과 어떤 재료가 필요한가?

그룹 크기

2~5명

- 각 그룹 당 2~5명이 이상적이다.
- 주제와 복잡성 가운데 어디에 초점을 두느냐에 따라 더 많은 사람이 동시에 참여하거나 차례로 참여할 수 있다.

소요 시간

120~240분

- 소요 시간은 질문이 얼마나 복잡한지 그리고 준비 기간에 얼마나 많은 연구가 이뤄졌는지에 따라 달라진다.
- 일치하는 선호도 차트를 사용한 첫 번째 트렌드 분석은 2시간 이내에 수행할 수 있다.

필요한 재료

- 큰 종이 또는 마분지
- 색상 코드(지하철 노선)
- 핀, 작은 빨래집게
- 펜
- 포스트잇(다른 색상)

순서: 트렌드 분석

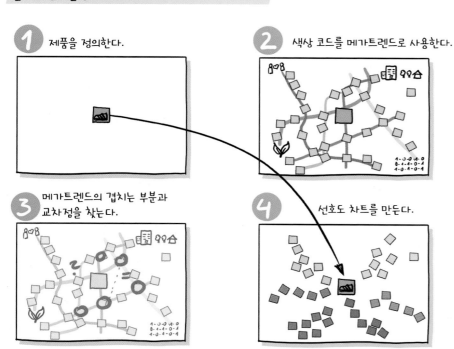

① 제품을 정의한다.

② 색상 코드를 메가트렌드로 사용한다.

③ 메가트렌드의 겹치는 부분과 교차점을 찾는다.

④ 선호도 차트를 만든다.

도구 적용 방법

트렌드 분석에 트렌드 튜브 매핑(메가트렌드)을 사용하라

- **1단계:** 포스트잇에 기재된 제품, 서비스 또는 고려해야 할 개발에 초점을 맞춘다.
- **2단계:** 다른 색상의 코드는 도시화, 디지털화, 지속가능성과 같은 메가트렌드를 나타낸다. 메가트렌드의 현상이나 징후가 코드에 걸려 있다. 그것들은 워크숍이나 포커스 그룹에서 사전에 결정된다.
- **3단계:** 지하철 노선도에서 볼 수 있는 것처럼 연결부분과 중복된 부분을 검색한다. 그런 다음, 팀은 제품이나 서비스의 위치(이상적으로 여러 메가트렌드가 교차하는 지점)를 조사한다.

선호도 차트를 사용하여 트렌드 분석을 확장하라(트렌드 주제)

- **4단계:** 선호도 차트는 일치하는 요소들의 그룹이며, 대표적인 패턴을 시각화한 것으로 트렌드 분석의 결과물을 구조화하는데 사용한다. 예를 들어, 교차점에 있는 요소들은 더 면밀하게 검토되고, 가능한 특징과 방향을 탐색한다(예: 하이킹→도시 하이킹). 그림은 산업, 고객, 마케팅, 기술 트렌드가 연결된 작은 카드들로 완성된다.

참고: 카드를 복제하여 다양한 방법으로 사용할 수 있다.

이것은 Thomas Duschlbauer가 가장 즐겨 쓰는 도구다

직위:

콤페트렌드 CEO

"트렌드와 메가트렌드를 내세운 작품에도 어떤 한계가 있지만, 이들은 새로운 관점을 열어주고 디자인 팀에 논의를 시작할 수 있는 계기를 마련해준다."

왜 그는 이 도구를 좋아하는가?

나는 작은 그룹에서 트렌드를 직접 다룰 때 새로운 관점이 생겨나고, 수정되고, 재구성될 수 있기 때문에 물리적 트렌드 분석을 활용하여 작업하는 것을 좋아한다. 그것은 통찰을 위한 투쟁이며 시각화는 복잡성을 파악하는데 도움이 된다.

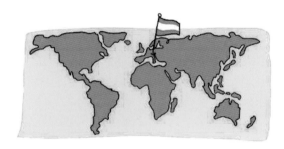

국가:

오스트리아

소속:

페트렌드

검수: **Yves Karcher**

소속 | 직위: InnoExec Sàrl | 혁신 및 조직 설계를 위한 워크숍 퍼실리테이터

전문가 Tips:

통계 데이터를 사용하여 조사 결과를 검증하라

· 우선 트렌드 분석의 적용은 온전히 질적인 관점만을 제공하므로, 이러한 가정을 통계 자료로 실증하고 검증하는 것이 바람직하다.

시각화는 복잡성을 줄이는 데 도움이 된다.

· 시각화를 위해서 메가트렌드를 문서화하여 최신 형태로 만들어야 한다.
· 메가트렌드(트렌드 튜브 매핑)를 더 많이 발견할수록 프로세스가 복잡해지고, 구현에 더 많은 공간이 필요하다.
· 이미 개발된 제품이나 서비스를 트렌드(예: 사업 계획)의 맥락에서 찾고자 한다면, 트렌드와 그 징후(예: 디지털화 → IOT, 빅데이터, AI, VR, AR 등)의 소규모 선택만으로도 충분하다.

얻은 통찰을 최대한으로 활용하라

· 우리는 새로운 비즈니스 모델, 제품 또는 서비스에 대한 트렌드를 활용하는 것이 매우 도움이 된다는 것을 알게 되었다. 트렌드와 그 발현에 대한 다양한 측면에서의 고려가 파괴적인 혁신(예: 인공지능과 블록체인의 결합)의 열쇠가 될 수 있다.
· 4단계(선호도 차트)는 대상 그룹의 행동이나 신기술 사용에 대한 구체적인 질문이 있을 때 특히 유용하다.
· 트렌드 분석은 시장 틈새를 감지하거나 반대되는 트렌드를 파악하는 데도 도움이 된다.

활용 사례 설명

· 디자인 팀은 데스크 리서치를 통해 중요한 이슈들을 발견했다. 통계 자료와 트렌드는 문제를 더 잘 이해하는 데 도움이 된다.
· 릴리의 팀은 그림을 이용한 정성적 트렌드 분석뿐만 아니라 정량적 분석을 통해 적절한 요소가 필요하다는 것을 보여주었다. 이는 앞으로 더 중요해질 것이다.

주요 학습

· 트렌드 분석을 통해, 디자인 팀은 문제 정의나 아이디어에 관한 더 나은 지침을 얻는다.
· 그룹의 논의는 메가트렌드, 트렌드 및 개발에 대한 공통된 이미지를 만드는 데 도움이 된다.
· 트렌드는 끊임없이 발전하고 있으며, 지속적인 반영과 분석이 이러한 변화를 따라가는 데 도움이 된다.
· 트렌드의 탐지 및 시각화를 위해 중요한 (그리고 무료) 온라인 도구인 구글 트렌드뿐만 아니라 트렌드 보고서도 사용한다.

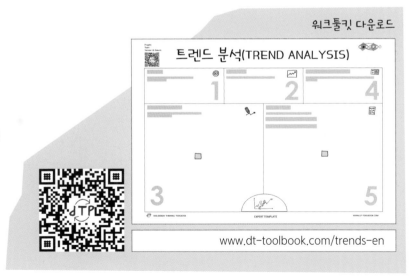

워크툴킷 다운로드

www.dt-toolbook.com/trends-en

단계: 관점 정의하기
(Define Point of View)

문제 분석이 마무리되면 결과를 요약하고, 분류하고, 토론하고, 평가한다. 그 문제에 대한 팀의 견해는 관점으로 표현된다. 그것은 나중에 해결책을 찾기 위한 출발점으로 사용된다. 스토리텔링이나 "How might we..."와 같은 다양한 도구가 이 프로세스를 뒷받침한다.

"How might we..." 질문법
("How Might We..." question)

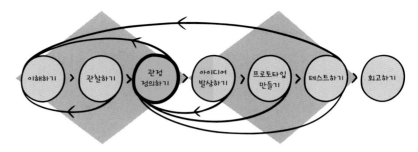

나는...

나중에 '아이디어 발상하기' 단계에서 목표한 방식으로 작업할 수 있도록 하는 질문을 하고 싶다.

이 도구로 할 수 있는 작업

- 확인된 니즈를 실제 디자인 챌린지로 전환한다.
- 이후 아이디어의 목표와 디자인 씽킹 팀의 목표를 구체적인 문장으로 적는다.
- 아이디어 발상 과정의 규모와 범위를 정한다.

이 도구에 대한 유용한 정보

- "우리가 어떻게 하면(How might we)..." 질문은 이 책의 기본적인 구성요소다.
- How might we... 질문법은 사고방식을 다르게 전환시켜주는 특별한 언어를 사용한다.
- "How"는 문제를 해결할 수 있는 더 많은 방법이 있다는 것을 의미한다. "might"는 잠재적인 아이디어가 효과가 있는 안전한 공간을 만든다. "we"는 팀으로서 문제를 해결한다는 것을 상기시켜준다.

어떤 도구를 대신 사용할 수 있는가?

- 선의의 비판자 –"사람들이 이 상황을 기억하지 못한다면 어떻게 될까?"
- 대조적으로 –"고충이 이득으로 바뀐다면 어떻게 될까?"
- 입장 바꾸기 –"예를 들어, 환자가 의사를 진찰하면 어떻게 될까?"
- 시간 프레임 –"그 상황이 20년 전이었다면 어땠을까?"
- 도발 –사진, 패브릭, 인용문, 소리, 냄새 –"아무도 다른 것을 사용하려 하지 않을 때 어떻게 해결책을 디자인할 것인가?"
- 비유 –이러한 근거로 문제를 해결하기 위해 유추하는 방법 –"시간을 주제로 포뮬러 1의 피트 스톱을 통해 무엇을 배울 수 있는가?"
- 기적 –"우리가 마법사였다면 어떻게 해결할 것인가?"

이 도구와 함께 쓸 수 있는 도구는 무엇인가?

- "이해하기"와 "관찰하기" 단계의 도구들(49~122 페이지 참조)
- 스토리텔링(129 페이지 참조)

그룹 크기
· 3~5명의 그룹으로 각 HMW 질문을 만든다.

3~5명

소요 시간
· 좋은 결과가 확인되면 HMW 질문을 신속하게 작성할 수 있다.
· HMW 질문의 정의는 일반적으로 15분 이상 걸리지 않는다.

5~15분

필요한 재료
· 화이트보드 또는 이동 가능한 벽
· 포스트잇, 펜, 종이

템플릿: "How might we..." 질문법

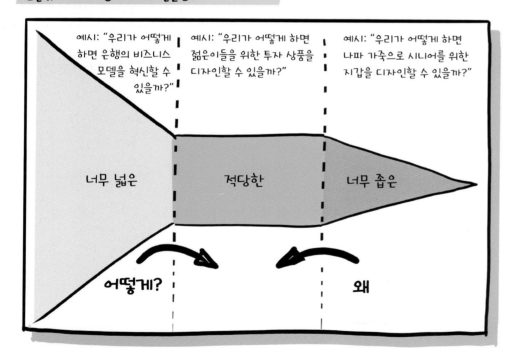

예시: "우리가 어떻게 하면 은행의 비즈니스 모델을 혁신할 수 있을까?"

예시: "우리가 어떻게 하면 젊은이들을 위한 투자 상품을 디자인할 수 있을까?"

예시: "우리가 어떻게 하면 나파 가죽으로 시니어를 위한 지갑을 디자인할 수 있을까?"

너무 넓은 · 적당한 · 너무 좁은

어떻게? · 왜

도구 적용 방법

· 얻은 결과를 반영한다. 그 결과는 통찰의 종합이다.
· 팀이 해결해야 하는 니즈와 이 맥락에서 적절한 추가 정보가 무엇인지 결정한다.
· 디자인 씽킹 팀이, 확인된 니즈 또는 기회 영역을 해결하는, 몇 가지 "How might we..." 질문을 제시하도록 동기 부여한다.
· 각 질문은 "우리가 어떻게 하면..." 뒤에 동사(예: 디자인하다), 명사(예: 투자 상품), 사용자 유형(예: 페르소나의 이름)의 논리를 따라야 한다.
· HMW 질문을 소리 내어 읽고 팀이 많은 해결책을 찾기 위해 어떤 영감을 얻었는지 질문한다. 만약 그렇지 않다면, 질문이 너무 좁을 수 있다(예: 이미 해결책을 예상하거나 추가 탐구를 허용하지 않는다). 아니면 HMW 질문이 너무 광범위하다, 즉 세상을 변화시키는 것과 같은 질문인데, 팀은 이러한 과제에 직면했을 때 상실감을 느낀다.
· 이러한 딜레마에 대처하기 위해서는 두가지 질문 기법이 있다: 초점을 확장하기 위한 "WHY"와 고려해야 할 초점을 좁히기 위한 "HOW"다.
· "HMW" 질문을 하면 "아이디어 발상하기" 단계를 시작할 수 있다. 예를 들어, 초기 아이디어를 생성하는 오픈 브레인스토밍 세션으로 시작한다.

이것은 Andrés Bedoya가 가장 즐겨 쓰는 도구다

직위:

파리 디자인 학교 École des Ponts의 혁신 프로젝트 매니저

"디자인 씽킹은 프로세스 그 이상이며, 인간에게 이치에 맞는 현실의 변화를 촉진하는 엄청난 힘을 가진 문화입니다."

왜 그는 이 도구를 좋아하는가?

엔지니어로서 나는 다양한 아이디어의 엄청난 팬이며, 나에게 HMW 질문은 "아이디어 발상하기" 단계에서 탐구할 수 있는 사용자들에 대한 심층적인 이해와 무한한 가능성 사이의 접점으로, 결국 사용자나 고객에게 좋은 해결책을 제시하기 위한 것이다.

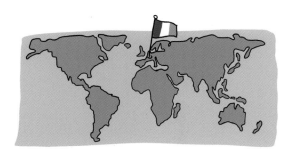

국가:

프랑스

소속:

파리 디자인 학교

검수: **Bettina Maisch**

소속 | 직위: Siemens CT | 선임 전문가 컨설턴트

How might we...

KNOW	UNDERSTAND	APPLY	EVALUATE	CREATE
정의하다	예측하다	해결하다	틀을 잡다	창조하다
확인하다	반영하다	적용하다	비교하다	발전하다
표현하다	증명하다	구성하다	실험하다	변화하다
연결하다	구별하다	선택하다	물어보다	변경하다
인식하다	발견하다	준비하다	확인하다	개발하다
선택하다	연구하다	생산하다	연관성있다	상상하다
조사하다	변형시키다	보여주다	나누다	협상하다
말하다	묘사하다	판단하다	분석하다	디자인하다
시각화하다	비교하다	이동하다	비교하다	구조화하다

전문가 Tips:

질문을 정의하는 데에는 옳고 그름이 없다

· HMW 질문에 있어서는 옳고 그름이 없다. 질문이 문제 정의에 맞는지 판단하기 위해 직감에 의존하는 것이 좋다.

· 만약 HMW 질문이 맞다면, 그에 대한 답을 찾기 위해 아이디어를 찾고 싶은 충동을 느낀다. 만약 질문이 적절하지 않다면, 보통 어떤 아이디어도 떠올릴 수 없다.

· 경험상 특정한 질문에 대해 시작부터 긴 토의를 하는 것보다는 주어진 주제 안에서 몇 개의 HMW 질문을 준비하는 것이 효과적이다. 각각의 HMW 질문은 프로토타입으로 이해할 수 있으며 짧은 브레인스토밍 세션에서 테스트할 수 있다. 그 때 가장 적절한 것이 선택된다.

누구에게 해결책이 필요한지 찾는다

· 문제에 대한 설명 외에 부가적으로 프로젝트의 대상 고객을 정의해야 한다. 이를 통해 문제가 확인되는 즉시 사용자와 사용자의 니즈를 강조한다.

진술에 대담한 태도를 취한다

· 우리는 항상 관련된 니즈를 강조하기 위해 두꺼운 마커를 사용해왔다.

· 큰 A5 종이와 포스트잇은 모든 사람이 볼 수 있도록 질문을 작성하는데 도움이 된다.

활용 사례 설명

· 올바른 "How might we..." 질문법은 우리가 "프로토타입 만들기와 테스트하기"단계에서 시간을 효율적으로 사용하는데 도움이 된다.
· 팀원 모두가 각자 질문 몇 가지를 준비했다. 팀원들은 모두가 동의할 때까지 "how"와 "why" 질문을 통해 HMW 질문의 위치를 논의하거나 HMW 질문을 만들어낸다.
· 릴리는 HMW질문을 찾을 수 있도록 충분한 시간을 준다. 특히 대규모 집단의 경우 중요한 논의와 상호작용을 위해서는 충분한 시간이 허용되어야 좋은 HMW 질문이 만들어진다. 올바른 질문이 만들어지면 목표에 더 빨리 도달하게 된다.

주요 학습

· HMW 질문에 대해 너무 오랫동안 논의하지 않는다. 시간의 압박은 민첩성을 유지하고 최종적인 표현에 너무 얽매이지 않게 해준다.
· 몇 가지 좋은 HMW 질문을 만들기 위해서는 긍정적이고 사용자의 요구에 집중하는 것이 중요하다.

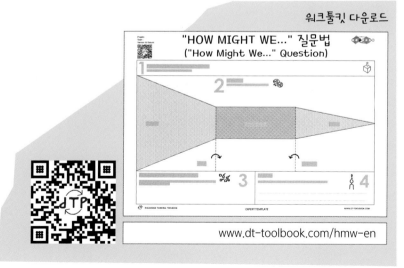

스토리텔링(Storytelling)

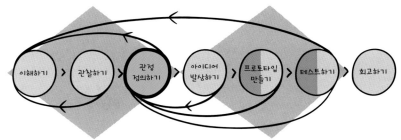

나는...

나의 통찰, 아이디어 그리고 해결책을 팀원 및 다른 이해관계자들에게 제시하고 싶다.

이 도구로 할 수 있는 작업

· 조사하고, 대화하고, 공감대를 형성하여 깊이 있는 이야기를 만든다.
· "이해하기"와 "관찰하기" 단계의 결과를 요약하고 팀과 논의한다.
· 예상치 못했던 결과들을 강조하고 새로운 관점을 만든다.
· 일반적으로 다른 사람들과 통찰, 아이디어 그리고 결과(해결책)를 공유한다.

이 도구에 대한 유용한 정보

· 스토리는 강력한 방법으로 지식을 공유할 수 있게 돕는다.
· 스토리텔링은 디자인 씽킹 사이클의 여러 단계에 유용하게 사용되는 도구다.
· 스토리텔링은 수천 년 동안 인류가 여러 세대에 걸쳐 지식을 공유하는데 도움을 주었다. 디자인 씽킹의 맥락에서 스토리텔링은 팀과 연결되고, 프로젝트에 집중하고, 동기를 유발하고, 창의성과 공감을 위한 인센티브를 만들어내는 데 도움을 준다.
· 데이터에 대한 스토리도 전달할 수 있다. 데이터를 애니메이션으로 시각화하는 것은 "와우!" 라는 감탄사를 만들어내기도 한다.

어떤 도구를 대신 사용할 수 있는가?

· 공감 지도(93 페이지 참조)
· 맥락 지도(133 페이지 참조)
· 시나리오 분석

· I like, I wish, I wonder(239 페이지 참조)
· NABC(177 페이지 참조)

이 도구와 함께 쓸 수 있는 도구는 무엇인가?

· 고객 여정(103 페이지 참조)
· 피드백 캡처 그리드(217 페이지 참조)
· 이해관계자 지도(83 페이지 참조)
· 트렌드 분석(119 페이지 참조)

· 서비스 블루프린트(203 페이지 참조)
· 공감 인터뷰(57 페이지 참조)
· 시나리오 분석

어느 정도의 시간과 어떤 재료가 필요한가?

그룹 크기
· 스토리텔링을 사용하는 데에는 2~5명 사이의 그룹이 적당하다.
· 조사 결과에 대해 논의하기 위해 각 팀원은 자신이 조사한 내용을 이야기한다.

2~5명

소요 시간
· 조사 결과를 요약하고 스토리로 바꾸는 것은 디자인 챌린지와 조사 결과의 수에 따라 달라진다(대략 30분).
· 사용자 당 스토리는 5~10분 이내여야 한다.

10~30분

필요한 재료
· 대형 화이트보드, 플립 차트 또는 인쇄/색칠된 템플릿
· 포스트잇, 펜, 마커

순서와 템플릿: 스토리텔링

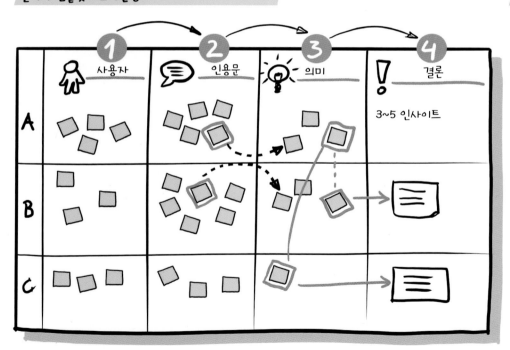

도구 적용 방법

· **1단계:** 템플릿을 인쇄하거나 플립차트 또는 화이트보드에 구조를 그린다. "이해하기" 및 "관찰하기" 단계의 결과를 전달하는데 스토리텔링을 사용하려면 다음 절차가 특히 유용하다.

· **2단계:** 팀의 모든 구성원이 한 줄(예: 인터뷰 대상자 당)로 작성하도록 하고, 사람들 또는 사용자의 중요한 부분과 특별한 특징을 요약한다 (1열). 사용자의 중요한 인용문을 추가한다.

· **3단계:** 팀에서 나온 결과들을 해석하고 의미를 정의한다.

· **4단계:** 팀과 함께 결론을 도출하고 인터뷰에서 발견한 주요 결과를 요약한다. 이러한 방식으로 기초를 만들고, 스토리의 결과를 팀이나 이해관계자와 공유하기 위해 한걸음 더 나아간다. 글머리 기호로 스토리 초안을 작성하거나, 스토리보드를 만들거나 또는 스토리를 표현하는 짧은 비디오를 제작한다.

이것은 Jessica Dominquez가 가장 즐겨 쓰는 도구다

직위:

기업가 겸 프리랜서 디자이너

"우리가 살고 있는 고도로 세계화된 세상에서는 삶의 질을 향상시킬 수 있는 새로운 아이디어들이 필요합니다. 이것이 혁신이 중요한 이유입니다. 디자인 씽킹은 사용자 중심의 목표를 가진 다학제적인 팀을 통해 아이디어를 구체화하는 가장 좋은 방법입니다."

왜 그녀는 이 도구를 좋아하는가?

스토리텔링은 인터뷰 결과를 다른 사람들과 공유할 수 있는 최고의 도구다. 이렇게 하면 사용자의 느낌이나 감정 또는 아이디어나 프로토타입에 대한 피드백에 생동감이 넘치게 된다.

이야기를 하는 것은 약간의 용기와 연습이 필요하지만, 우리의 마음과 목소리에는 한계가 없기 때문에 스토리텔링은 아주 효과적인 도구다.

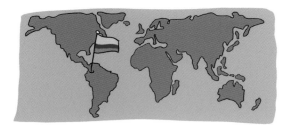

국가:

콜롬비아

소속:

Pick-a-box

검수: **Jeremias Schmitt**

소속 | 직위: 5mx new ventures GmbH | 공동 설립자 | 매니징 파트너

전문가 Tips:

성공을 위한 중요한 힌트

· 포스트잇에 키워드만 적지 말고 그림이나 기타 시각적인 요소들을 포함한다.

· 사진이나 물건들을 사용한다. 이렇게 하면 스토리텔링 보드는 무드 보드(mood board)처럼 확장될 수 있다.

· 우리가 누구에 대해 이야기하고 있는지 알 수 있도록 사용자의 이름을 정해준다. 예를 들어 "파란 모자를 쓴 웃긴 남자" 또는 "세련되어 보이는 것이 매우 중요한 샤넬 아가씨"와 같은 특징들을 포함한다.

다목적 도구

· 스토리텔링은 프로토타이핑 도구로도 사용할 수 있으며 테스트 결과를 요약하는데 도움이 된다.

· 스토리텔링은 학습을 지원하고, 혁신을 촉진하며, 지식과 정보를 전달한다.

다양한 유형의 스토리로 실험해본다

· 흥미진진한 이야기나 손에 땀을 쥐게 하는 이야기는 사람들을 집중하게 만든다. 반면 감정적인 배경을 가진 이야기는 신뢰감을 불러일으키고 유대감을 형성한다.

- 릴리는 팀이 발산과 수렴 단계를 되풀이하여 전환하도록 동기 부여하고 그렇게 하는 동안 결과를 요약하고 구조화한다.
- 관련된 정보들을 통합하는 것이 항상 쉬운 것은 아니다. 종종 팀은 나무를 보느라 숲을 보지 못하고 세부적인 정보들 사이에서 길을 잃는다.
- 릴리는 이 스토리보드로 좋은 결과를 얻었다. 핵심 포인트를 정리하고, 그것들의 의미를 파악하며, 팀의 핵심 결과를 유추하는데 도움이 되었다.

주요 학습

- 스토리텔링으로 사용자와의 상호작용에서 얻은 결과들을 요약할 수 있다. 프로토타이핑과 테스트 방법에서도 활용할 수 있다.
- 스토리가 사실이라면 가치가 있으므로, 항상 실제 사건으로 입증되어야 한다.

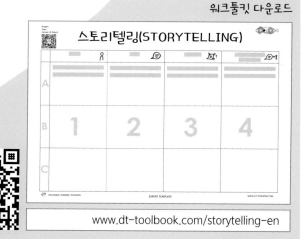

워크툴킷 다운로드

www.dt-toolbook.com/storytelling-en

맥락 지도(Context mapping)

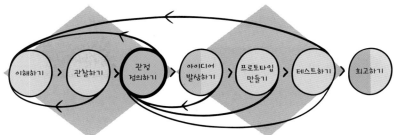

나는...

문제의 맥락을 다루고 싶다.

이 도구로 할 수 있는 작업

- 전문가로부터 배운다. 즉 자신이 삶을 살아오면서 얻은 예상치 못한 통찰을 전해주는 사용자
- 특정한 상황을 더 잘 파악한다. 이러한 경험들은 다른 이들에게는 어떠한가? 그들은 언제 이런 경험을 할까? 누구와 어떤 맥락에서 이런 경험을 하게 될까?
- 다음 원칙을 따른다: "지식은 추가적인 맥락을 가진 정보다." 진정한 지식을 얻으려면 맥락을 알아야 하며, 이 도구는 그러한 인식을 만드는데 도움이 된다.

이 도구에 대한 유용한 정보

- 맥락 지도는 시스템과 하위 시스템에 대한 예상치 못한 통찰을 제공한다.
- 고객/사용자의 일상적인 경험을 조사할 수 있도록 해준다.
- 이 도구를 사용하면 암묵적인 것들을 명확하게 해준다.
- 맥락 지도의 핵심은 많은 통찰을 얻는 것이 아니다. 목표는 각각의 경험이 어떻게 인식되는지에 대해 자세히 알아보는 것이다.
- 매핑은 관찰 결과에 구조를 제공함으로써 사용자를 더 잘 이해하는데 도움이 된다.

어떤 도구를 대신 사용할 수 있는가?

- 고객 여정(103 페이지 참조)
- 분석 질문법(111 페이지 참조)

이 도구와 함께 쓸 수 있는 도구는 무엇인가?

- 공감 인터뷰(57 페이지 참조)
- 공감 지도(93 페이지 참조)
- 5WH 질문법(71 페이지 참조)
- 5whys 질문법(67 페이지 참조)

그룹 크기

- 디자인 챌린지의 복잡성에 따라 2~4명이 작업할 수 있다.
- 그룹이 너무 크면 추진력이 상실되는 경우가 많다.

2~4명

소요 시간

- 일반적으로 잘 짜여진 맥락 지도 작성을 위해서는 40~60분 정도가 필요하다.
- 디자인 챌린지에 따라 소요 시간이 다를 수 있다.
- 다른 도구로 이미 발견된 조사 결과는 맥락 지도 작성의 절차를 더 빠르게 진행시킨다.

40~60분

필요한 재료

- 종이, 펜, 카메라
- 이동 가능한 벽 또는 화이트보드

템플릿: 맥락 지도

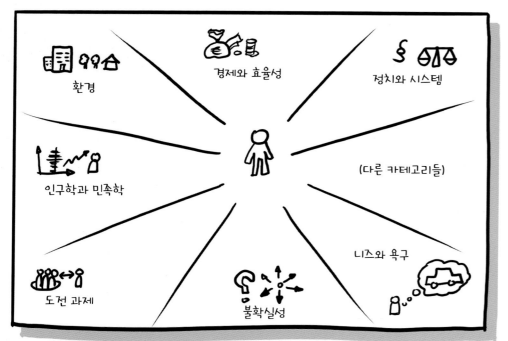

도구 적용 방법

- 좋은 맥락 지도를 구성하기 위해서는 많은 조사 결과가 필요하므로 조사하고 이해하기 위해서는 가능한 자주 밖으로 나가야 한다. 사용자의 관점에서 현실을 보는 것, 그가 보는대로 보는 것만큼 더 좋은 방법은 없다. 누구를 위한 해결책을 찾고 있는지 이해하는 것이 중요하다.
- 사용자와 사용자의 환경을 조사한다. 전형적인 질문: 그는 무엇을 하는가? 그는 어디에서 그 일을 하는가? 그는 누구와 함께 그 일을 하는가? 그의 활동이 환경에 미치는 영향은 무엇인가? 어떤 사람들이 지원해주는가? 공유하는 도구나 자원들이 있는가?
- 환경과 사용자의 사진을 찍는다.
- 초점이 맞춰져야 할 부분을 정의한다. 광범위하거나 제한된 맥락을 위해 상상력을 발휘한다.
- 트렌드, 경제, 입지, 기술 분야와 같은 각 맥락의 카테고리를 정한다.
- 필요하다면 새로운 연결점이나 통찰을 얻기 위해 카테고리들을 재정렬한다.
- 템플릿의 카테고리를 통찰로 채운다.
- 하나 또는 두개의 필드를 일부러 비워 두고 팀이 중요하게 보이는 새로운 카테고리를 추가하도록 한다.

이것은 Denise Pereira De Carvalho가 가장 즐겨 쓰는 도구다

직위:

브라질 혁신 리더 – DuPont Do Brasil

"디자인 씽킹은 제가 사람과 삶 그리고 경험을 바라보는 방식을 바꿔 놓았습니다. 사람들의 행동 뒤에 무엇이 있는지 저 자신에게 물어보고 그들을 더 잘 이해하도록 여유를 갖게 되었습니다."

왜 그녀는 이 도구를 좋아하는가?

맥락은 너무나도 중요하기 때문에 맥락 지도는 내가 가장 즐겨 쓰는 도구다; 맥락 지도는 상황에 대한 관점을 바꿔 놓는다. 이 도구를 사용하면 예상치 못한 통찰을 얻게 되고, 전체적인 그림을 이해하며, 고객/사용자에게 중요한 프로세스의 일부를 드러낼 수 있다.

국가:

브라질

소속:

DuPont

검수:　　**Patrick Labud**

소속 | 직위: 　bbv Software | UX 전문가

전문가 Tips:

사용자의 신발을 신고 걸어라

- 사람들은 누구나 자신의 관점과 상황에 대한 특정한 인식을 가지고 있다. 하지만 훨씬 더 중요한 것은 사용자가 사물을 다르게 볼 수 있다는 사실을 받아들이는 것이다.
- 우리는 전혀 예상치 못했던 일들로 인해 놀라게 된다.
- 사용자는 자신의 일상과 경험에 대해 진정한 전문가이다.

맥락은 사용자의 경험에 대한 인식을 변화시킨다

- 사람들이 일상의 경험에 대해 항상 관심을 두지 않는다는 것을 명심해야 한다. 사람들은 자신의 경험에 익숙해지게 되고, 종종 디자인 프로세스에서 중요한 디테일을 놓치게 된다.
- 내재되어 있는 것을 명확하게 했을 때 가치 있는 통찰을 얻을 수 있기 때문에 그 중요성을 과소평가해서는 안 된다.
- 우리는 가정으로부터 자유로워지고, 배우기 위해 노력해야 한다.

어떤 가설이든 그 유용성을 가질 수 있다

- 무엇이 옳고 그르다는 기대에서 자유로워져야 한다. 비록 우리의 세계관과 일치하지 않더라도 모든 새로운 통찰에 감사해야 한다.
- "무지한" "초심자의 마음"을 갖는 것이 작업에 유용하다. 이러한 마음은 새로운 것을 위한 공간을 만들어낸다.

변형: 미리 정해진 요소들이 없는 맥락 지도

- 주로 많은 요소에 우선순위가 매겨지고 리스트에 올라간다. 리스트 위에 있는 요소는 가장 중요한 것으로 여겨진다.
- 다양한 요소를 시각화하기 위해 미리 정해지지 않은 맥락 지도가 사용될 수 있다(예: 데이지 꽃 모양 지도). 데이지 꽃의 8개의 꽃잎들은 모두 똑같기 때문에 시각적으로 더 중요한 것은 없다.
- 팀은 어떤 것이 중요한지 판단하여 맥락 지도에 작성한다.

- 팀이 공통의 이미지를 공유하는 것이 중요하다. 맥락 지도는 팀이 이미 알고 있는 내용과 아직 명확성이 부족한 부분을 이해하고 시각화 하는 데 도움이 된다.
- 특히 AI와 디지털 전환을 두려워한다는 주제는 아시아와 유럽의 차이가 상당히 크기 때문에 이 부분에 관심을 갖는다. 맥락 지도는 팀이 이러한 차이를 발견하고 다음 반복 과정에서 초점을 맞춰야 하는 부분을 이해하는 데 도움이 된다.

주요 학습
- 사용자가 어디에서 왔는지 이해한다.
- 맥락과 경험은 다른 상황에서 변한다.
- 상황에 대한 초기 생각은 대개 틀린다. 통찰과 탐구를 통해서만 좋은 해결책을 디자인할 수 있다.

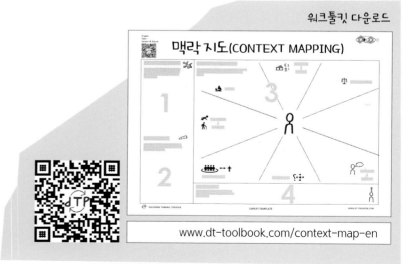

www.dt-toolbook.com/context-map-en

성공 모델 정의(Define success)

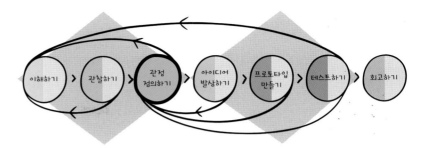

나는....

전체적인 디자인 사이클, 특히 선택의 범위에 있어서 팀에 도움을 주고 싶다.

성공 정의하기?

성공이란 많은 핸드백을 갖는 거야.

성공이란 목표와 계획이 없어도 행복해지는 거야.

성공이란 아내가 쓸 수 있는 돈보다 더 많은 돈을 버는 거야.

성공이란 메르세데스 트랙터를 소유하는 거야.

이 도구로 할 수 있는 작업

- 무엇을 성취하는 것이 성공인지 팀에서 투표하고 합의를 이끌어낸다.
- 조직/관리자/사용자 및 기타 이해관계자의 요구사항을 이해한다; 이는 나중에 의사결정자들로부터 보다 쉽게 승인을 얻어낼 수 있도록 한다.
- 전체 프로젝트 동안 옵션 목록 및 우선순위를 단순화한다.
- 프로젝트에 필요한 경우 KPI 측정 기준을 만든다.

이 도구에 대한 유용한 정보

- 성공 모델 정의는 "관점 정의하기"의 일부로 디자인 씽킹 사이클의 여러 단계와 프로젝트의 실행 과정에서 사용될 수 있다.
- 질문은 비슷하지만 각 질문은 다른 타임라인을 나타낸다. 한 달 안에 무엇을 이루고 싶나요? 5년 후 우리는 비즈니스 모델의 어디에 있게 될까요?
- 성공 모델 정의는 문제 해결 및 구현을 위한 이정표를 결정한다.

어떤 도구를 대신 사용할 수 있는가?

- 비전 해석을 위한 스토리텔링(129 페이지 참조)
- 디자인 원칙(53 페이지 참조)

이 도구와 함께 쓸 수 있는 도구는 무엇인가?

- 측정 및 평가
- 이해관계자 지도(83 페이지 참조)
- 비전 콘(141 페이지 참조)
- 시나리오 분석
- 트렌드 분석(119 페이지 참조)

어느 정도의 시간과 어떤 재료가 필요한가?

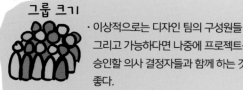

그룹 크기

· 이상적으로는 디자인 팀의 구성원들 그리고 가능하다면 나중에 프로젝트를 승인할 의사 결정자들과 함께 하는 것이 좋다.

4~10명

소요 시간

· 시간: 보통 60~90분
· 정기적으로 결과를 회고한다; 외부 및 내부에 어떤 변화가 있다면 조정한다.
· 항상 프로토타입용 해결책을 선택하기 전에 사용한다(약 5분).

60~90분

필요한 재료

· 큰 화이트보드 또는 이동이 가능한 벽
· 플립 차트, 포스트잇, 펜 그리고 마커

템플릿: 성공 모델 정의

질문 정의하기:	답변	평가 및 선택
재정적인 성공의 기준은 무엇인가? (예: 매출, 수익 또는 시장 점유율, 대여자 또는 파트너의 요구사항)		
이 프로젝트가 회사 또는 이해관계자에게 주는 가치는 무엇인가?		
사용자의 성공은 어떤 모습인가? (즉, 문제해결; 현재 해결책보다 나은; 특정한 새로운 목표에 대한 해답을 제공)		
주요 파트너와 이해관계자의 성공은 무엇인가?		
각 팀원과 팀에게 성공이 얼마나 중요한가?		
경영진에게 성공이 얼마나 중요한가?		
주요 이해관계자들의 비즈니스 사례는 무엇인가?		
가장 중요한 이정표는 무엇인가?		

도구 적용 방법

· 포스트잇을 사용하여 각 팀원이 자신의 생각을 공유할 수 있도록 한다.
· 360° 비전이 나타나도록 하기 위해 관련 문제 목록(예: 내부 및 외부의 성공이 의미하는 것)을 준비한다.
· 모든 참가자가 포스트잇에 질문에 대한 답변을 작성하도록 한다. 그런 다음 참가자들의 생각을 한번에 또는 개별적으로 수집한다.
· 모든 참가자가 자신의 생각을 먼저 공유하도록 하는 것이 좋다; 그 후에 성공 요소를 논의하고 좁혀 나간다. 그런 다음 성공의 핵심 요소가 선택된다(예: 클러스터 형성). 이를 바탕으로 주요 분야에 도트 투표로 투표를 진행한다(159 페이지 참조).
· 이상적으로, 중요한 의사결정자(예: 경영진, 설립자, 파트너)를 참여시키므로 준비 단계에 시간과 비용이 낭비되지 않도록 한다. 더 중요한 것은 디자인 사이클 중이나 프로젝트가 끝났을 때 좌절감이 들지 않아야 한다는 것이다.

이것은 Helene Cahen이 가장 즐겨 쓰는 도구다

직위:

Strategic Insights의 혁신 컨설턴트 및 설립자

"디자인 씽킹은 팀이 사용자 중심의 관점을 가지고 혁신 프로젝트에 더 잘 임하도록 도와주는 강력한 프로세스입니다."

왜 그녀는 이 도구를 좋아하는가?

많은 디자인 팀과 함께 일했던 경험을 바탕으로, 처음부터 가정(assumptions)을 제거하고 팀을 성공의 모습에 맞추는 것이 중요하다. 초기 단계에서 기대치가 명확하게 정의되므로 이런 방식으로 많은 시간과 비용을 절약할 수 있다.

정기적인 성찰을 통해 프로젝트의 변경 사항을 초기에 논의할 수 있게 된다; 활동을 조정하고 예산을 다르게 할당할 수 있다.

국가:

미국

소속:

Strategic Insights

검수: **Mike Pinder**

소속 | 직위: 선임 혁신 컨설턴트

전문가 Tips:

성공을 정의할 때 유의한다

· 성공의 요소를 정의할 때 모두가 답을 적어서 우리가 바라는 바를 중립적으로 바라볼 수 있게 한다.

· 포스트잇에 적은 내용이 공유되면 간단히 의견을 듣고 그 답을 벽에 붙인다. 평가하지 않으며 아직은 각각의 의견을 판단하지 않는다.

· 평가 및 선정을 위해 충분한 시간을 계획한다. 일반적으로, 성공 요인을 수집하는 것보다 두 배 더 많은 시간이 필요하다.

성공 사례 검색

· 조직 내외부에 알려진 성공 사례를 검색하여 무엇이 가능한지 파악한다.

예: **Braun:** 단순화된 IoT 전동 칫솔 디자인

PepsiCo: 전략의 일부인 디자인 씽킹

Procter & Gamble: 제품 개발에 디자인 씽킹 활용

Bank of America: 'Keep the change' 프로그램

Deutsche Bank: IT에서 디자인 씽킹의 발전

GE Health: 어린이들을 위해 더 나은 MRI 스캐너 개발

IDEO & Cambodia: 위생 설비를 도입하기 위해 디자인 씽킹 활용

Nike: 디자인 씽킹은 나이키가 하는 모든 일에 영감을 준다.

Airbnb: 파산 방지를 위해 디자인 씽킹 적용

Apple: 디자인 씽킹을 통해 혁신에 대해 다르게 생각하라.

IBM: IBM의 디자인 씽킹을 통한 문화적 변화

Google: 구글러처럼 브레인스토밍 하는 방법

- 릴리의 팀은 프로젝트의 초기 단계에서 성공이 그들에게 무엇을 의미하는지 그리고 팀원 모두가 "와우! 대단한 프로젝트였어!"라고 말하며 성취감을 느끼는데 필요한 요소는 무엇인지 정의한다.
- 주요 경제적 요소뿐만 아니라 팀 내 협업과 사회 전체의 이익도 매우 중요하다는 것을 알게 되었다.
- 따라서 팀은 사회적, 정서적 측면에 더 많은 관심을 기울일 것이다.

주요 학습

- 가능한 빨리 정의를 내리는 것이 바람직하다.
- 프로젝트의 핵심 인력 즉 팀원과 의사결정자를 초대한다.
- 새로운 정보와 외부의 영향으로 인해 성공의 정의에 대해 끊임없이 성찰할 필요가 있다.

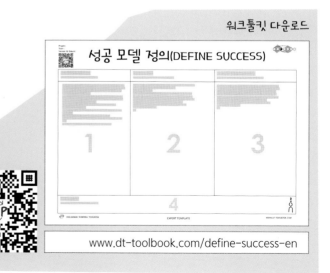

www.dt-toolbook.com/define-success-en

140

비전 콘(Vision cone)

"과거-현재-미래"

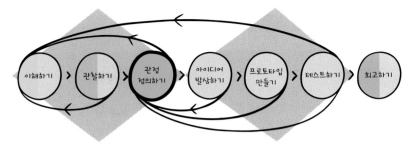

나는...

바람직한 미래를 디자인하고 시간이 지남에 따라 이 목표를 달성하기 위해 지금 해야 할 일을
탐구하고 싶다.

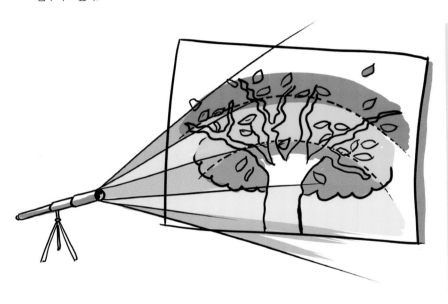

이 도구로 할 수 있는 작업

- 시간의 변화를 느낀다.
- 시간의 변화에 따라 다른 결과를 매핑하여 기간 및 시간 세그먼트(예: 과거에서 미래로)를
  생각한다.
- 예상되고, 그럴듯하고, 가능성있고, 선호되거나 터무니없는 미래를 그린다.
- 비전을 구체적인 다음 단계로 연결한다.
- 모든 가능성과 잠재력(예를 들어, 기술 및 사회학적 발전 측면)을 지적한다.

이 도구에 대한 유용한 정보

- 비전 콘은 현재의 혁신적 발전과 과거 및 미래를 연결하는 도구다.
- 전체적인 비전을 구체화하고 실행 가능한 단계로 세분화하는데 도움이 된다.
- 비전 콘은 과감한 불확실성을 혁신 프로젝트의 긍정적인 측면으로 전환한다.
  예를 들어, 문제를 가능성 또는 시장 기회로 재해석한다.
- 이 도구는 디자인 팀이 불확실한 미래를 적극적으로 창조하도록 이끌어준다.
- 이 도구를 사용하면 기술 및 사회 발전을 매핑하고 현재 프로젝트에 연결할 수 있다.

어떤 도구를 대신 사용할 수 있는가?

- 맥락 지도(133 페이지 참조)
- 시나리오 계획 도구

이 도구와 함께 쓸 수 있는 도구는 무엇인가?

- 스토리텔링(129 페이지 참조)
- 성공 모델 정의(137 페이지 참조)
- 미래 사용자 페르소나(100 페이지 참조)
- 트렌드 분석(119 페이지 참조)
- 진행 곡선

어느 정도의 시간과 어떤 재료가 필요한가?

그룹 크기

· 전체 디자인 팀이 하나의 비전 콘을 작업하는 것이 가장 좋다.
· 대안으로 팀원들이 비전 콘을 개별적으로 작업하고 나중에 통합한다.

2~5명

소요 시간

· 시간: 90~120분
· 현재 상태를 정의하는 데 30분, 과거를 묘사하는 데 30분, 가능한 미래 관점의 초안을 작성하는 데 30분 그리고 나머지 시간은 필요한 단계의 역설계에 사용된다.

90~120분

필요한 재료

· 종이, 펜, 포스트잇
· 끈과 핀(옵션: 비전 콘 개요를 작성하기 위한)

순서와 템플릿: 비전 콘

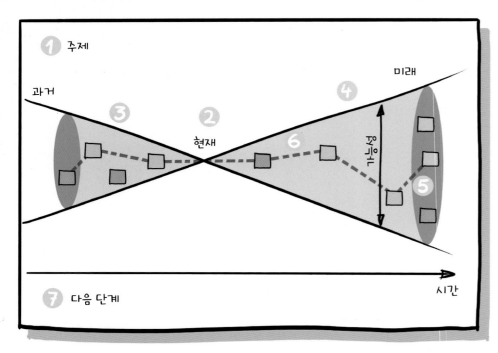

도구 적용 방법

· **1단계:** 현재의 문제와 일치하는 주제를 정의한다(예: 이동성, 건강). 템플릿을 사용하거나 두 개의 연결된 원뿔을 그리고 과거, 현재 및 미래로 라벨을 붙인다.
· **2단계:** 현재부터 시작해 프로젝트 현재 상태, 최첨단 기술, 사회의 현재 인식을 묘사한다(예: 반자율 주행).
· **3단계:** 과거에 초점을 맞춘다. 지금까지 수행된 연구 결과와 중요한 기술적, 사회학적 변화를 추가한다. 날짜와 관련된 이벤트에 관해서는 가능한 정확하게 하려고 노력한다(예: 1960년대, 자석으로 조종되는 자동차).
· **4단계:** 미래에 초점을 맞춘다. 가상의 미래와 관련된 모든 결과를 기록한다. 아무도 미래에는 어떻게 될 지 모른다(예: 자율적으로 날아다니는 자동차들).
· **5단계:** 조사 결과를 바탕으로 미래에 발생할 수 있는 시나리오를 파악하고, 더 나은 스토리텔링을 위해 기억에 남는 이름을 정한다.
· **6단계:** 프로젝트 맥락에서 "바람직한" 미래를 선택한다. 확인된 미래부터 다시 작업하고 원하는 미래를 달성하기 위해 지금 수행해야 하는 필수 단계를 역설계한다.
· **7단계:** 그것으로부터 구체적인 다음 단계를 유추한다.

이것은 Samuel Huber가 가장 즐겨 쓰는 도구다

직위:

Goodpatch의 전략 및 개발 책임자

"디자인 씽킹을 통해, 저는 더 이상 디자인 마인드세트에 대한 프레젠테이션을 할 필요없이 다양하고 흥미로운 사람들과 바로 대화를 시작할 수 있었습니다."

왜 그는 이 도구를 좋아하는가?

우리가 무언가 새로운 것을 개발할 때, 우리의 모든 활동을 공통의 목표에 집중시키는 것이 비전이다. 비전 콘을 사용하여, 우리는 이 비전을 과거에서 미래까지의 시간적 맥락에 배치할 수 있다. 무언가가 어디에서 왔는지, 현재 어디에 있는지 그리고 어디로 갈지 배운다. 비전 콘의 강점 중 하나는 가능성이 시각화 되는 것이다.

하나가 아니라 가능한 많은 미래가 있다. 이러한 미래 중 일부는 바람직하지만 우리는 다른 일부분은 피하고 싶어한다. 이러한 미래의 공통점은 우리가 적극적으로 다루고 창조해야 한다는 것이다.

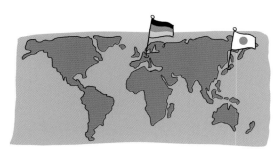

국가:

독일과 일본

소속:

Goodpatch

검수: **Andy Tonazzi**

소속 | 직위: Konplan AG | 최고 경영자

전문가 Tips:

미래는 우리의 상상력에 달려 있다

· 비전 콘은 영감과 상상력을 중심으로 돌아가며, 팀이 자유롭게 작업할 수 있을 때 가장 잘 작동된다. 그러므로, 시작 단계에서 느낄 수 있는 공포나 제약은 생각하지 않는다.

· 과거와 미래를 수많은 가능성으로 이해하는 것이 중요하다.

· 비전 콘은 예측이 아니라 기회에 관한 것이다. 디자인하고 싶은 미래는 우리 손에 달려 있다. 우리 회사에 어떤 의미가 있을까? 그 의미는 무엇일까?

모든 것이 하나의 시스템에 연결되고 통합되어 있다

· 다양한 종류의 미래가 있다: 계획적이고, 타당하며(최신 지식 기반), 가능하고(특정 미래 기술에 기반), 터무니없는(절대 일어나지 않을) 것. 우리가 상상할 수 없는 것을 생각할 때 가능한 한계에 도달하기 때문에 터무니없는 미래는 최고의 결과를 낳는다. 과거는 검토 중으로 둔다. 이것은 꽤 영감을 준다.

· 미래에 영향을 줄 수 있는 과거와 사랑에 빠지지 않도록 주의해야 한다. 과거로부터 미래를 연속적으로 추론하지 않도록 주의해야 한다.

픽션을 디자인하는 것은 미래의 가장 좋은 스토리다

· 비전 프로토타입(191 페이지 참조)은 미래에 대한 이야기를 들려주는데 도움이 되며 과거의 결과물에도 동일하게 적용된다.

활용 사례 설명

· 비전 콘에서 릴리의 팀은 AI와 디지털 전환의 사회적 측면까지 고려한다.

· 팀은 로봇 일꾼에 대해 조만간 글로벌 세금이 부과될 수 있는지 여부를 논의한다. 이것은 소득의 분배와 일하는 방식에 큰 영향을 미칠 것이다.

· 사회적 주제와 함께 기술을 면밀히 검토한다. 가트너 하이퍼 사이클(Gartner Hype Cycle) 은 팀이 과대 광고를 구성하는 항목과 시장에서 이미 일정한 성숙도에 도달한 항목을 분류하는 데 도움이 된다.

주요 학습

· 현재에서 시작하여 과거를 검토하고 가상의 미래 시나리오를 구축한다.

· 바람직한 미래를 출발점으로 삼고 이 미래를 실현하기 위해 오늘 무슨 일이 일어나야 하는지를 정의한다.

· 스토리텔링을 사용하여 다른 사람과 비전 프로토타입을 공유한다.

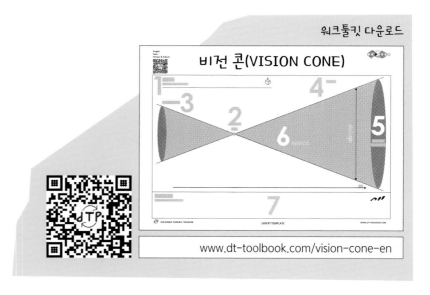

www.dt-toolbook.com/vision-cone-en

아이템 다이어그램
(Critical items diagram)

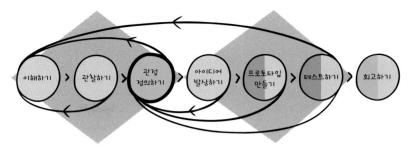

이해하기 > 관찰하기 > 관점 정의하기 > 아이디어 발상하기 > 프로토타입 만들기 > 테스트하기 > 회고하기

나는....

초기 단계의 연구 결과를 구조화하고 아이디어화 및 실험을 준비하고 싶다.

이 도구에 대한 유용한 정보

· 아이템 다이어그램은 팀이 초기 결과, 관점의 정의 또는 페르소나 구축을 기반으로 대상 그룹의 중요한 성공 요소를 합의하는데 도움이 된다. 이러한 요소들은 나중에 최종 프로토타입으로 해결되어야 하는 것들이다.

· 반복되는 과정마다 다이어그램의 요소에 대해 질문해야 한다. 그러나 일부는 반드시 최종 프로토타입까지의 중요한 경험이나 기능과 관련이 있을 수 있다.

어떤 도구를 대신 사용할 수 있는가?

· 맥락 지도(133 페이지 참조)
· 비전 콘(141 페이지 참조)

이 도구와 함께 쓸 수 있는 도구는 무엇인가?

· HMW 질문법(125 페이지 참조)
· 페르소나/사용자 프로필(97 페이지 참조)
· 공감 지도(93 페이지 참조)
· 탐험적 인터뷰(63 페이지 참조)
· 5whys 질문법(67 페이지 참조)

이 도구로 할 수 있는 작업

· "이해하기"와 "관찰하기" 단계에서 얻은 결과를 평가하여 중요한 요소를 걸러낸다.
· "아이디어 발상하기"와 "프로토타입 만들기" 단계를 준비하는데 좋은 출발점이 된다.
· 팀이 프로젝트에 필수적인 사항을 파악하고 이에 동의할 수 있도록 지원한다.
· 다양한 "How might we..." 질문을 추론한다.

어느 정도의 시간과 어떤 재료가 필요한가?

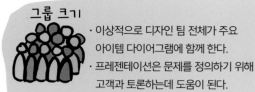

그룹 크기

- 이상적으로 디자인 팀 전체가 주요 아이템 다이어그램에 함께 한다.
- 프레젠테이션은 문제를 정의하기 위해 고객과 토론하는데 도움이 된다.

2~5명

소요 시간

- 상황이 더 명확하고 불확실성이 적을수록 주제가 더 빨리 정의된다.
- 아이템 다이어그램은 구조를 수정하고 HMW 질문 준비를 더 쉽게 한다.

30~60분

필요한 재료

- 큰 종이 한 장
- 포스트잇, 펜
- 이동이 가능한 벽 또는 화이트보드

템플릿과 순서: 아이템 다이어그램

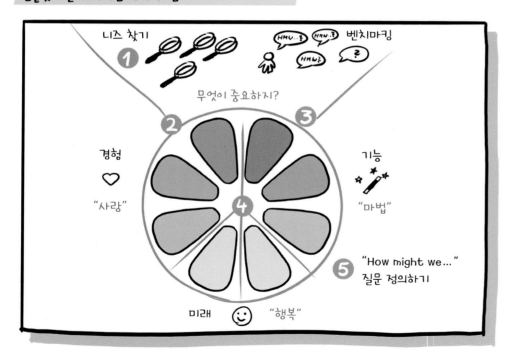

니즈 찾기 ① 벤치마킹

무엇이 중요하지?

② ③

경험 ♡ "사랑"

기능 "마법"

④

⑤ "How might we..." 질문 정의하기

미래 ☺ "행복"

도구 적용 방법

팀과 함께 문제의 핵심 요소를 정의하고, 다양한 "How might we..." 질문을 정한다.

- **1단계:** 이 단계 초반에 "문제를 성공적으로 해결하기 위해 중요한 것은 무엇인가?"라는 질문을 곰곰이 생각해본다. 이것은 "이해하기"와 "관찰하기" 단계의 결과를 기반으로 한다.
- **2단계:** 화이트보드나 큰 종이에 "아이템 다이어그램"을 스케치하고 사용자가 반드시 가져야 하는 경험과 사용자에게 중요한 기능을 팀과 논의한다.
- **3단계:** 각 팀원은 자신에게 중요한 8가지 요소를 포스트잇에 쓴다.
- **4단계:** 각 팀원은 네 가지의 경험과 네 가지의 기능을 말하며, 그 중 하나는 완전히 새롭거나 미래의 기대에 초점을 맞춘다.
- **5단계:** 결과를 통합하고 8가지 중요한 요소에 대해 팀원들이 합의를 한다. 이를 바탕으로 "아이디어 발상하기" 단계를 성공적으로 시작하기에 충분한 "How might we..." 질문을 정의한다.

노트: 타마라 캘리턴의 저서 <전략적 통찰과 혁신을 위한 플레이북(Playbook for Strategic Foresight and Innovation)> 중에서
www.innovation.io/playbook

직위:

Lucerne University of Applied Services and Arts의 제품 혁신 강사

"디자인 씽킹은 모든 이해관계자의 니즈를 일관되게 최우선에 두고 제품의 기능이 과부하 되지 않도록 도움을 주기 때문에 저에게 중요합니다."

왜 그는 이 도구를 좋아하는가?

나는 항상 팀이 문제를 정의하고 성공적인 실행에 영향을 주는 요소와 기준을 파악하는 과정에서 어려움을 겪고 있음을 알았다. 그래서 나는 아이템 다이어그램을 좋아한다. 현재 실제로 중요한 것이 무엇인지 알 수 있는 매우 간단한 방법이기 때문이다. 팀이 공통점에 동의하는데 도움이 된다.

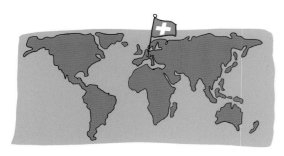

국가:
스위스

소속:
Hochschule Luzern

검수: **Marius Kienzler**

소속 | 직위: Adidas AG | 브랜드 커뮤니케이션 수석 매니저

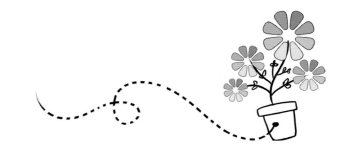

전문가 Tips:

디자인 씽킹에서 늘 그렇듯이, 우리는 여기서도 반복적으로 작업을 한다

· 이 활동이 전체 핵심 팀과 함께 수행되고 중요한 요소에 대한 공통적인 이해가 나타나는지 확인한다.

· 디자인 씽킹의 여러 단계와 마찬가지로, 이 작업은 반복적인 과정이다. 그래서 처음 시도했을 때 완벽하게 표현하는 것은 불가능하다. 각각의 실험 후에 요소들이 여전히 유효한지 확인해야 한다.

긴 토론으로 헤매지 않는다

· 이 도구를 너무 오래 사용하는 것은 바람직하지 않다. 토론에서 길을 잃을 위험이 있다. 합의에 도달할 수 없는 경우에는 작은 실험을 통해 요소의 중요성을 확인한다.

· 이 다이어그램을 만드는데 최대 60분 이상 걸리지 않도록 한다. 짧을수록 좋다.

· 현재 유효한 아이템 다이어그램을 모든 팀원이 볼 수 있도록 디스플레이(예: 대형 포스터)에 표시한다.

다시: 말하지 말고 보여줘라

· 인터뷰나 테스트를 시각화하거나 인용하는 것은 개별적인 요소를 잘 드러내고 해당 요소를 잘 이해할 수 있게 해준다.

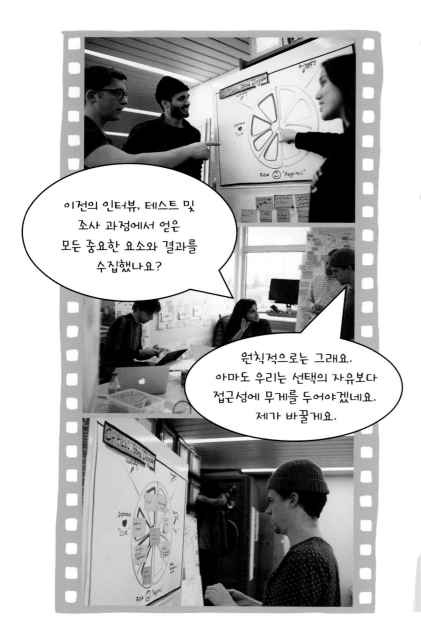

이전의 인터뷰, 테스트 및
조사 과정에서 얻은
모든 중요한 요소와 결과를
수집했나요?

원칙적으로는 그래요.
아마도 우리는 선택의 자유보다
접근성에 무게를 두어야겠네요.
제가 바꿀게요.

활용 사례 설명

· 릴리의 팀은 아이템 다이어그램에 모든 주요 요소를 요약한다.

· 우선 릴리는 도구를 활용하여 팀이 다양한 인터뷰, 질문, 분석을 통해 얻은 가설의 우선
순위를 정한다. 이러한 가정(assumption)은 중요한 경험 및 중요한 기능 프로토타입에서
확인된다.

· 릴리는 이 도구를 반복적으로 사용해서 얻은 결과를 요약하고 중요한 요소와 니즈를 실제로
포착한다.

주요 학습

· "아이템 다이어그램"은 잠재적 해결책에서 중요한 핵심 요소를 설명한다.

· 새로운 통찰이 생기거나 다른 니즈가 발견되면 이러한 요소들은 시간이 지남에 따라 변화할
수 있다는 것을 받아들인다.

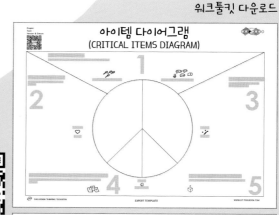

워크툴킷 다운로드

www.dt-toolbook.com/critical-items-en

단계: 아이디어 발상하기 (Ideate)

전형적인 아이디어 발상 기법은 브레인스토밍이다. 브레인스토밍은 다양한 방법으로 "아이디어 발상하기" 단계에 적용된다. 브레인스토밍은 주로 분류, 결합 또는 클러스터링 되기 전에 가능한 한 많은 아이디어를 생성하는 것이다. 선호하는 아이디어의 선택은 일반적으로 팀 내에서 평가와 투표를 통해 이뤄진다. 이를 위해 도트 투표, 의사결정 매트릭스 등의 도구가 사용된다. 아이디어의 선택은, 초기 단계들이 높은 수준의 불확실성으로 특징 지어지기 때문에, 디자인 사이클에서 가장 어려운 요소 중 하나다.

브레인스토밍(BrainStorming)

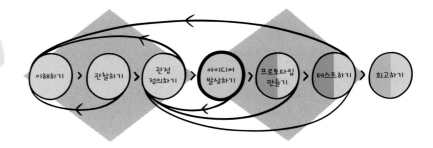

나는 ...

빠르게 아이디어를 발상하고 싶다 – 질보다 양이 더 중요하다.

이 도구로 할 수 있는 작업

- 팀이 자발적으로 생각해내는 아이디어를 많이 만든다.
- 디자인 씽킹 팀의 창의적인 잠재력을 활용한다.
- 짧은 시간 내에 많은 변형을 해본다.
- 다양한 기술과 지식을 통합하여 문제에 대해 다학제적인 관점을 가진다.
- 이질적인 그룹에서 아이디어와 관점을 수집한다.
- 열정을 불러 일으키고 추진력을 발휘한다.

이 도구에 대한 유용한 정보

- 브레인스토밍은 모든 참여자가 자신의 지식에 기여할 수 있는 아이디어 발상 기법이다.
- 브레인스토밍은 "아이디어 발상하기" 단계에서 다양한 방법과 초점을 바꿔가며 사용된다.
- 좋은 브레인스토밍 세션은 창의성을 자극하고 계층과 상관없이 모든 참가자가 자신의 아이디어를 도출할 수 있도록 한다.
- 실제 아이디어가 나오기 전에 브레인스토밍은 팀원 모두가 자신의 아이디어와 해결책을 알릴 수 있도록 "Brain dump"로 자주 사용된다. 이는 사람들의 머리를 맑게 하는데 도움이 된다. 이후 세션에서는 각각의 문제 설명 또는 작업에 집중할 수 있다.
- 브레인스토밍에는 제한이 없다 – 모든 아이디어를 환영한다!

어떤 도구를 대신 사용할 수 있는가?

- 브레인라이팅/6-3-5 방법(163 페이지 참조)
- 스페셜 브레인스토밍(167 페이지 참조)
- 혁신 조망도(171 페이지 참조)

이 도구와 함께 쓸 수 있는 도구는 무엇인가?

- "How might we..." 질문법(125 페이지 참조)
- 아이디어 저장소(흥미롭게 들리지만 현재 문제 해결에 도움을 주지 않는 아이디어를 모아두는 곳이다.)

어느 정도의 시간과 어떤 재료가 필요한가?

그룹 크기

· 브레인스토밍 세션은 4~6명의 그룹이 가장 효과적이다.
· 대규모 그룹 또는 계층적 차이가 있는 그룹의 경우 모든 사람이 아이디어 발상에 참여하도록 한다.

4~6명

소요 시간

· 보통 5~15분 걸린다.
· 일정 시간이 지나면 창의성이 저하되므로, 새로운 인센티브(예: 다른 방법 및 질문)로 창의성이 발휘되도록 해야 한다.

5~15분

필요한 재료
· 포스트잇
· 펜
· 벽 또는 화이트보드

브레인스토밍 규칙

#1 자신감을 가져라

#2 질 보다 양

#3 아이디어를 시각화하라

#4 제스처를 사용하라

#5 다른 사람의 아이디어에 나의 아이디어를 덧붙여라

#6 항상 한 번에 한 사람만 말하라

#7 편견을 갖지 마라

#8 계속 브레인스토밍을 하라

#9 자주 그리고 빨리 실패하라

도구 적용 방법

· **1단계:** 브레인스토밍 세션에 대해 명확한 HMW 질문을 준비한다. 예를 들어, "우리가 어떻게 하면…" 또는 "어떤 가능성이 있는지…" 형식의 질문을 사용한다 (125 페이지 참조).
· **2단계:** 브레인스토밍 세션 전에 브레인스토밍 규칙을 반복한다. 그룹이 세션 중에 더 많은 아이디어를 제공하고 다른 사람들의 아이디어를 기반으로 하도록 동기를 부여한다. 모든 의견을 듣고 모든 아이디어를 기록한다. 포스트잇 당 하나의 아이디어만 작성해야 하며 명확하고 읽기 쉬워야 한다는 점을 강조한다. 포스트잇에 단어 대신 스케치를 할 수 있다.
· **3단계:** 아이디어를 그룹과 함께 정기적으로 클러스터링하고 평가한다.
· **4단계:** 더 많은 창의성이 필요한지 여부를 판단한다(예: 더 거친 아이디어를 얻기 위해). 또는 일반적으로 더 많은 아이디어가 필요한 분야에서 브레인스토밍 세션을 시작한다.

변형: 구조화된 브레인스토밍
· 모든 참가자가 포스트잇에 자신의 생각을 적는다.
· 일정 시간이 지나면 한 사람이 플립차트에 자신의 아이디어를 붙이고 설명하기 시작한다. 이미 비슷한 포스트잇이 있다면 그 옆에 붙인다.
· 다른 팀원이 설명하는 중에 새로운 아이디어가 떠오르면 새로운 포스트잇에 적는다. 그 결과는 나중에 평가할 수 있는 아이디어 모음이 된다.

직업:
바르샤바 공과대학 경영학부 조교수,
바르샤바 디자인 팩토리 크루의 현역 멤버

"세상이 점점 더 빨라지고 있는 요즘, 기술은 눈깜짝할 사이에
변화하고 있고, 젊은 세대들은 이러한 변화를 좋아하기 때문에
디자인 씽킹 기법은 점점 더 중요해지고 있습니다."

왜 그녀는 이 도구를 좋아하는가?

나는 브레인스토밍을 좋아한다. 브레인스토밍은 첫째 디자인팀 전체의 효율성을 높이고
둘째 각 팀원의 잠재력을 보여주기 때문이다. 이를 통해 규율, 연령, 직업적 경험 및 삶의
경험에 따라 팀에 존재하는 다양한 관점에 대한 통찰을 가질 수 있다. 중요한 것은 아이디어에
대한 어떠한 비판도 없고 말도 안되는 아이디어조차 공유될 수 있다는 것이다. 디자인 씽킹
사이클이 진행되는 동안 이전에는 불가능할 것 같았던 아이디어로 되돌아오는 경우가 자주
발생한다. 그것은 나에게 몇 번이고 깊은 인상을 주는 부분이다.

전문가 Tips:

목표는 완벽한 아이디어가 아니라 많은 아이디어이다

- 결코 아이디어를 비판하지 않는다. 나중에 다시 필요할지도 모르기 때문이다.
- 브레인스토밍 세션은 다른 팀에 대해 그들이 어떻게 생각하는지 그리고 그들이 시간이
  촉박할 때 어떻게 일하는지 알 수 있는 좋은 방법이다.
- 우리는 브레인스토밍을 "아이디어 발상하기" 단계뿐만 아니라 프로젝트의 시작(마치
  단거리 달리기 전 도움닫기와 같이) 또는 문제의 재정의에 사용하는 것을 높이 평가한다.
- 다양한 질문이 포함된 브레인스토밍 세션에서는 아주 많은 아이디어가 나오므로 순간의
  열기 속에서 아이디어를 잃기 쉽다. 따라서 포스트잇에 적어 벽에 붙여 두는 것이 좋다.

경계를 넘어 협업한다

- 팀과 함께 선호하는 아이디어를 선택하는 것이 가장 좋다.
- 아이디어를 연결하는 것은 매우 좋은 해결책으로 이어진다. 따라서 아이디어들을 매우
  주의 깊게 살펴보아야 한다.
- 하루가 시작될 때 브레인스토밍을 세션을 진행하는 것이 업무에 도움이 된다는 것이
  입증되었다. 불가능할 경우, 충분한 휴식이나 워밍업 후 시작한다.
- 브레인스토밍은 비즈니스 모델을 개선하고 린 캔버스(251 페이지 참조)로 작업할 때도
  좋은 도구다.
- 브레인스토밍 세션 전에 누가 어떤 역할을 하는지를 알리지 않는 것도 유용하다는 것이
  입증되었다.

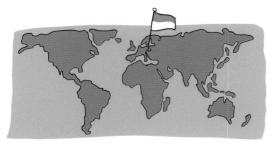

국가:
폴란드

소속:
바르샤바 공과대학

검수: **Adrian Sulzer**

소속 | 직위: SATW | 커뮤니케이션 및 마케팅 책임자

- 릴리의 팀은 브레인스토밍 세션에 능숙하다.
- 보통 그녀의 팀은 구조를 사용한다. 그들은 구조적 브레인스토밍이 일반적인 브레인스토밍보다 더욱 효율적이라고 생각하기 때문이다. 모든 사람은 동등한 기회를 갖고 자신의 아이디어를 포스트잇에 적는다. 그런 다음 아이디어를 모은다.
- 팀은 자체적으로 시간 제한을 둔다. 더 이상 브레인스토밍을 위해 진행자가 필요하지 않으며 브레인스토밍 규칙을 지키는지 지켜보는 사람도 필요하지 않다.
- 팀은 상호 존중하며 협업하고 다른 팀원의 아이디어에 자신의 아이디어를 덧붙인다.

주요 학습

- 차분하고 편안한 분위기에서 브레인스토밍 세션을 진행한다.
- 모든 사람의 아이디어를 수용하고 절대 비판하지 않는다.
- 디자인 씽킹의 다양한 단계에서 브레인스토밍을 사용한다. 예를 들어 "아이디어 발상하기" 단계의 초기 "브레인 덤프(brain dump, 머리 비우기)" 뿐만 아니라 비즈니스 모델 개선에서도 유용하다.

워크툴킷 다운로드

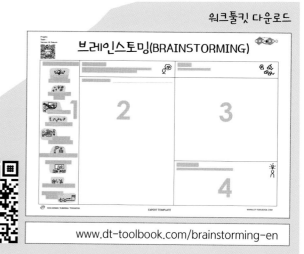

www.dt-toolbook.com/brainstorming-en

2x2 매트릭스(2x2 Matrix)

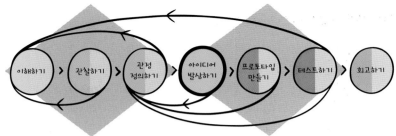

나는...

아이디어를 분류하고 우선순위를 정하거나 전략적 기회와 패턴을 발견하고 싶다.

이 도구로 할 수 있는 작업

- 어떤 아이디어를 추구하고 배제해야 하는지 신속하게 결정한다.
- 이미 어느 정도 성숙된 아이디어에 대한 첫 번째 개요를 만든다.
- 전략적 혁신, 시장 기회 및 기타 여러 범주에 따라 아이디어의 우선순위를 정한다.
- 의사결정이 필요한 곳이라면 어디든지 활용한다.

이 도구에 대한 유용한 정보

- 2x2 매트릭스는 아이디어를 시각적으로 분류하는 방법이다.
- 매트릭스는 모든 유형의 의미 있는 속성을 사용하기 때문에 수정하기 편하다.
- 2x2 매트릭스는 100% 아이디어 지향에서 충족되지 않은 사용자의 니즈와 전략적 기회를 인식하는 방향으로 사고 방식을 변경하는데 사용할 수도 있다.
- 2x2 매트릭스는 아이디어의 우선순위를 정하는 맥락에서 뿐만 아니라 다른 모든 단계에서도 주로 사용된다.

어떤 도구를 대신 사용할 수 있는가?

- 도트 투표(159 페이지 참조)
- 열정, 성과 및 기본 요구 사항으로 나뉜 카노 분류(kano classification)

이 도구와 함께 쓸 수 있는 도구는 무엇인가?

- 호감도, 타당성, 실현 가능성에 대한 벤 다이어그램(20 페이지 참조)
- 디자인 원칙(53 페이지 참조)
- 성공 모델 정의(137 페이지 참조)
- 도트 투표(159 페이지 참조)

어느 정도의 시간과 어떤 재료가 필요한가?

그룹 크기

- 그룹이 작을수록 토론이 짧아지고 빠른 평가가 가능하다.
- 8명 이상의 그룹인 경우 도트 투표 절차도 도움이 된다.

2~8명

소요 시간

- 아이디어의 수에 따라, 짧은 토론을 포함하여 아이디어당 약 30~60초가 소요된다.
- 공개 토론 및 평가에는 일반적으로 더 많은 시간이 필요하다(예: 45분).

15~45분

필요한 재료
- 화이트보드 또는 큰 종이 한 장을 템플릿으로 사용
- 플립 차트, 포스트잇, 펜, 마커
- 브레인스토밍 세션 또는 아이디어 클러스터링에서 이미 작성된 포스트잇

2x2 매트릭스 축 예시

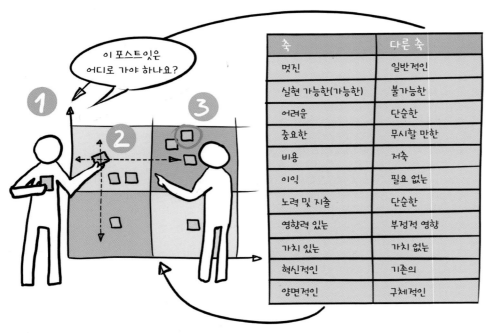

축	다른 축
멋진	일반적인
실현 가능한(가능한)	불가능한
어려운	단순한
중요한	무시할 만한
비용	저축
이익	필요 없는
노력 및 지출	단순한
영향력 있는	부정적 영향
가치 있는	가치 없는
혁신적인	기존의
양면적인	구체적인

도구 적용 방법

- **1단계:** 템플릿을 만들고, 원하는 요구조건에 따라 축을 지정한다. 참고로 왼쪽 표를 참조한다. "높음"과 "낮음"처럼 반대 속성을 사용한다.

  Tip: 아이디어를 평가할 때, 사용자에게 제공되는 혜택과 실현 가능성에 초점을 맞추고 기회 분석을 위해 측정 가능하고 가시적인 기준을 사용한다.

- **2단계:** 팀의 아이디어를 큰 소리로 읽어 포지셔닝을 시작한다.
  - 광범위한 분류와 아이디어를 어느 4분면에 배치해야 하는지에 대한 질문부터 시작한다.
  - 서로 관련된 아이디어를 배치한다. 팀의 의견에 주의를 기울이고 공감대를 형성하도록 노력한다.
  - 대안으로 첫 번째 축과 두 번째 축을 평가할 수 있다. 모든 아이디어가 매트릭스에 배치될 때까지 반복한다.

- **3단계:** 추가적인 과정을 위해 아이디어를 선택한다.
  - 오른쪽 상단 필드에 다양한 아이디어가 있을 경우, 토론할 상위 3개의 아이디어를 선택한다.
  - 우측 상단 필드에 아이디어가 3개 미만일 경우, 구현 가능한 아이디어가 있는지 개발 분야를 확인한다.
  - 또한 빈 4분면이 있는지도 확인한다; 빈 4분면은 더 많은 기회와 충족되지 않은 니즈에 대한 가능성을 의미한다.

이것은 Vesa Lindroos가 가장 즐겨 쓰는 도구다

직위:

독립 컨설턴트

"디자인 씽킹은 지난 8년 동안 저의 보물상자였습니다. 동료들과 함께 일했던 팀이 독립적으로 디자인 씽킹을 도입하지 않은 경우에도, 디자인 씽킹은 어디에나 적용 가능하다고 느낍니다. 가장 기본적인 일상 상황에 디자인 씽킹을 도입하는 것이 매우 이해하기 쉽고 전달하기 쉬운 철학이라는 것을 알게 되었습니다."

왜 그는 이 도구를 좋아하는가?

나는 2x2 매트릭스가 스위스 군용 칼처럼 다용도로 사용할 수 있는 도구라는 사실에 완전히 매료되었다. 축의 무한한 가능성을 통해 다양한 활용 사례를 매핑할 수 있다. 기본적인 기술 결정에서부터 해결책 지향 비즈니스 모델, 개념적 고려사항에 이르기까지 다양한 스펙트럼이 있다. 높은 시각적 효과와 관련된 단순함 때문에 나는 이 도구를 가장 좋아한다.

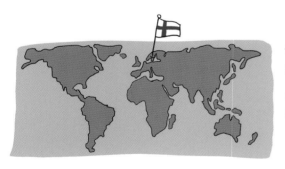

국가:

핀란드

소속:

프리랜서

검수: **Ingunn Aursnes**

소속 | 직위: Sopra Steria | 시니어 매니저 | 비즈니스 디자인

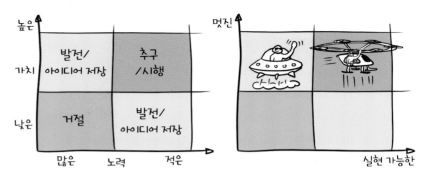

전문가 Tips:

전략적 계획에 매우 가치 있다

- 2x2 매트릭스는 전략적 계획을 위한 도구로도 사용할 수 있다: 새로운 아이디어에 집중하기보다는 현재의 니즈와 기회에 집중한다. 이런 식으로, 아이디어에서 아직 다루지 않은 영역을 발견할 수 있다.
- 일반적으로 축을 SMART, 즉 구체적이고 측정 가능하며 달성 가능하고 현실적이며 시기 적절하게 만드는 것이 좋다. 결과적으로 2x2 매트릭스는 "프로토타입 만들기" 단계에서 유용한 도구다.
- 속성에 대한 제한 요소를 정의할 때, 이러한 요소가 기술, 프로젝트 범위, 시간 또는 자원 등에 영향을 미칠 수 있다는 것을 명심해야 한다.

시스템 씽킹에 사용한다

- 복잡한 문제 정의의 경우 2x2 매트릭스는 아이디어의 복잡성을 줄이는데 도움이 된다. 2x2 매트릭스는 아이디어를 개별적인 구성 요소로 나눈다.
- 특히 초기 단계에서 아이디어를 신속하게 평가하기 위해 우리가 가장 좋아하는 "멋진" 축과 "실현가능한" 축이 유용하다는 것이 입증되었다. 가장 멋진 아이디어는 아직 실현 가능하지 않을 수 있지만, 두 축은 토론을 돕고 "이 멋진 아이디어를 실현할 수 있는 방법이 있을까?"라는 질문을 하게 한다.
- 이후 단계에서는 비용/수익률 차트의 형태로 정량화하는 것이 도움이 된다. 투자자들은 이러한 차트를 의사 결정의 근거로 삼게 되어 만족한다.

활용 사례 설명

- 아주 초기 단계에서 릴리는 "멋짐"과 "실현가능성" 축을 사용하는 것을 좋아한다. 하지만 그것들은 이미 문제/해결책 적합성의 경계에 있기 때문에, "영향력"과 "지출" 축을 사용하는 것이 더 좋다.
- 팀은 개별 아이디어 포지셔닝을 논의한 후 가장 흥미로운 아이디어를 추구한다.
- 오렌지 색 구역의 아이디어들은 아이디어 저장소에 넣어둔다.
- 팀이 아이디어를 발전시키지 못할 때 아이디어 저장소는 영감을 얻기에 좋다.

주요 학습

- 아이디어를 최대한 단순하게 유지한다. 복잡함은 매트릭스의 혼란을 의미한다.
- 포스트잇을 다시 쓰거나, 포지셔닝을 명확히 하는 데 도움이 된다면 아이디어를 여러 가지로 다시 나눈다.
- 모든 축의 조합이 목표 지향적 결과를 만드는 것은 아니다. 다양한 가능성을 가지고 실험하고 문제 정의 및 목표에 따라 축을 조정한다.

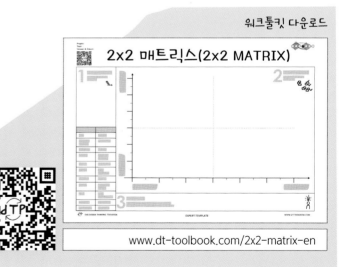

워크툴킷 다운로드

www.dt-toolbook.com/2x2-matrix-en

도트 투표(Dot voting)

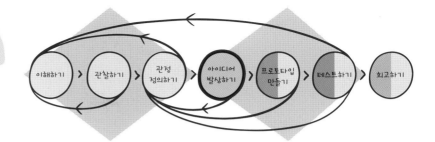

나는...

다양한 아이디어와 콘셉 중에서 어떤 것을 선택해야 할지 명확하게 결정하고 싶다.

이 도구로 할 수 있는 작업

- 팀으로서 공동의 의사결정을 한다.
- 선택을 제한, 즉 단순화하고 우선순위를 정한다.
- 신속하게 결정을 내리고 장기간의 "분석 마비"를 방지한다.
- 팀의 의견 불일치를 해소하고 파워 게임을 방지한다.
- 의사결정 과정에서 모든 참가자의 의견을 통합한다.
- 마지막으로, 최고의 아이디어와 시장 기회에 집중한다.

이 도구에 대한 유용한 정보

- 브레인스토밍 세션에서 수많은 아이디어를 만든 후 그중에서 좋은 아이디어를 선정하는 중요한 단계다.
- 아이디어의 평가와 클러스터링에 대한 다양한 가능성이 존재한다. 참가자가 아이디어에 도트 스티커를 붙이면서 아이디어를 간단하게 평가하는 방법이다. 투표는 빠르고 민주적이다.
- 이 도구는 아이디어가 성찰과 디자인 챌린지의 어려움 및 목표에 얼마나 잘 부합하는지(권력, 위치 또는 누군가의 성향에 기초하지 않음)에 기초하여 의사결정을 내릴 수 있도록 한다.
- 도트 투표는 개인에게 책임을 부여하고 참가자들에게 의사결정 과정을 명확하게 이해하도록 돕는다.
- 도트 투표는 시각적이고 유연하며, 빠르고 단순하므로 디자인 씽킹 마인드세트에 완벽하게 부합한다.
- 디자인 씽킹 사이클 전반에 걸쳐 사용할 수 있다.

어떤 도구를 대신 사용할 수 있는가?

- 2x2 매트릭스(155 페이지 참조)
- 설문조사(팀 내부 및 외부에서)
- 다양한 대안 및 의견 일치 구축에 대한 논의

이 도구와 함께 쓸 수 있는 도구는 무엇인가?

- 브레인스토밍(151 페이지 참조)
- 디자인 원칙(53 페이지 참조)

어느 정도의 시간과 어떤 재료가 필요한가?

그룹 크기

- 5~10명의 팀이 가장 이상적이다.
- 그룹이 더 커지면 몇 개의 작은 그룹으로 나눠야 한다.

5~10명

소요 시간

- 일반적으로 참가자들이 대안을 검토하고 투표하는 데 5~20분이 필요하다.
- 도트 투표는 분위기를 포착하고 결정을 내릴 수 있는 가장 빠른 절차 중 하나다.

5~20분

필요한 재료

- 단색 도트 스티커 또는 색상을 표시할 수 있는 도구
- 포스트잇 또는 분류하여 모은 아이디어를 놓을 수 있는 넓은 표면

템플릿과 순서: 도트 투표

새로운 기준을 정의하거나 디자인 원칙을 염두에 둔다.

도구 적용 방법

초기 상황: 참가자들이 이미 포스트잇에 아이디어를 도출했다(예: 브레인스토밍 세션에서).

1단계: 투표 전에 기준을 명확히 한다. 기준의 예:

- 장기 목표에 대한 최적의 적합성
- 고객/사용자의 만족도
- 비전의 지원
- 경쟁 우위에 대한 가장 큰 기회
- 마감일 준수
- 고객 만족도에 미치는 가장 큰 영향

2단계: 모든 사람이 볼 수 있도록 벽이나 화이트보드에 아이디어가 적힌 포스트잇을 놓는다.

- 각 참가자에게 일정한 수의 표를 부여한다(일반적으로 3~5개의 도트 스티커). 그리고 아이디어를 선택하도록 한다. 참가자는 비공개로 자신의 의견에 가장 부합하는 포스트잇에 도트 투표를 한다.
- 참가자들이 하나의 포스트잇에 여러 개의 투표를 할 것인지, 아니면 하나의 아이디어에 투표할 것인지 선택해야 한다.

3단계: 가장 많은 표를 받은 아이디어를 재정렬하고 다시 그룹화한다. 이러한 우선순위를 기반으로 투명한 결정을 내린다.

이것은 Ingunn Aursnes가 가장 즐겨 쓰는 도구다

직위:

Sopra Steria 비즈니스 디자인 수석 매니저

"나에게 디자인 씽킹은 사람들의 마음을 창의적으로 연결시켜 주는 것입니다. 사용자들과 깊이 공감하고 새로운 전략적 비즈니스 기회를 탐색할 수 있는 마인드세트, 프로세스 및 툴의 강력한 조합입니다. 나는 디자인 씽킹이 좌뇌와 우뇌 모두를 자극하는 것이 너무 좋습니다."

왜 그녀는 이 도구를 좋아하는가?

도트 투표는 다재다능한 도구다. 예를 들어, 통합적 토론을 할 수 있으며, 결정을 신속하고 투명하게 내리는 데 도움이 된다. 도트 투표에서 나를 매료시키는 부분은 속도, 명확성 그리고 긍정적인 에너지다. 이 도구는 우리가 명확하고 빠른 결정을 내리도록 도와준다. 복잡한 문제 정의의 맥락에서 결정을 내려야 할 때 그리고 격렬한 토론이 빈번하게 일어나는 다분야 팀에게 특히 유용하다.

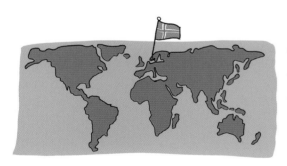

국가:

노르웨이

소속 :

Sopra Steria

검수: **Vesa Lindroos**

소속 | 직위: 독립 컨설턴트

전문가 Tips:

- **투표 전 참가자가 자신의 아이디어를 발표하도록 한다**
  도트 투표가 진행되기 전에 아이디어를 보다 깊이 있게 이해하도록 간단히 설명한다.

- **동일한 표를 받았을 때는 어떻게 하는가?**
  동일한 표를 받은 아이디어에 대해서는 두 번째 투표를 진행하거나 155 페이지에 제시된 2x2 매트릭스를 사용한다.

- **도트 스티커 대신에 색깔을 표시한다**
  각 참가자는 펜을 이용해 작은 동그라미를 그려 투표를 한다.

- **선택 항목 횟수를 제한한다**
  유사한 아이디어 또는 개념을 합친다. 주제를 묶고 주요 주제에 대해 먼저 투표한 다음, 개별 아이디어에 투표한다.

- **밴드왜건 효과를 피한다**
  참가자들에게 비공개로 결정을 내리고 동시에 투표할 것을 요청한다. 개인이 한 사람 (예: 상사)의 영향을 많이 받을 위험이 있는 경우, 이 사람은 마지막으로 투표하게 한다.

- **아이디어 저장소**   미래 프로젝트를 위해 아이디어를 저장하는 것은 가치 있다.

- **군중 투표**   고객이나 동료를 참여시켜 우선 순위를 설정한다.

- **색상 코드**   아이디어를 평가하는 다른 그룹(예: 고객/사용자와 내부 관리자)이 있을 경우 다른 색상을 사용할 수 있다.

- **히트 맵**   도트 투표는 아이디어나 개념의 일부를 강조하기 위해 사용할 수 있다. 참가자들에게 아이디어의 개별적인 부분을 강조하도록 한다.

- **세부 평가**   도트 투표는 참가자가 아이디어를 0(아이디어를 구현하지 않음)에서 10(아이디어를 확실히 구현)까지 척도로 평가하게 할 수 있다.

활용 사례 설명

- 아이디어 평가는 항상 흥미롭다. 팀원들 모두가 같은 의견인가? 다들 좋아하는 것이 같은가? 아니면 다양한 의견이 있나?
- 팀원 모두는 자신이 투표하고 싶은 아이디어를 곰곰이 생각해본다. 그리고 나서 모든 팀원이 동시에 아이디어에 도트 스티커를 붙인다. 아무도 릴리의 결정에 영향을 받지 않도록 하기 위해, 릴리는 마지막으로 투표하도록 한다.
- 모두가 좋아하는 것 같은 아이디어가 하나 있다. 그 외의 다른 점들은 사방에 분산되어 있다. 이제 팀은 점들이 있는 아이디어에 대해 다시 한 번 토론하고, 여러 아이디어를 결합한 다음, 첫 번째 아이디어에 대한 대안을 얻기 위해 다른 평가 라운드에 들어간다.

주요 학습

- 도트 투표를 계획하고 도트 수를 선택한다.
- 투표 절차에 앞서 투표 기준을 설명한다.
- 아이디어 발상과 아이디어 평가를 분리한다.
- 나중에 활용할 수 있는 아이디어를 "아이디어 저장소"에 둔다.

워크툴킷 다운로드

www.dt-toolbook.com/dot-voting-en

6-3-5 방법(6-3-5 Method)

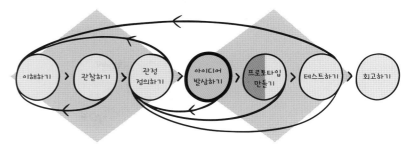

나는...

많은 아이디어를 빠르고 체계적으로 만들고 싶다.

이 도구로 할 수 있는 작업

· 새로운 아이디어를 창출하거나 기존 아이디어를 더욱 발전시켜 단순하게 문서화한다.
· 체계적인 방법으로, 경험이 없는 워크숍 참가자들에게 브레인라이팅(brainwriting) 및
  브레인스토밍 규칙을 익히도록 한다.
· 개방된 그룹 분위기에서 내성적인 사람들이 개인적으로 조용히 일할 수 있도록 하여
  창의적인 잠재력을 끌어낸다.
· 아이디어의 명확한 구분 및 평가를 통해 색다른 아이디어를 창출하도록 한다.

이 도구에 대한 유용한 정보

· 6-3-5 방법을 이용한 브레인라이팅은 모든 반복된 과정과 전체 디자인 씽킹 사이클에
  걸쳐 아이디어를 체계화하고 추가적으로 개발하도록 한다.
· "6-3-5"라는 명칭은 한 라운드에서 문제에 대한 3가지 아이디어를 각각 내는 6명의
  참가자로 구성된 최적의 팀 규모에서 유래하였다. 각 아이디어는 다음 5 라운드에서
  다른 참가자에 의해 더욱 발전된다. 이 기법은 특정한 문제 정의와 관점에 기반한
  아이디어 발상에 특히 적합하다.
· 참가자가 6명인 그룹에서는 매우 짧은 시간(30분 미만) 내에 이 도구를 사용하여 최대
  108개의 아이디어를 수집할 수 있다.

어떤 도구를 대신 사용할 수 있는가?

· 브레인스토밍(151 페이지 참조)
· 스페셜 브레인스토밍(167 페이지 참조)
· 혁신 조망도(171 페이지 참조)
· 기타 창의적인 기법들

이 도구와 함께 쓸 수 있는 도구는 무엇인가?

· "How might we..." 질문법(125 페이지 참조)
· 2x2 매트릭스(155 페이지 참조)
· 도트 투표(159 페이지 참조)
· 브레인스토밍 규칙(151 페이지 참조)

어느 정도의 시간과 어떤 재료가 필요한가?

그룹 크기

- 6인 그룹이 가장 이상적이다. 템플릿과 순서에 따라 그룹 크기를 조정할 수 있다.
- 그룹이 너무 크면 작게 나눈다.

4~6명

소요 시간

- 질문의 복잡성과 참가자의 경험에 따라 각 라운드에 3~5분씩 6라운드의 아이디어 발상 시간을 할당한다.
- 다음 아이디어의 선정에도 같은 시간이 필요하다.

30~40분

필요한 재료

- 종이
- 펜, 포스트잇
- 만약 아이디어 선택이 도트 투표로 진행된다면 도트 스티커

템플릿과 순서: 6-3-5 방법

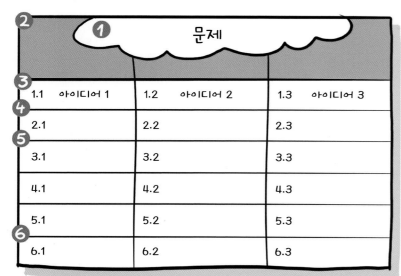

① 문제

③ 1.1 아이디어 1	1.2 아이디어 2	1.3 아이디어 3
④ 2.1	2.2	2.3
⑤ 3.1	3.2	3.3
4.1	4.2	4.3
5.1	5.2	5.3
⑥ 6.1	6.2	6.3

⑦ 아이디어 클러스터링

도구 적용 방법

- **1단계:** 각 6명씩 조를 구성하고 문제를 설명한다.
- **2단계:** 각 참가자에게 3열과 6행(총 18박스)으로 구성된 종이를 주거나 참가자가 직접 격자를 그리게 한다.

  변형: 6개의 열로 된 종이에 6개의 아이디어가 발상될 수 있도록 하고, 6개의 행을 채운다 (총 36 박스). 이 배열은 완전히 새로운 아이디어 개발을 가능하게 한다.
- **3단계:** 참가자들은 정해진 시간(3~5분) 내에 시트의 첫 번째 줄에 3가지 아이디어를 작성한다. 모든 과정은 말하지 않고 이뤄진다.

  변형: 아이디어를 포스트잇 대신 종이에 쓸 수 있다.
- **4단계:** 설정된 시간이 끝나면 시트를 시계 방향으로 다음 그룹 멤버에게 전달한다.
- **5단계:** 참가자들에게 이미 적어 놓은 아이디어를 살펴볼 수 있는 시간을 준다. 그런 다음 참가자들에게 더 많은 아이디어로 시트의 다음 행을 정해진 시간에 다 완성하도록 요청한다. 이상적으로는 이 과정에서 기존의 아이디어가 더욱 발전한다. 아이디어는 다른 참가자들의 아이디어를 기반으로 하거나 보완된다.
- **6단계:** 모든 행 또는 상자가 채워질 때까지 시트를 전달하고 완성하는 과정을 반복한다.
- **7단계:** 팀과 함께 아이디어를 클러스터링하고 평가한 다음, 다음 단계에서 합의한다.

직위:

mm1 비즈니스 디자인 컨설턴트, 강사

"이제는 신제품과 비즈니스 모델 개발만을 위해 디자인 씽킹을 사용하는 것은 아닙니다. 개인 생활에도 적용할 수 있는데요. 예를 들어, 결혼식처럼 모호함으로 가득 찬 복잡한 프로젝트에서도 마인드세트는 매우 중요합니다. 디자인 씽킹은 실현 가능성과 경제성을 놓치지 않고 인간의 요구에 초점을 맞추는 데에 도움을 주었습니다. 매우 아름다운 결혼식이었습니다."

왜 그는 이 도구를 좋아하는가?

나는 디자인 스프린트에서 6-3-5 방법을 사용하여 큰 그룹과 구조적으로 작업하면서 빨리 아이디어를 생성하거나 개발하는 것을 좋아한다. 나는 디자인 씽킹 경험이 거의 없는 그룹이나 다소 내성적이고 타인에게 연연하는 경향이 있는 사람들을 그룹에 포함시킨다.

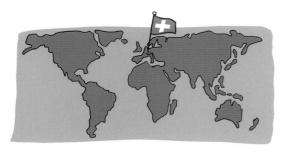

국가:

스위스

소속:

mm1

검수: **Maurice Codourey**

소속 | 직위: UNITX | CEO 겸 파트너 | 온디맨드 전문가

전문가 Tips:

강력한 질문을 개발한다

"How might we..." 질문법은 독특하고 구체적인 관점(예: 자신의 맥락에서의 페르소나)을 가진 질문을 만드는 데 좋다. 이 문제는 아이디어 발상에 큰 영향을 준다.

집중력을 유지한다

집중적으로 아이디어를 발상하려면 모든 참가자가 질문을 이해해야만 한다. 그 방법을 적용하기 전에 그룹 내에서 문제 정의에 대해 토론하고, 워크숍 공간에 걸어 놓은 다음 참가자들에게 종이에 적어 달라고 요청하는 것이 좋다.

말하지 말고 보여준다

질문에 따라 아이디어를 힘들게 설명하는 것보다 스케치하는 것이 유용할 수 있다. 만약 사람들이 아이디어 스케치하기를 원한다면, A3와 같이 큰 종이를 사용하는 것이 효율적이다.

아이디어를 개발한다

그룹이 이전 아이디어를 기반으로 아이디어를 확장할 수 있도록 동기부여 하거나, 이전 아이디어를 추가 또는 발전시키도록 한다. 이미 종이에 적어 놓거나 스케치한 아이디어들은 각 라운드에서 참가자들에게 또 한번 영감을 주고, 아이디어는 더욱 발전하게 된다.

아이디어를 선택한다

직관적으로 또는 기준에 따라 모든 종이에 있는 기존 아이디어를 평가한 다음, 도트 투표를 통해 정의된 아이디어의 수를 선택하고 강조 표시한다(159 페이지 참조). 대안으로 아이디어를 잘라 행렬(예: 2x2 매트릭스)에 붙여 아이디어 공간을 설명한다(155 페이지 참조).

활용 사례 설명

- 6명으로 구성된 릴리의 팀은 많은 초기 아이디어를 많이 발상하려고 한다.
- 이를 위해 모든 팀원은 종이에 3x6 그리드를 그리고, 4분 이내에 포스트잇에 처음 생각나는 3개의 아이디어를 비공개로 작업하여 적거나 스케치한 다음, 그리드에 붙인다.
- 그리고 나서 시트를 다음 사람에게 넘겨주고 3개의 아이디어를 더 적는다. 그 중 일부는 이전 아이디어를 바탕으로 시트가 가득 찰 때까지 작성한다.
- 이러한 방식으로 30분 이내에 최대 108개의 아이디어가 수집된다. 다시 6회에 걸쳐서 아이디어는 이전에 정의된 기준에 따라 그룹에서 평가되고, 이후에 발표한다.

주요 학습

- 6-3-5 방법은 한마디로 6명이 종이 한 장에 3개의 아이디어를 적어 5회에 걸쳐 전달하기 때문에 결국 완전히 채워진다.
- 이 도구를 사용하면 비교적 짧은 시간 내에 많은 아이디어를 창출할 수 있으며, 사람들이 말없이 일하기 때문에 아이디어를 죽이는 일이 없다는 장점도 있다.
- 이 방법은 아이디어의 발상을 촉진하고 아이디어 발상과 평가를 분리한다.

워크툴킷 다운로드

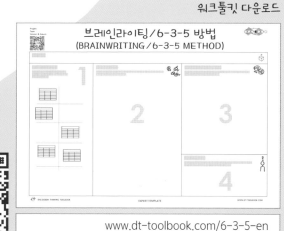

브레인라이팅/6-3-5 방법
(BRAINWRITING/6-3-5 METHOD)

www.dt-toolbook.com/6-3-5-en

스페셜 브레인스토밍
(Special Brainstorming)

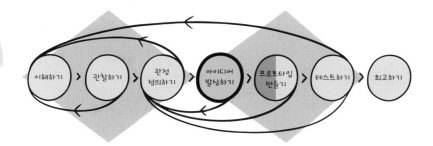

나는...

제한된 시간 내에 색다른 아이디어를 많이 만들고 싶다.

이 도구로 할 수 있는 작업

- 제한된 시간 내에 많은 아이디어를 도출한다.
- 이미 수집된 아이디어를 바탕으로 그룹 구성원 간의 상호 교류와 적극적인 경청을 촉진한다.
- 다양한 관점을 채택하고, 다양한 접근 방식을 통해 문제를 다른 각도에서 바라본다.
- 부정적인 브레인스토밍, 피겨링스토밍(figuring storming) 또는 보디스토밍 (bodystorming) 등을 통해 다양한 방식으로 창의성을 향상시킨다.

이 도구에 대한 유용한 정보

- 스페셜 브레인스토밍 기법은 전통적인 브레인스토밍 접근법의 대안으로 사용된다.
- 팀이 아이디어를 발상하는 동안 막히거나 유사한 아이디어가 반복적으로 도출될 때 특히 유용하게 사용할 수 있다.
- 스페셜 브레인스토밍 기법에는 부정적인 브레인스토밍, 피겨링스토밍, 보디스토밍 등이 있다.
- 어떤 유형의 브레인스토밍을 사용할지는 문제 정의, 참가자 그리고 목표에 따라 크게 달라진다.
- 스페셜 브레인스토밍은 창의력을 다시 한 번 높이거나 정의된 목표에 도달하기 위해 "아이디어 발상하기" 단계에서 주로 사용된다.

어떤 도구를 대신 사용할 수 있는가?

- 브레인스토밍(151 페이지 참조)
- 6-3-5 방법(163 페이지 참조)
- 혁신 조망도(171 페이지 참조)
- "I like, I wish, I wonder"(239 페이지 참조)

이 도구와 함께 쓸 수 있는 도구는 무엇인가?

- 페르소나/사용자 프로필(97 페이지 참조)
- 공감 지도(93 페이지 참조)
- "How might we..." 질문법(125 페이지 참조)

어느 정도의 시간과 어떤 재료가 필요한가?

그룹 크기
· 일반적으로 브레인스토밍 그룹은 최소 2~3명에서 최대 10명으로 구성된다.
· 소그룹은 그룹 구성원이 매우 다양하거나 다른 관점을 채택하는 연습을 하는데 특히 적합하다.
· 큰 그룹은 서로 함께 일하는 더 작은 하위 그룹으로 나눌 수 있다.

2~10명

소요 시간

· 각 브레인스토밍 기법에는 (적용 방법과 팀의 규모에 따라) 10~20분이 필요하다.

10~20분

필요한 재료

· 포스트잇, 펜
· 선정된 전문가 사진
(예: 피겨링스토밍 용)

3가지 스페셜 브레인스토밍 기법의 설명

 부정적인 브레인스토밍

부정적인 브레인스토밍은 전통적인 브레인스토밍 접근법과 반전 접근법을 결합한 것이다. 참가자들은 해결책을 찾기보다, 문제를 더 악화시킬 수 있는 것에 집중한다. 예를 들면 다음과 같다: 교통 체증을 개선하는 방법을 찾기보다, 각 도로의 교통 체증을 극대화하는 것에 집중한다.

브레인스토밍의 연습 결과는 이후에 새로운 출발점이 발생하는지 또는 문제를 악화시키는 원인이 제거될 수 있는지 여부에 따라 평가하고 검토된다.

2 **피겨링스토밍**

문제를 해결하기 위해서는 특정인과 공감하고 그들의 관점에서 상황을 보는 것이 더 쉬운 경우가 많다. 이 접근 방식이 피겨링스토밍 기법이다. 즉, 브레인스토밍이 제3자의 입장에서 이루어지는 것이다. 여기에는 다음과 같은 질문이 포함된다: "X라면 이 문제를 어떻게 해결할까?" 예를 들어, 알버트 아인슈타인이나 미국의 대통령은 우리의 일상생활에서 마주하는 사람들(예: 파트너, 가족 구성원 또는 상사), 디자인 씽킹 프로세스의 범위 내에서 정의된 페르소나와 함께 유명인사의 역할을 할 수 있다.

 보디스토밍

보디스토밍은 테스트 대상을 특정 상황에 배치함으로써 한 단계 더 나아간다. 이 경우 시나리오는 관련 환경, 인공물 및 사람에 의해 가능한 한 정확하게 모방되어 테스트 대상자가 최대한 가까이에서 그 상황을 경험할 수 있도록 한다.

이렇게 하여 피실험자는 물리적인 시행착오와 테스트를 통해 새로운 아이디어를 도출할 수 있다. 예: 노인을 위한 제품을 개발하는 팀은 노인의 눈으로 세상을 인지하기 위해 안경 렌즈에 바셀린을 바르고 바라본다. 끊임없이 움직이고 걸으면서 아이디어를 적는 것으로 변형할 수 있다.

이것은 Miriam Hartmann이 가장 즐겨 쓰는 도구다

직위:

Applied Sciences of the Grinsons 대학의 디자인 씽킹 강사,
F. Hoffmann – La Roche 디자인 씽킹 퍼실리테이터

"가장 큰 도전 중 하나는 '해결책에 대한 생각'에서 벗어나 해결책을 개발하기 전에 문제를 전체적으로 이해하는 것입니다. 디자인 씽킹은 자연스러운 호기심을 자극하고 가정에 의문을 제기하며 열린 마음으로 고객을 마주하는 데 도움이 됩니다."

왜 그녀는 이 도구를 좋아하는가?

전통적인 브레인스토밍에서 참가자의 초점은 상당히 광범위하며, 이는 더 이상 실제 문제와 직접 연관되지 않는 수많은 아이디어로 이어진다. 특히 추상적이거나 복잡한 사안의 경우 브레인스토밍 집단이 자주 한계에 도달한다. 스페셜 브레인스토밍 기법들은 문제를 다른 각도에서 볼 수 있도록 도움을 주며, 다양한 접근법을 통해 참가자들에게 좋은 아이디어를 도출하는 것에 대한 부담을 줄여준다.

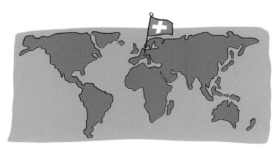

국가:

스위스

소속:

F. Hoffmann – La Roche

검수: **Kristine Biegman**

소속 | 직위: launchlabs GmbH | 트레이너 | 코치 | 인간 중심 디자인 퍼실리테이터

전문가 Tips:

창의적인 환경에 있어야 한다

브레인스토밍은 참가자들이 편안한 상태일 때 가장 효과적이다. 편안한 의자와 쿠션은 "기분 좋은 분위기"를 만들어 낼 수 있다. 크고 유연한 작업 공간은 그룹의 창의력을 높이는 데 도움이 된다.

타임 박싱을 활용한다

전통적인 브레인스토밍에서와 마찬가지로 시간의 압박은 가능한 많은 아이디어를 생성하고 그것들을 여과없이 적어내는데 도움을 준다. 즉, 창의성에 대한 자유로운 통제력을 주는 것이라고 할 수 있다. 따라서 짧은 브레인스토밍 세션(10분)을 수행하고 타이머로 시간을 체크하는 것을 권장한다.

브레인스토밍 세션 중에는 모든 유형의 판단을 피한다

"나쁜" 아이디어는 없다. 어떤 아이디어든 그리고 이상한 아이디어일지라도, 더 발전했을 때 좋은 해결책으로 이어질 수 있기 때문이다. 이것이 브레인스토밍 과정에서 아이디어 평가를 피해야 하는 필수적인 이유다.

복잡하거나 추상적인 문제를 해결하는 방법

스페셜 브레인스토밍 기법은 참가자들이 즉각적인 해결책을 찾는데 어려움을 겪는 복잡하거나 추상적인 문제들에 유용하다. 이러한 기법들을 이용하여 실험하고 적용하는 경험을 해본다.

부정적인 브레인스토밍

피겨링스토밍

보디스토밍

활용 사례 설명

- 아이디어 발상하기 단계에서, 릴리의 팀은 정의된 문제를 해결하기 위해 많은 아이디어를 도출하려고 노력했다. 브레인스토밍은 가능성 있는 출발점을 확인하는데 도움이 되었다. 하지만 일부 팀은 같은 생각을 반복하면서 앞으로 나아갈 수 없다고 느꼈다.
- 예를 들어, 부정적인 브레인스토밍과 같은 기법은 팀이 시야를 넓히고 새로운 연결요소를 발견하는데 도움을 주었다. 피겨링스토밍의 경우는 애플이나 구글과 같은 유명 기업들과 일론 머스크 같은 사람들이 사용되었다. 이러한 기법으로 해결책에 대한 더 많은 잠재적인 접근법을 발견할 수 있었다.

주요 학습

- 스페셜 브레인스토밍 기법은 복잡하거나 추상적인 문제에 유용하다.
- 그 외에 다음 사항이 적용된다: 질 보다 양; 모든 구성원에게 발언 기회가 주어진다; "나쁜" 아이디어는 없다.
- 브레인스토밍이 끝난 후에 그 결과를 클러스터링하고 등급을 매기고 문서화한다.

워크툴킷 다운로드

스페셜 브레인스토밍
(SPECIAL BRAINSTORMING)

1 2
3 4

www.dt-toolbook.com/special-brainstorming-en

혁신 조망도
(Analogies & beachmarking as inspiration)

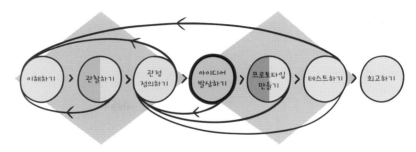

나는...

문제 정의의 맥락에서 개별적으로 존재하는 것처럼 보이는 "세계"를 탐색하여 아이디어와 접근방법에 대한 영감을 찾고 싶다.

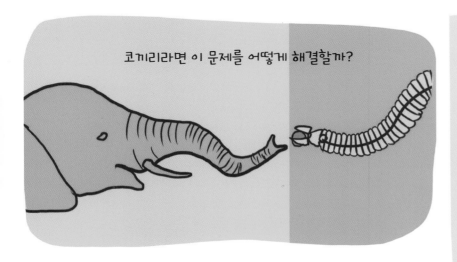

코끼리라면 이 문제를 어떻게 해결할까?

이 도구로 할 수 있는 작업

· "와우!" 효과로 이어지는 아이디어를 만들어낸다.
· 유추를 사용하여 이해 가능한 방식으로 아이디어와 복잡한 사실을 설명한다.
· 다른 영역의 문제와 해결책을 우리의 문제와 비교하여 영감을 얻는다.
· 개방적이고 제대로 구조화되지 못한 문제(일명, 잘못 정의되고 사악한 문제)와 함께 필요한 인지적 사고과정을 통합한다.
· 스케치 노트와 함께 창의성을 펼쳐 나간다.

이 도구에 대한 유용한 정보

· 혁신 조망도는 새로운 아이디어를 만들고, 아이디어를 자극하기 위해 문제에 대한 접근방식을 바꾸는데 도움이 된다. 다른 산업, 동물, 사람, 또는 조직에 벤치마킹 또는 유추를 적용할 수 있다.
· 혁신 조망도는 문제를 정의하는 동안 디자인 씽킹 사이클 초기 단계에 적용된다. 하지만 일반적으로 "아이디어 발상하기" 단계에서 사용된다.

어떤 도구를 대신 사용할 수 있는가?

· 브레인스토밍(151 페이지 참조)
· 스페셜 브레인스토밍(167 페이지 참조)
· 6-3-5 방법(163 페이지 참조)

이 도구와 함께 쓸 수 있는 도구는 무엇인가?

· "How might we..." 질문법(125 페이지 참조)
· AEIOU 관찰법(107 페이지 참조)

그룹 크기

- 3~6명으로 구성된 그룹이 최적이다.
- 8인 이상으로 구성된 큰 그룹은 작은 그룹으로 나눌 수 있다.

3~8명

소요 시간

- 유추 작업은 시간이 많이 걸린다.
- 특히 관련된 연구와 특성 및 속성의 파악은 물론, 전문가와의 토론에도 종종 몇 시간이 소요된다.

30~120분

필요한 재료

- 화이트보드 또는 플립 차트
- 포스트잇, 펜, 마커
- 인터넷 및 프린터(사람 또는 산업을 사용한 유추를 하는 경우)

순서: 혁신조망도

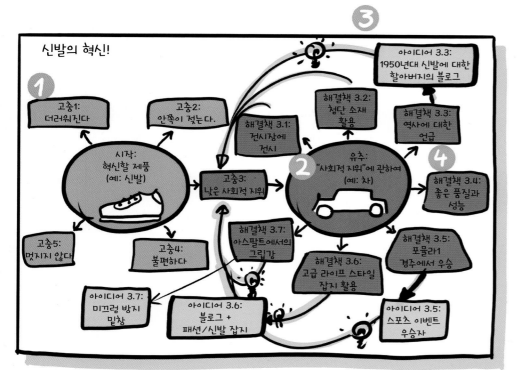

도구 적용 방법

1단계: 문제 정의의 중요한 경험 또는 가장 큰 고충을 나열한다. 예를 들어, 신발의 경우 고충이 "사회적 지위"일 수 있다.

2단계: 브레인스토밍이나 브레인라이팅 기법을 사용하여 고충을 수반하지만 해결된 것처럼 보이는 시나리오, 시스템, 장소 또는 사물을 검색한다. 왼쪽에 있는 예시에서는 자동차 산업에서 "사회적 지위"의 고충이 성공적으로 해결되었고, 소파 등의 경우 "불편한" 고충이 해결되었다. 유추를 하기 위해서는 다음과 같은 질문을 한다:

- 다른 산업은 어떻게 하는가?
- 자연은 어떻게 문제를 해결하는가?
- 다른 나라에서는 왜 문제가 없는가?

3단계: 비교 가능한 영역, 시나리오, 시스템, 장소 또는 대상을 잘 아는 전문가와 인터뷰를 진행한다. "유추 영감 보드"를 만들고 새로운 통찰을 찾는다.

4단계: 예를 들어 자동차 산업의 "사회적 지위"가 "고급 라이프스타일 매거진"에 의해 어떻게 해결되었는지 해결책을 나열한다.

5단계: 그런 다음 유추한 해결책을 원래 문제로 대입한다. 어떤 해결책은 거의 1대1로 전달될 수도 있고, 어떤 해결책은 적용하는 과정에서 창의력을 더 요구하는 경우도 있다.

어느 정도의 시간과 어떤 재료가 필요한가?

그룹 크기

- 개인 또는 최대 12명 이상의 그룹으로 작업한다.
- 그룹 크기는 확장 가능하다.

1~12명

소요 시간

- 여러 번의 라운드가 있을 수 있다.
- 각 라운드는 약 30분 소요된다.

30~60분

필요한 재료

- 1인당 플립차트 1개
- 개인으로 작업하는 참가자를 위한 A4 또는 A3 용지, 그룹으로 작업하는 경우 A2 또는 A1 용지
- 펜, 포스트잇
- 선택 사항: 이미지를 검색할 수 있는 인터넷

템플릿과 순서: 스케치 노트를 활용한 유추

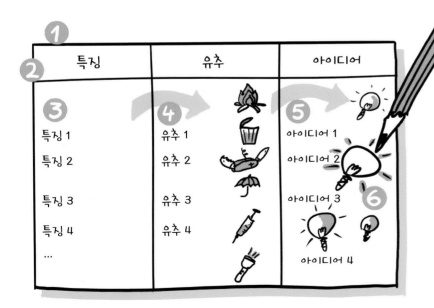

도구 적용 방법

창의적인 결과물의 수를 늘리기 위해 유추 기법 디자인과 스케치의 조합을 이용할 수 있다. 위에서 설명한 유추 작업에 더하여 스케치 노트를 사용할 수 있다.

1단계: 큰 종이를 세 칸으로 나눈다.

2단계: 열에 특징, 유추, 아이디어를 적는다.

3단계: 문제 또는 문제 정의에 대한 특징을 나열한다(49 페이지 참조).

4단계: 디자인 팀에게 각 특징에 대한 유사점을 찾도록 요청한다.

5단계: 유추의 관점에서 그룹 내의 문제를 스케치 노트 형태로 해결한다. 스케치 노트를 그리는 방법은 174 페이지에 나와 있다.

6단계: 문제 정의 또는 그 일부에 대한 독창적이고 실행 가능한 아이디어를 개발한다.

스케치 노트의 제작은 재미있을 뿐만 아니라 디자인 씽킹 팀이 훌륭한 유추를 찾을 수 있게 돕는다.

시각적 구성 기본 요소: 각각의 구성 요소를 능숙하게 결합하여, 콘텐츠를 시각적으로 보이게 할 수 있다; 이것은 글자를 단어로 결합하고 마침내 이야기로 결합하는 것과 비슷한 형식이다.

형태:

거의 모든 것이 점, 선, 아니면 기하학적 형태로 표현된다.

기호:

폰트:

1/5
3/5
1/5

Today we practice

다른 사람에게 문자를 좀 더 친근하게 작성한다.

음영:

바깥쪽 음영
= 2D 측, 평평함

안쪽 음영
= 3D 측, 부피

말풍선:

생각   말   사실 진술   감정   정보

인물:

사람과 그룹을
가장 간단한 형태로 표현

별에서 인물까지

다양한 직업

얼굴:

눈과 입의 형태를 통한 감정 표현

눈의 위치에 표시되는 시선

구조:

만약 당신이 "나는 그림을 못 그려!"라고 말한다면, 이 방법은 당신에게 맞는 것입니다.

스케치 노트 작성 방법

이것은 Julia Gumula가 가장 즐겨 쓰는 도구다

직위:

B. Braun Melsungen AG의 커뮤니케이션 수석 관리자

"디자인 씽킹은 (미래) 고객을 위한 해결책을 만드는 방식에 혁신을 가져왔고, 일상적인 실천을 통해 계속 진화하고 있습니다."

왜 그녀는 이 도구를 좋아하는가?

나에게 유추 작업은 전통적인 브레인스토밍 접근 방식을 완벽하게 보완할 수 있는 방법이다. 이 도구는 아이디어 발상에 도움이 되고 디자인 씽킹 마인드세트에 완벽하게 맞는다. 유추와 스케치 노트를 결합하는 것은 보는 사람 뿐만 아니라 제작하는 동안에도 즐거움을 준다. 이러한 과정은 창의적인 효율성과 자신감을 높여준다. 두 기술의 조합은 두 분야의 장점을 결합한 것과 같다.

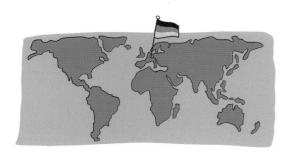

국가:

독일

소속:

B. Braun Melsungen

검수: **Thomas Schocher**

소속 | 직위: CSS Versicherung | 변혁 전문가

전문가 Tips:

중요한 경험과 고충에 집중한다

유추를 할 때는 비판적 경험에 집중해야 하며, 문제에 적용할 수 있는 새롭고 흥미로운 측면을 파악해야 한다.

불합리한 산업과 개념을 살펴본다

산업 혹은 문제와는 거리가 먼 유추와 벤치마크는 종종 꽤 도움이 된다는 것이 입증되었다; 이것은 언뜻 보기에는 공통적인 측면이 거의 없다는 것을 의미한다; 그럼에도 불구하고 그것들은 문제를 해결하는 데 도움을 주었다.

아무 정보도 나오지 않는다면, 바로 구글링

유추를 하고 영감을 얻을 수 있는 또 다른 방법은 구글 이미지 검색이다. 예를 들어 "빠른" 과 "편안함"을 입력하면 이러한 특징을 가진 수천 개의 물건을 볼 수 있다.

마음을 단련하기 위해 매일 연습한다

매일 이것을 실천하는 것은 연결하는 능력을 향상시킨다. TV를 보거나 출근할 때, 어떤 유사점을 찾는 마인드세트 훈련을 하는 것은 매우 유용하다.

다른 사람의 것을 복사한다

기본적으로 문제가 발생할 때마다 다른 사람들은 어떻게 해결했는지 곰곰이 생각해 봐야 한다.

자발적이고 자주 사용한다

브레인스토밍 세션 중, 연결 기법을 자연스럽게 적용한다. 예를 들어, 참가자들에게 다음과 같이 질문한다: "5성급 호텔의 고객 서비스는 어떻게 해결되고 있나요?"

활용 사례 설명

· 창의성을 높이기 위해 릴리의 팀은 유추와 벤치마킹으로 작업하기를 원한다.
· 유추에 대한 집중적인 브레인스토밍 세션이 끝난 후, 동물원, 외계인, 이상한 행성,
  아프리카를 통한 오프로드 탐험에 대한 생각이 떠오른다.
· 마지막으로 결정적인 자극은 문화 주제, 자연환경 그리고 새로운 상황에 대한 이해와
  관련된 유추 과정에서 발생한다.

주요 학습

· 유추와 벤치마킹을 통한 영감은 어떤 아이디어에든 많은 것들을 더할 수 있다.
· 종종 이전까지 자신의 영역이나 업계의 전문가들이 무시해왔던 해결책에 대해 완전히
  새로운 접근방식이 발견될 수 있다.
· 유추와 스케치 노트의 조합은 디자인 씽킹 팀의 창의성을 높인다.

NABC
(Need, Approach, Benefit, Competition)

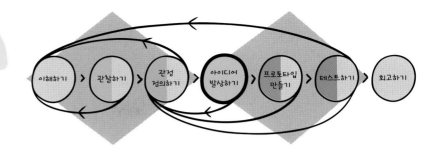

나는...
짧은 시간 내에 아이디어의 핵심을 포착하여 목표한 방식으로 타인과 공유하고 싶다.

이 도구로 할 수 있는 작업

- 아이디어, 개념, 또는 프로토타입의 핵심을 신속하게 포착한다.
- 고객의 문제에 대한 질문에서 시작하여, 고객의 니즈에 대한 집중적인 조사를 통해 고객/사용자에게 초점을 맞춘다.
- 네가지 측면에서 아이디어를 살펴본다: 니즈(문제), 접근법(해결책, 성과 약속), 혜택 및 경쟁(시장의 대안)
- 초기 단계에서 아이디어를 제시하고 중요한 피드백을 얻는다.
- 다양한 아이디어와 컨셉을 비교한다.

이 도구에 대한 유용한 정보

- NABC는 사업 아이디어 구조화의 최소 버전이다. 이것은 아이디어의 맥락에 관한 네가지 기본적인 질문(니즈, 접근법, 혜택 그리고 경쟁)으로 구성된다.
- NABC는 예를 들어 "아이디어 발상하기" 단계와 같이 다양한 단계에서 적용될 수 있다. 이는 프로토타입의 유효성을 검증하거나 사용자를 더 잘 이해하는데도 유용하다.
- NABC는 문서화 또는 아이디어 발상하기 단계 이후에도, 피드백 제공자와 관련된 비즈니스 아이디어 및 혁신 프로젝트의 프레젠테이션에 사용된다.
- NABC는 엘리베이터 피치와 함께 사용할 수 있다(179 페이지 참조).

어떤 도구를 대신 사용할 수 있는가?

- 제목, 설명 및 스케치가 포함된 간단한 아이디어 커뮤니케이션 시트를 사용할 수 있다.
- 원칙적으로 NABC는 다른 비즈니스 아이디어와 비즈니스 모델 구조화 과정에서 더욱 깊게 추론되고 발전되거나 심화될 수 있다(린 캔버스 251페이지 참조).
- 스토리텔링(129 페이지 참조)

이 도구와 함께 쓸 수 있는 도구는 무엇인가?

- 녹색과 빨간 피드백이 있는 워터링 홀 방법:
  - 녹색 피드백: 그 아이디어의 강점은 무엇인가? 무엇을 유지해야 하는가?
  - 빨간 피드백: 그 아이디어의 약점은 무엇인가? 무엇을 개선해야 하는가?

어느 정도의 시간과 어떤 재료가 필요한가?

그룹 크기

· 일반적으로 초안을 만드는 것은 한 사람으로 충분하다.
· 더 많은 사람들이 초안의 내용과 이해도를 검토한다.

1~6명

소요 시간

· 일반적인 소요시간은 단계와 이미 가지고 있는 정보의 양에 따라 달라진다.
· 원칙적으로 20~40분 안에 충분히 자세하고 이해할 수 있는 방식으로 NABC를 설명할 수 있다.

20~40분

필요한 재료

· A4나 A3 용지 또는 컴퓨터로 작성하여 인쇄한 NABC 표
· 포스트잇, 펜, 종이

템플릿과 순서: NABC

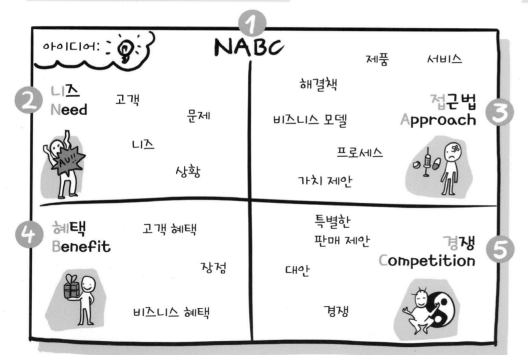

도구 적용 방법

· **1단계**: NABC 표를 그리거나 템플릿을 사용한다.
· **2단계**: 니즈(문제)의 N(Need)에서 시작하고 설명한다.
  – 고객이 가지고 있는 문제;
  – 이 문제를 겪고 있는 일반적인 고객;
  – 문제가 발생하는 전형적인 일상 상황;
  – 그 결과 발생하는 니즈
· **3단계**: (해결책에 대한) 접근법 A(Approach)로 이동하여 설명한다.
  – 문제 해결 방법, 즉 해결책에 대한 접근법과 약속;
  – 제품, 서비스 또는 프로세스;
  – 비즈니스 모델의 모습이나 수익 창출 방법
· **4단계**: 혜택 B(Benefits)를 지속하고 품질과 양 측면에서 공식화한다.
  – 고객 혜택;
  – 귀하/귀하 회사의 혜택
· **5단계**: 경쟁 C(Competition)를 추가한다. 즉, 현재와 미래에 존재하는 대안 및 경쟁자를 추가한다. 또한, 해결책의 고유한 판매 포인트를 나열한다.

이것은 Mathius Strazza가 가장 즐겨 쓰는 도구다

직위:

PostFinance Ltd의 PFLAB (혁신 연구소)를 담당하는
Head Future Banking 혁신 경영 강사

"고객, 고객 행동, 고객 문제 그리고 고객 니즈가 초점을 이룹니다.
오늘날, 고객 경험은 의식적으로 디자인되기도 합니다.
'디자인 씽킹'이라는 용어는 프로세스, 방법, 마인드세트를 함께
그룹화합니다. 비전문가도 주제를 다룰 때 새롭고 고객 지향적인
무언가를 빠르게 만들어낼 수 있습니다."

왜 그는 이 도구를 좋아하는가?

NABC는 해결책이 아니라 고객과 그의 문제에서 시작된다. NABC는 모든 본질적인 측면에서
아이디어의 핵심을 전달하고, 5분이라는 짧은 프레젠테이션(피치)에서도 누군가가 그것을
이해할 수 있게 만들기 때문에 내가 가장 즐겨 쓰는 도구다. 초기 단계에서는 중요한 질문들이
제기된다; 나중에 이 방법은 풍부한 정보를 줄이는데 도움이 된다.

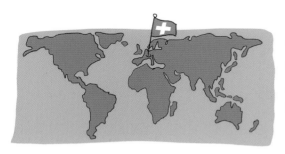

국가:
스위스

소속:
PFLAB(재정관리)

검수: **Christine Kohlert**

소속 | 직위: Media Design University | 디자인 & 컴퓨터과학부 교수

전문가 Tips:

필요에 따라 NABC 내용을 사용한다.

· NABC의 설명을 뒷받침하기 위해 항상 시각화, 스케치 그리고 그림을 사용한다.
· 스토리텔링은 종종 NABC의 내용을 전달하는데 유용하게 사용된다.
· 프레젠테이션에서 NABC 표를 반드시 고수할 필요는 없다. 예를 들어 파워포인트를
  사용할 경우 섹션을 하나씩(슬라이드당 하나씩) 보여줄 수 있다.
· 아이디어뿐만 아니라 프로토타입도 이러한 방식으로 빠르게 제시할 수 있다.
· 일단 문제가 설명되고, 새로운 해결책을 알게 되면 더 급진적인 변화를 모색할 때
  의도적으로 다른 해결책을 찾게 된다.

변형: NABC와 엘리베이터 피치

· 엘리베이터 피치(elevator pitch)는 가장 짧은 형태의 프레젠테이션으로, 가능한 한
  가장 짧은 시간에 누군가를 설득하는 데에 사용된다. 피치를 세 부분으로 나누는 것이
  가장 유용하다. 시작점(훅, hook), 중간 부분(핵심) 그리고 결론(클로징). NABC는 중간
  부분에 배치되어 있다.
· NABC 피치 개요:

시작점(훅):

· 진술, 키워드, 헤드라인, 질문으로 눈길을 끈다,
· 자극하라!
· 욕구를 자극하고 관심을 불러 일으킨다.
· 달라지고, 독특해지고, 놀라워진다.

중간 부분(핵심): NABC

결론(클로징):

· 다음은 무엇인가? 무엇을 달성해야 하는가?
· 초대 및 다음 단계

- 알려진 고객 문제를 기반으로 다양한 아이디어가 만들어진다. 그런 다음 아이디어는 NABC에 문서화되고 시각화 된다.
- 디자인 씽킹 팀은 아이디어를 NABC 피치의 맥락 안에서 제시하고, 그에 대한 피드백을 받는다.
- 릴리의 팀은 다양한 용도로 NABC를 자주 사용한다. 예를 들어 포커스를 정의하거나 프로토타입을 제시하기 위해 효율적으로 사용한다.
- 릴리는 팀에게 대안을 고려할 때 명백한 경쟁자를 보는 것 이상의 것을 자주 상기시킨다.

주요 학습

- NABC는 보통 한 페이지에 적합하다.
- 잠재적 해결책의 관점에서 니즈, 접근법, 혜택 및 경쟁에 대해 설명한다.
- 엘리베이터 피치를 준비하거나 비즈니스 모델 캔버스에서 가치 제안을 정의하기 위한 보조 수단으로 NABC를 사용하기도 한다.

워크툴킷 다운로드

www.dt-toolbook.com/nabc-en

블루오션 도구 & 구매자 유틸리티 맵
(Blue Ocean tool & Buyer utility map)

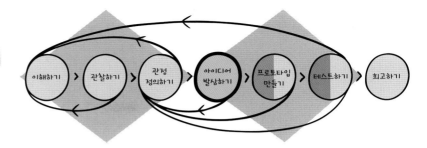

나는...

제품 또는 서비스를 경쟁업체와 차별화하고 새로운 시장 기회를 얻고 싶다.

레드오션   블루오션

이 도구로 할 수 있는 작업

- 아직 개발되지 않은 시장 기회를 탐색한다.
- 사용자 요구에 따라 차별화된 새로운 제안을 제공한다.
- 경쟁 우위를 파악하여 새로운 시장 요구에 대한 전략을 수정한다.
- 디자인 챌린지에 대한 올바른 비전과 단계별 구현 및 제어 메커니즘에 대한 로드맵을
  수립한다.

이 도구에 대한 유용한 정보

- 김위찬과 르네 마보안이 만든 블루오션과 블루오션 시프트는 독특한 가치 제안
  정의에 도움을 준다.
- 구매자 유틸리티 맵을 사용하여 고객/사용자에게 초점을 맞춘다. 서비스와 제품에
  대한 경험은 대개 6단계(구매, 배송, 사용, 연장, 유지, 폐기)로 세분화되는 사이클로
  되어 있다.
- 도구의 적용에서 얻은 결과는 경쟁 및 사용자 요구가 관찰되고 분석된 후 관점을
  정의하거나 초기 아이디어를 생성하는 데 도움이 된다
- 구매자 유틸리티 맵에서 제안 요소를 줄이거나, 제거하거나, 증가시키거나 창출하는
  다양한 레버를 사용한다. 경쟁자와 자신을 구별하고 혁신적인 명제를 구성하는 것이
  목적이다.

어떤 도구를 대신 사용할 수 있는가?

- 린 캔버스(251 페이지 참조)
- 가치 제안 캔버스

이 도구와 함께 쓸 수 있는 도구는 무엇인가?

- 페르소나/사용자 프로필(97 페이지 참조)
- NABC(177 페이지 참조)
- 2x2 매트릭스(155 페이지 참조)
- SWOT 분석을 포함한 경쟁업체 분석
- 경쟁사 벤치마크 분석

어느 정도의 시간과 어떤 재료가 필요한가?

그룹 크기
- 대규모의 팀보다 소규모 디자인 팀에서 구매자 유틸리티 맵에 대한 제안을 개발하는 것이 쉽다.
- 필요한 경우 대형 팀을 여러 개의 소규모 그룹으로 나눈다.

4~6명

소요 시간

- 구매자 유틸리티 맵을 완료하는 데는 보통 30분이 소요된다.
- 포괄적인 경쟁업체 분석을 포함한 전체 구현에는 며칠이 소요된다.

30~120분

필요한 재료

- 종이
- 펜, 포스트잇, 마커
- A0 사이즈 템플릿

템플릿과 순서: 블루오션

네 가지 행동 프레임워크를 통한 새로운 가치 곡선

① 증가
이전 업계 표준보다 훨씬 높게 제기될 수 있는 요소는 무엇인가?

② 감소
이전 업계 표준보다 훨씬 낮게 제기될 수 있는 요소는 무엇인가?

제거
업계에서 정의되고 제거될 수 있는 요소는 무엇인가?

창조
지금까지 업계에서 제공하지 않았던 어떤 요소들이 만들어질 수 있는가?

구매자 경험의 6단계

	구매	배송	사용	연장	유지	폐기
생산성			🔴			
단순성			🔴			
편의성				🔴		
위험						
재미 & 이미지	🔴					
지속가능성						

🔴 현재 산업의 초점
🔴 블루오션 제안

새로운 블루오션 가치 제안

도구 적용 방법

- **1단계:** "4가지 행동 프레임워크(증가, 감소, 제거, 창조)"로 시작한다. 제품이나 서비스(예: 생산성, 가격, 품질 보증 등)와 관련하여 직접적 또는 대체적 경쟁자 또는 업계 전반이 집중하는 전략적 요인 정의에 초점을 맞춘다.
- **2단계:** 이러한 요소 중 어떤 요소가 증가, 감소, 제거될 수 있는지 또는 새로 만들 수 있는지를 결정한다. 가장 중요한 요소를 선택한다.
- **3단계:** 구매자 유틸리티 매트릭스에 이러한 중요한 요소를 배치한다. 먼저 현재 알려진 제안과 관련하여 고객/사용자에게 중요한 의사결정 요소를 정의한다.
- **4단계:** 어떤 요소를 줄이거나 제거할 수 있는지 생각해본다. 이제 창의적인 단계로 들어선다. 팀과 브레인스토밍 세션을 수행하여 사용하지 않는 요소를 파악한다. 이를 위해서는 서비스 또는 제품이 포함할 수 있는 추가 값 범위를 확인해야 한다.
- **5단계:** 결과로부터 새로운 "블루오션" 가치 제안을 정의한다.

이것은 Alice Froissac이 가장 즐겨 쓰는 도구다

직위:

Openers의 공동 설립자 및 디자인 씽킹 전문가
– ME310 Alumni d.school Paris

"디자인 씽킹은 독특한 사용자를 이해할 수 있도록 하며, 자신과
다른 배경을 가진 사람들과 함께 작업할 수 있도록 해줍니다. 우리는
이러한 모든 특징과 차이점을 결합하여 놀라운 발견을 할 수 있고,
정말 창의적이고 혁신적일 수 있습니다. 많은 것들을 성사시킬 수
있는 절호의 기회입니다."

왜 그녀는 이 도구를 좋아하는가?

블루오션은 차별화 전략을 실용적으로 개발할 수 있는 도구다. 나에게 있어, 이 접근법은
고객과의 공감과 경쟁 및 벤치마크 분석의 훌륭한 조합이다. 관점이 바뀌면 경쟁사의 제안은
두렵지 않고 그걸 따라갈 필요도 없다. 이것은 독특한 제품과 서비스를 정의하는 작업에
영감을 주는 역할을 한다. 구매자 유틸리티 맵은 새로운 제안을 시작할 때 현상에 대해 의문을
제기하고 가치 제안을 정의하는 데에 도움이 된다.

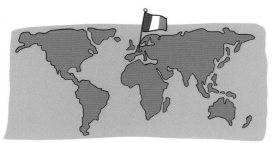

국가:

프랑스

소속:

Openers

검수: **Sebastian Fixson**

소속 | 직위: Babson College | 연구원 | 교사 | 혁신과 디자인에 관한 조언자

전문가 Tips:

구매자 유틸리티 맵 및 비고객 맵을 개별적으로 확장한다

고객의 활동은 필요에 따라 확장할 수 있다. 예를 들면 다음과 같다. 사용자는 제품을
어떤 경로로 알게 되었는가? 그는 구매 전에 다른 제품과 비교했는가? 그는 어떤 종류의
배달을 선호하는가? 반품 처리에 관한 정보가 영향을 미치는가? 지속적인 지출이 문제가
되었는가? 소셜 미디어의 댓글과 반응이 구매 과정에 영향을 미치는가? 제품의 사용
측면에서는 단순성, 편리성, 리스크 최소화 등의 속성이 중요할 수 있다.

레드오션	블루오션	블랙오션
기존 시장 강한 경쟁	비경쟁 시장 소수의 경쟁자	생태계 주도형 시장 경쟁 없음

변형: 블랙오션/최소한의 실행가능한 생태계

· 레드오션 전략에서 블루오션 전략으로 전환하는 것 외에, 비즈니스 생태계 설계를
위해 <디자인 씽킹 플레이북>에서 설명한 바와 같이, 블랙오션 전략도 고려할 것을
권장한다.

· 블랙오션 전략은 다른 경쟁자들이 장기적으로 경쟁할 기회가 없는 행위자의 시스템을
형성하는 것을 목표로 한다.

· 이 절차는 최소 생존가능 생태계(MVE)가 네 개의 디자인 루프에 걸쳐 전개되는
반복적인 프로세스를 기반으로 한다.

· MVE는 경쟁자가 살아남을 수 없는 방식으로 개별 행위자의 가치 흐름과 제안을
최적화하기 위한 기반이 된다.

· 제안의 정의에 따르면, 처음에는 시장 침투율이 가장 높고, 기능이 제한적이며, 고객
혜택이 가장 큰 제안이 선택된다.

활용 사례 설명

- 릴리의 팀이 경쟁업체를 분석하고 사용자를 관찰한 후, 시장과 경쟁사들에 초점을 맞춘 결과들을 분석해야 할 시간이 왔다.
- 릴리의 팀은 성숙한 시장에 있다. 팀은 대부분의 경쟁 업체가 디지털 혁신을 통해 생산성을 높이는데 중점을 두고 있다는 것을 발견했다.
- 이를 통해 릴리의 팀은 고객의 이익을 높이기 위해 다른 수단을 활용할 수 있는 기회를 얻게 된다.

주요 학습

- 블루오션의 전략을 정의하는 동안 고객/사용자를 정기적으로 인터뷰하는 것을 주저하지 않는다.
- 사실을 더 잘 파악하고 새로운 요소를 정의하기 위해 자신 또는 다른 관련 분야의 전문가를 참여시킨다.
- 팀에서 구매자 유틸리티 맵을 작성하는 것이 가장 좋다.
- 블랙오션 전략의 일부가 될 수 있는 기회를 탐색한다.

워크툴킷 다운로드

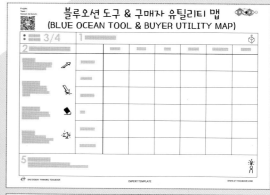

www.dt-toolbook.com/utility-map-en

단계: 프로토타입 만들기
(Prototype)

프로토타입을 만드는 것은 선택된 아이디어를 구체적으로 인지할 수 있게 한다. 프로토타입은 단순한 핵심 기능 프로토타입부터 최종 프로토타입에 이르기까지 다양하다. 프로토타입을 만들기 위해서는 기능이나 경험을 테스트하기에 충분한 간단한 재료들을 사용한다. '프로토타입 만들기' 단계는 다음 '테스트하기' 단계와 밀접하게 관련되어 있다. 테스트에서 나온 피드백은 사용자에 대해서 더 많이 배우고 현재 프로토타입을 개선하거나 없애는 데 사용된다. 이 절차는 디자인 씽킹의 모토에 잘 반영되어 있다(사랑하거나, 바꾸거나, 그냥 내버려 둔다!): 일찍 실패하는 것은 우리에게 다음 반복 단계에서 더 나은 프로토타입을 만들고 배울 수 있는 기회를 준다.

자주 사용되는 프로토타입 종류

다음 페이지에서는 가장 인기있는 변형된 프로토타입을 소개한다. 프로토타입의 경우, 디자인 씽킹 플레이북에 소개된 용어를 사용하며 다양하게 변형되어 서로 다른 용어가 있음을 충분히 인지해야 한다. 문제 정의의 맥락에 따라 어떤 프로토타입을 사용할 것인지, 얼마나 많은 프로토타입을 제작할 것인지, 최종 프로토타입을 디자인할 때까지 얼마나 자주 마이크로 사이클을 실행할 것인지가 결정된다.

개별 프로토타입을 더 잘 설명하기 위해 간단한 디자인 챌린지를 예시로 들었다. 그것은 각 프로토타입의 초점과 그것이 디자인 씽킹 사이클에 걸쳐 어떻게 변화되는지를 빠르게 보여준다. 일반적으로 프로토타입은 더 좋은 해결책을 얻고 시간이 지날수록 더 구체화된다; 초기 아이디어는 대부분 단순한 스케치일 뿐이다.

디자인 챌린지:
얼마나 많은 물을 가져가야 할까?

갈증!

하루 물 권장량을 가지고 쉽고 안전하게 산에 오르고자 하는 등산객들에게 최적의 해결책은 무엇일까?

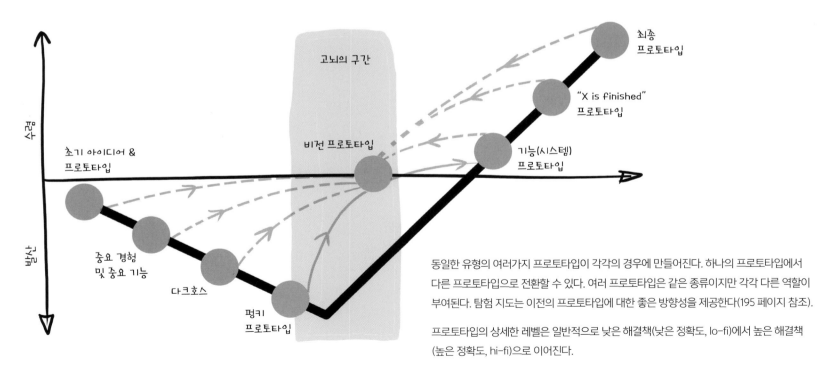

동일한 유형의 여러가지 프로토타입이 각각의 경우에 만들어진다. 하나의 프로토타입에서 다른 프로토타입으로 전환할 수 있다. 여러 프로토타입은 같은 종류이지만 각각 다른 역할이 부여된다. 탐험 지도는 이전의 프로토타입에 대한 좋은 방향성을 제공한다(195 페이지 참조).

프로토타입의 상세한 레벨은 일반적으로 낮은 해결책(낮은 정확도, lo-fi)에서 높은 해결책(높은 정확도, hi-fi)으로 이어진다.

집중적인 실험-중요 경험 프로토타입(CEP) & 주요 기능 프로토타입(CFP)
(Focused experiments-Critical Experience Prototype & Critical Function Prototype)

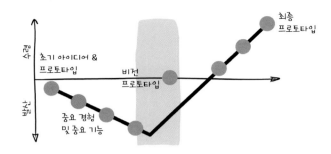

나는...

실험을 통해 사용자와 그의 문제에 대해 더 많이 배우고 싶다.

중요한 기능 F1 "그립감"

중요한 경험 E3 "채우기"

중요한 기능 F2 "열기"

중요한 경험 E4 "디자인"

이 도구로 할 수 있는 작업

- 간단한 실험을 통해 사용자와 함께 프로젝트에서 중요한 요소를 조사하고 명확하게 한다.
- 전체 디자인에 중요한 경험을 만들어 사용자를 자세히 파악한다.
- 전체적인 디자인에 중요한 기능을 시뮬레이션 한다.
- 사용자의 요구를 보다 심층적으로 이해한다.
- 가능한 한 문제의 모든 측면을 이해한다.
- 간단한 설문지로 접근하기 어려운 사용자 감정을 자극한다.

이 도구에 대한 유용한 정보

- 중요 경험 프로토타입(CEP) 및 중요 기능 프로토타입(CFP)은 프로젝트 초기 단계에서 수행되며, "이해하기" 및 "관찰하기"의 첫 단계가 완료되거나, 인터뷰 형식으로 초기 접촉이 이루어졌을 때 디자인 팀이 사용자에 대해 더 많은 것을 배우고자 할 때 수행된다.
- CEP/CFP는 디자인 사이클 동안 여러 번 수행할 수 있으며, 특히 전체 문제를 이해하지 못한 경우 활용된다.
- CEP/CFP는 경험이나 기능에 대한 중요한 요소가 여전히 불명확하거나 의문점이 있을 때 의미가 있다.
- CEP/CFP는 보다 심도 있는 수준에서 사용자의 문제를 다룰 수 있는 작은 프로토타입이다.
- 각 결정적인 요소에 대한 사용자와의 직접적인 교류는 사용자의 더 깊은 니즈를 드러내고, 무엇보다 인터뷰의 오염을 방지하는 데 도움이 된다.

전문가 Tips:

- 문제를 완전히 해결하는 것은 아니다. 대신 가능한 해결책의 요소에 의문을 제기하는 것이다. 실험(또는 프로토타입)은 매우 짧은 시간 내에 이뤄져야 한다.
- 아이템 다이어그램 도구(145 페이지 참조)를 기초로 사용할 수 있다.
- 팀과 함께 프로토타입을 만들고 실현하는 과정에 나타나는 새로운 아이디어를 통합하는 것으로 시작한다. 건축은 "손으로 생각하는 것"이라고 할 수 있다.
- 작은 실험을 많이 하는 것은 종종 하나의 큰 실험보다 더 많은 결과를 만들어낸다.

미친 실험-다크호스 프로토타입
(Crazy experiments-Dark horse prototype)

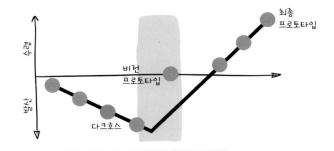

나는...

특별한 실험으로 사용자와 그의 문제에 대해 더 많이 배우고 싶다.

물 약

물 주입

"라스타 물"

이 도구로 할 수 있는 작업

· 특이하거나 규정되지 않은 문제를 명확히 하고 실험 형태로 테스트한다.
· 정통적이지 않은 방법으로 테스트한다.
· 의도적으로 평범하지 않은 방법으로 테스트한다.
· 문제 공간의 가장 먼 어두운 구석에 빛을 드리운다.
· 극단적인 실험으로 사용자에게 강한 감정과 반응을 끌어낸다.
· 가능한 한 편안한 공간에서 벗어난다.

이 도구에 대한 유용한 정보

· "다크호스"는 운동 경기나 정치에서 많이 쓰이는 용어다. 초반에 우승할 기회가
  주어지지 않았던 예상치 못한 우승자나 전혀 모르는 참가자를 의미한다.
· 실험은 프로젝트 초기 단계에서 이뤄진다. 다크호스 프로토타입으로 해결책에
  비정상적으로 접근하는 사용자의 반응을 테스트할 수 있다.
· 예를 들어, 아이디어를 발상하기 위해서는 "30년 후의 해결책은 무엇일까?"라고
  미래를 예측하거나, 이전의 가정을 뒤집는 것이 좋다. 핵심 질문은 항상 "What if..."로
  시작한다.
· "다크호스" 프로토타입을 사용하면 높은 위험을 수반하고 제안된 응용 프로그램에
  사용되지 않았거나, 지금까지 기술적으로 실현 가능하지 않은 아이디어를 테스트할 수
  있다.

전문가 Tips:

· 이 단계에서는 완벽하게 구동 가능한 프로토타입을 만드는 것이 불가능하다. 따라서
  오즈의 마법사 실험이나 비디오 형태로 만드는 것이 좋다. 오즈의 마법사 실험(기계적
  투르크라고도 불린다)에서 시험자는 기술 시스템과 통신하는 척한다. 물론 실제로는
  다른 사람이 숨어 있고 시스템에서 응답을 한다.
· 이러한 실험은 초기 단계에서 수행되어야 한다. 실패를 권장하지는 않지만 어느 정도
  허용되기 때문이다.
· 만약 디자인 팀이 정신적으로 막히게 되는 위험요소가 생긴다면 다크호스
  프로토타입의 제작으로 급진적인 아이디어를 낼 수 있다.

결합 실험-펑키 프로토타입
(Combined experiments-Funky prototype)

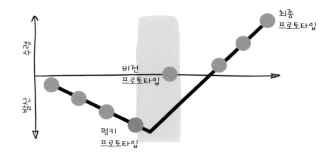

나는...

문제 공간의 탐색을 완료하기 위해 초기 실험 결과를 결합하고 싶다.

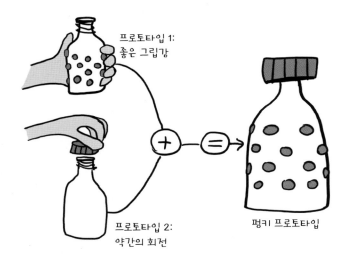

프로토타입 1:
좋은 그립감

프로토타입 2:
약간의 회전

펑키 프로토타입

이 도구로 할 수 있는 작업

· 초기에 발견한 조사 결과를 결합하는 것으로 시작한다.
· 사용자의 니즈에 대한 나머지 질문을 명확하게 한다.
· 먼저 전체적인 기능을 테스트하고 최종 목표의 초기 비전에 도달한다.
· 사용자의 혜택에 초점을 맞춘 실험을 만들고 수행한다.
· 해결책의 핵심 요소에 대한 명확성을 확보한다.

이 도구에 대한 유용한 정보

· 펑키 프로토타입의 경우 이전에 수행한 브레인스토밍 세션과 프로토타입(예: CEP, CFP 또는 다크호스)에서 얻은 결과와 아이디어가 합쳐진다.
· 이러한 실험은 해결책에 영향을 주는 중요한 요소에 대한 불확실성을 없애기 위한 것이다.
· 주요 목표는 여전히 문제 영역에서 발견되는 조사 결과를 수집하는 것이다. 문제에 대한 해결책을 찾는 것은 여전히 중요하다.
· 가능한 해결책의 첫 번째 최종 기능은 가장 간단한 방법으로 구현되어야 한다. 이러한 실험이나 최초의 프로토타입은 단순한 재료로 만들어지거나 기존의 프로토타입이나 기존 해결책을 기반으로 한다.

전문가 Tips:

· 실험(또는 프로토타입)은 단기간에 제작되어야 하며, 단순한 형태로 계속 제작되어야 한다.
· 형태학적인 박스를 이용하여, 모든 실험 결과 및 "이해하기"와 "관찰하기" 단계의 결과를 개괄적으로 작성할 수 있다. 이를 통해 더 나은 조합을 더 빨리 찾을 수 있다.
· 아이템 다이어그램의 중요 요소와 함께, 이 단계에서 답해야 하는 중요 요소에 대한 공개 질문이 있는지 여부를 확인할 수 있다.

미래 상상하기-비전 프로토타입
(Imagining the future-Vision prototype)

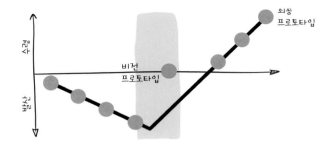

나는...

이전의 모든 조사 결과를 기반으로 최신 해결책에 대한 비전을 세우고 그것을 테스트하고 싶다.

비전:
"물은 나의 변함없는 동반자:
가볍고, 언제나 사용 가능하며, 시원해"

이 도구로 할 수 있는 작업

- 문제 해결 방법에 대한 첫 번째 비전을 개발한다.
- 미래 마케팅에 대한 비전을 제시한다.
- 비전을 통해 사용자의 확인된 니즈와 문제를 해결하는지 확인한다.
- 문제 탐색에서 문제 해결로의 전환을 디자인한다.

이 도구에 대한 유용한 정보

- 비전 프로토타입은 사용자의 확인된 모든 니즈와 문제를 해결하기 위한 첫 번째 컨셉이다. 스케치된 비전은 일반적으로 제품 또는 서비스의 형태로 해결책에 도달하기에는 다소 많은 시간이 소요된다.
- 이러한 컨셉은 사용자와 함께 테스트하고 검증되어야 한다. 이 단계에서 사용자와 사용자 행동에 대한 새로운 통찰이 일반적으로 나타낸다.
- 비전 프로토타입은 팀이 문제 탐색의 다양한 단계를 문제 해결의 수렴 단계로 전환하는 "고뇌 구간"을 극복할 수 있도록 디자인되었다.

전문가 Tips:

- 비전 선언문은 목표 상태를 한 문장으로 설명해야 한다. 이 문장은 사용자의 관심을 끌고 흥미를 유발해야 한다.
- 비전 프로토타입의 경우 제품, 대상 그룹 및 제공되는 혜택으로 사용자가 만족하는 니즈를 발견하는 것이 중요하다.
- 극단적 사용자/선도 사용자(79 페이지 참조)는 비전 프로토타입을 테스트할 때 훌륭한 참고 자료가 된다.
- 비전 프로토타입 역시 매우 낮은 수준의 해결책을 가져올 뿐이다. 스케치 또는 비디오로 최종 해결책 시나리오를 보여줄 수 있다.
- 다시 말해, 이 과정도 미래의 비전을 구체화하기 위해 여러 번 반복하는 것이 좋다.

1차 기능이 구현된 프로토타입
-기능적(시스템) 프로토타입
(Prototype with a first function -Functional(system) prototype)

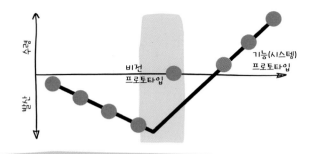

나는...

실제 작동하는 첫 번째 프로토타입을 개발하고 싶다.

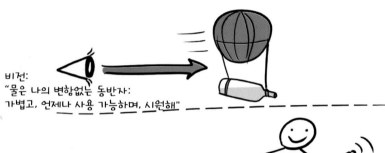

비전:
"물은 나의 변함없는 동반자:
가볍고, 언제나 사용 가능하며, 시원해"

"항상 나와 함께" 그리고
"가벼운" 기능의 프로토타입

이 도구로 할 수 있는 작업

· 기술 비전의 첫 단계를 구현한다.
· 이후 해결책에 생명력을 불어넣는다.
· 주요 기능을 기술적으로 구현하는 방법과 해결책의 변형을 확인한다.
· 최소 생존가능 제품(MVP, 207 페이지 참조)에 한 걸음 더 다가가거나 심지어 도달하기까지 한다.

이 도구에 대한 유용한 정보

· 기능적(시스템) 프로토타입으로 이전에 등장했던 비전의 일부가 구현된다. 초점은 초기에 쉽게 달성할 수 있는 비전에 있다. 여러 가지 기능의 시스템을 구현할 경우 먼저 첫 번째 제품의 주요 기능을 실현하는 것이 일반적이다.
· 기능성이 저하된 해결책의 경우, 이 시점에서 최소 생존가능 제품(MVP)을 이미 달성할 수 있다.
· 기능적 프로토타입의 목적은 제품의 주요 기능을 최초로 구체적이고 인지할 수 있게 만드는 것이다. 이는 기술적으로 간단하게 구현되어야 한다. 주요 기능은 기술적 타당성을 확인해야 한다.

전문가 Tips:

· 구현해야 할 기본 기능은 최대한 단순하게 유지하고 핵심적인 부분으로 축소되어야 한다. 다른 기능은 나중에 자동으로 추가될 것이다.
· 낮은 해결책의 프로토타입과 매우 빠른 반복을 통한 문제 탐색 단계 후에는 실패 가능성이 높으므로 기술 구현 단계가 장애물이 되곤 한다. 이 단계에서 약간의 용기가 필요한 이유다.
· 이 단계의 실패는 "실패는 없고 배움만 있을 뿐이다"라는 격언에 충실한 성공적인 학습으로 이해해야 한다.

자세한 해결책-"X is finished."
(Solutions in detail-"X is finished.")

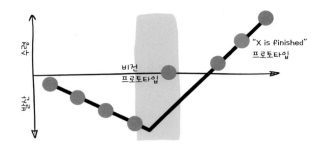

나는...

원하는 해결책의 중요한 요소를 구현하고 세부 사항을 설명하고 싶다.

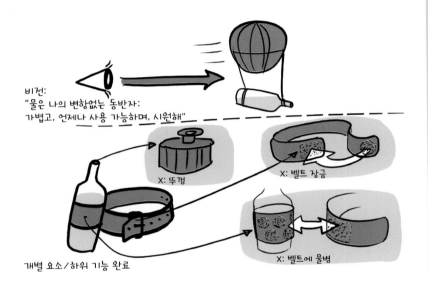

비전:
"물은 나의 변함없는 동반자:
가볍고, 언제나 사용 가능하며, 시원해"

X: 뚜껑

X: 벨트 잠금

X: 벨트에 물병

개별 요소/하위 기능 완료

이 도구로 할 수 있는 작업

· 중요한 하위 기능에 대한 확신을 얻는다.
· 해결책의 전체 기능에 필수 요소를 최대한 자세히 설명한다.
· 해결책 구현을 향한 큰 발걸음을 내딛는다.
· 구현을 포함하여 다음 단계의 비용을 계산하는 좋은 시작점을 확보한다.

이 도구에 대한 유용한 정보

· "X is finished"는 전체 기능에 필요한 요소 또는 하위 기능이 구현되고 실현되는 단계다. 목표는 주요 기능이 가능한 한 최대로 지정된 단계가 완료된 후 기능적인 전체 시스템을 보유하게 하는 것이다.
· 비전 프로토타입과 기능적(시스템) 프로토타입 모두 전체적인 문제 해결에 초점을 맞추고 있지만 "X is finished" 단계에서 가장 중요한 요소에 대한 세부 해결책에 중점을 둔다.
· 특히 여러 하위 기능을 갖춘 시스템의 경우, 이 단계는 최종 프로토타입을 위한 중요한 단계다.

전문가 Tips:

· 이 단계에서는 시스템의 필수적인 하위 기능에 중점을 둔다.
· 이 단계에서 얻은 지식은 이후 구현을 평가하는데 도움이 된다.
· 기술적 요구 사항 및 개발 비용은 이 단계에서 처음으로 계산된다.
· 이 단계에서는 파트너 또는 잠재적인 공급업체의 타사 노하우를 통합하는 것이 도움이 될 수 있다.
· 하위 기능도 사용자 적합성을 확인하고 테스트해야 한다. "X is finished" 해결책은 일반적으로 하위 시스템이 제대로 작동할 때까지 반복해야 한다.

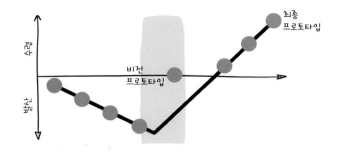

(희망적인)마무리-최종 프로토타입
((Hopefully)at the finish-Final prototype)

나는...

해결책을 마지막으로 다듬어서 마무리하고 싶다.

비전:
"물은 나의 변함없는 동반자:
가볍고, 언제나 사용 가능하며, 시원해"

멋져!

최종 프로토타입

이 도구로 할 수 있는 작업

· 프로토타입 단계를 마무리 짓고 초기 혁신 단계를 종료한다.

· 니즈가 과도하게 충족되지 않도록 한다.

· 필요한 모든 요소를 필수 요소로 축소한다.

· 하위 기능의 지능적인 조합을 찾는다.

· 니즈와 문제에 대한 우아하고 궁극적인 해결책을 마련한다.

· 시장성을 고려하여 비전을 구현하는 첫 번째 단계이다.

· 최종 프로토타입의 의사결정자를 설득한다. 이것은 해결책이 어떤 모습이고 어떤 니즈가
  충족되는지 실제로 이해할 수 있는 유일한 방법이다.

이 도구에 대한 유용한 정보

· 최종 프로토타입은 문제 해결 단계를 마무리한다. 개별 요소에 집중하다 보면 큰
  그림을 쉽게 볼 수 없게 된다. 하위 기능이 개발되면 분산되거나, 너무 커질 위험이
  있으며, 전체 해결책의 우아함과 단순성이 손실될 위험이 있다.

· 이 단계에서 해야 할 또 다른 일은 제안된 해결책이 원래 결정된 니즈와 대상 그룹의
  문제와 여전히 일치하는지 확인하는 것이다.

· 늦어도 이 단계에서 MVP(207 페이지 참조)를 달성해야 한다.
  전체 해결책의 복잡성에 따라 이 목표는 더 일찍 또는 최종 프로토타입을 통해서만
  달성된다.

· 최종 프로토타입은 "문제와 해결책 적합성"을 보여준다.

전문가 Tips:

· 본질로의 축소와 개별 요소 및 기능의 스마트한 조합은 우아함을 보장한다.

· 정의된 요소(예: CFP/CEP(188 페이지 참조))를 다시 살펴보고, 원하는 궁극적인
  해결책이 이러한 요소와 일치하는지 여부와 어떤 부품을 생략할 수 있는지 조사하는
  것은 테스트 시간에 달려있다.

· 실제로 필요한 기능만 구현하고 과부하 된 해결책이 나타나지 않도록 한다.

탐험 지도(Exploration map)

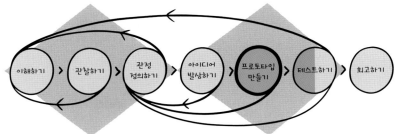

이해하기 › 관찰하기 › 관점 정의하기 › 아이디어 발상하기 › 프로토타입 만들기 › 테스트하기 › 회고하기

나는...

지금까지 어떤 실험을 했는지, 그것들을 어떻게 분류할 수 있는지 알고 싶다.

이 도구로 할 수 있는 작업

- 수행된 실험의 유형과 실현된 프로토타입을 시각화한다.
- 아직 수행할 수 있는 실험이나 프로토타입을 간략하게 살펴본다.
- 실험의 예상 결과와 실제 결과 사이의 차이를 기록한다.
- 지금까지 수행된 실험에 대한 이해를 전반적으로 공유한다.

이 도구에 대한 유용한 정보

- 탐험 지도는 이미 수행된 모든 실험과 프로토타입을 추적하는데 도움이 된다.
- 일반적으로 경험과 기능 축이 있다. 두 축은 알려진 또는 현존하는 것뿐만 아니라 새롭거나 예상치 못한 행동과 기능을 상징한다.
- 또한 실험에 대한 고객/사용자의 피드백을 탐험 지도에 작성할 수 있다. 이 방법으로 예상되는 사용자의 행동이 실제 경험에 부합하는지 판단할 수 있다.
- 탐험 지도는 전체 디자인 씽킹 사이클이 끝날 때까지 팀이 최종적인 해결책에 도달하기 위해 걸어온 경로를 보여준다.

어떤 도구를 대신 사용할 수 있는가?

- 탐험 지도를 사용하지 않고도 실험과 그 결과를 좀 더 전통적인 방법으로 기록할 수 있다.
- 그러나 이 경우 정말 위험하거나 특이한 실험이 진행되었는지, 팀이 얼마나 창의적 이었는지 그리고 문제 공간을 탐색하고 해결책을 찾기 위해 얼마나 과감하게 나섰는지 등은 명확하지 않을 것이다.

이 도구와 함께 쓸 수 있는 도구는 무엇인가?

- 피드백 캡쳐 그리드(217 페이지 참조)
- 솔루션 인터뷰(225 페이지 참조)
- I like, I wish, I wonder(239 페이지 참조)
- 테스트 시트(213 페이지 참조)

그룹 크기

· 디자인 씽킹 핵심 팀
· 4~6명으로 구성된 그룹이 이상적이다.

4~6명

소요 시간

· 지속 시간은 지도에 입력되는 프로토타입의 수와 팀의 결과에 관한 토론의 강도에 따라 달라진다.

10~45분

필요한 재료

· 아주 큰 종이
· 포스트잇, 펜, 마커
· 어떤 유형의 것을 실현하기 위한 많은 창의성과 재미

템플릿: 탐험 지도

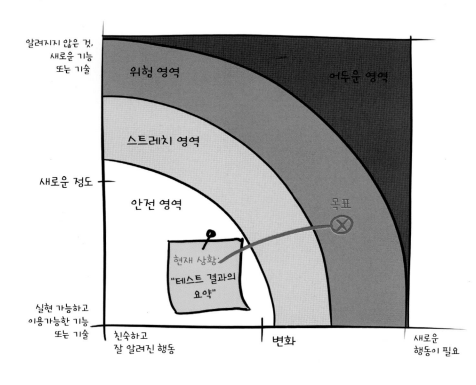

도구 적용 방법

탐험 지도는 수행된 실험에 대한 개요를 팀에게 제공하고 실험을 계속 수행할 수 있는 영역을 보여준다. 실험에 대한 기대치와 대상 그룹에 미치는 영향에 대한 정보를 제공한다.

· **1단계:** 이미 진행한 실험을 입력한다. 이 실험들의 위치를 변경해야 할 수도 있다. 각 실험은 탐험 지도에 기록된다. 이름과 이미지(예: 프로토타입과 테스트)를 사용하여 수행하는 것이 가장 좋다.
· **2단계:** 팀에서 실험의 위치를 논의한다. 정말 안전 지대를 떠난 것인가? 예를 들어, 이전 탐색 및 이전 실험을 기반으로 새로운 실험의 목표를 정의할 수 있다.
· **3단계:** 프로토타입을 제작하고 결과에 대한 기대치를 표현한 후, 탐험 지도에 입력하고 그에 따라 배치한다.
· **4단계:** 테스트를 한 후 사용자 반응과 테스트 결과를 얻을 수 있다. 피드백에 대한 비판적인 토론에 따라 탐험 지도에서 실험의 위치를 변경할 수 있다.

탐험 지도는 팀원 간의 토론을 촉진하고 새로운 실험 계획을 위한 기초를 제공하며 테스트 후 회고하는데 도움이 된다.

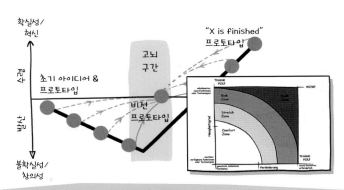

이것은 Larry Leifer가 가장 즐겨 쓰는 도구다

직위:

스탠퍼드 대학교 기계공학 박사

HPI & Stanford Center for Design Research의 창립 이사

ME310의 "Project-based Engineering Design, Innovation, and Development" 동참

"디자인 씽킹 마인드세트를 항상 유지하면서 큰 기회를 찾기 시작하십시오."

왜 그는 이 도구를 좋아하는가?

팀이 실험 및 프로토타입을 통해 문제 영역의 모든 측면을 실제로 탐색했는지 여부를 확인하기가 어렵기 때문에, 탐험 지도는 팀에 도움이 된다. 이 도구를 좋아하는 이유는 문제가 실제로 광범위하게 조사되었는지 여부와 개별 단계에서 배운 내용이 맵에 표시되기 때문이다.

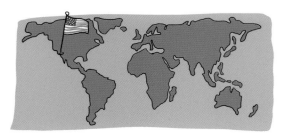

국가:

미국

소속:

스탠퍼드 대학

검수: **Shwet Sharvary**

소속 | 직위: 혁신가 | 인사이트 매니저 | 디자인 전략가

전문가 Tips:

여정이 시작될 때는 목적지를 알 수 없다

· 이 활동이 전체 핵심 팀과 함께 수행되고 있고, 실험 과정에 대한 공통된 이해를 나타내고 있는지 확인한다.

· 탐험 지도는 각 실험 단계 후에 보완되어야 한다. 함께 작업하는 핵심 팀은 다른 팀의 결과에 대한 정보를 얻을 수 있다.

· 실험의 위치를 변경할 때 원래 예상치도 기록한다. 그 차이는 사용자의 니즈에 대한 잘못된 해석을 의미한다.

· 다음 사항을 적용한다: 차이가 클수록 더 많은 지식을 얻는다.

· 두 개의 병렬 탐험 지도를 보관하는 것이 도움이 된다. 실험 결과에 대한 기대치는 지도 중 하나에 표시되며, 다른 지도에는 테스트의 반응이 표시된다. 그렇지 않으면, 실험의 횟수가 많아질 경우 길을 잃게 된다.

사진과 시각화는 천 마디 말보다 더 효과적이다

· 탐험 지도는 모든 팀원이 볼 수 있는 장소에 배치한다(예를 들어, 대형 포스터).

· 개요는 디자인 씽킹 사이클 전반에 걸쳐 문제 공간 탐색에서 발생할 수 있는 격차를 보여준다.

· 탐험 지도는 정확하게 측정하는 도구가 아니다. 대략적인 방향만을 제공한다. 따라서 개별 실험의 배치 시간은 짧아야 한다.

· 사진은 천 마디 말 이상의 것을 보여준다. 실현된 프로토타입의 시각화 또는 사진을 사용하여 지도에 배치하는 것이 바람직하다.

다음 반복 작업을 계획하고 포지셔닝 해봐요.

처음에는 안전 지대에 가까웠지만 이제는 위험 지대에 들어가야 해요.

맞아요. 테스트 전후의 위치가 서로 가깝네요. 팀은 상황을 잘 평가할 수 있어요.

활용 사례 설명

· 초기 반복 작업에서 릴리의 팀은 문제와 고객에 대한 심층적인 이해를 목표로 했다.

· 결과적으로 팀은 문제 상황을 올바르게 인식하고 이해하게 되었다.

· 이제 테스트에서 사용자를 안전 지대 밖으로 끌어내고, 보다 근본적인 접근 방법을 시도하고자 한다.

· 다크호스 프로토타입으로 실현 가능한 것의 한계를 드러내고, 탐험 지도의 "어두운 영역"에 들어갈 계획이다.

주요 학습

· 탐험 지도는 실험을 추적하고 다음 시장 기회를 향한 탐색 여정으로 도달한 지점을 확인하는데 도움을 준다.

· 지도는 실험의 의도를 시각화하고 시간이 지남에 따라 결과가 어떻게 변하는지 보여준다.

워크툴킷 다운로드

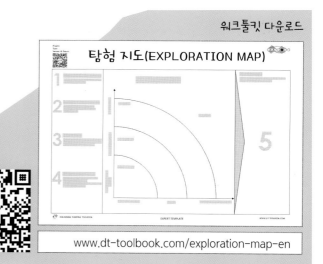

탐험 지도(EXPLORATION MAP)

www.dt-toolbook.com/exploration-map-en

테스트용 프로토타입
(Prototype to test)

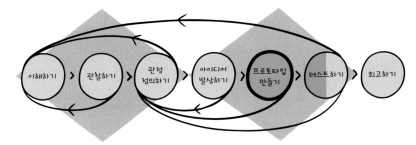

나는...

사용자의 니즈가 구현된 아이디어로 충족되었는지 평가하고 싶다.

이 도구로 할 수 있는 작업

- 사용자가 아이디어를 경험하고 프로토타입과 상호작용하는 방식을 관찰할 수 있다.
- 잠재 사용자에 대한 이해도를 높인다.
- 니즈를 확인하고 가정을 검토한다.
- 바람직함, 실현 가능성, 실용성에 대한 다양한 차원의 피드백을 얻는다.

이 도구에 대한 유용한 정보

- 사용자와의 직접적인 상호작용과 피드백에 초점을 맞춰 테스트를 하기 위한 프로토타입은 디자인 씽킹의 기본적인 개념이다. "아이디어 발상하기" 단계 후에 아이디어는 프로토타입으로 바뀌어 실제 사용자들과 함께 테스트 된다.
- 요점은 기능이나 경험에 대해 더 많이 배우려는 사용자를 위한 실험을 구성한다.
- 다양한 종류의 프로토타입이 있다(187~194 페이지 참조). 매크로 사이클, 아이디어 그리고 검토할 가설 단계에 가장 적합한 종류를 선택한다.
- 잠재적 사용자는 프로토타입과 상호작용하고 경험해야 한다. 이렇게 하면 해결책의 기본적인 기능 요건을 파악할 수 있다.
- 테스트 중 수집된 피드백은 매우 가치 있으며, 가장 유망한 아이디어의 결정이나 재작업해야 하는 기능과 같은 추가적인 의사결정의 근거가 된다.

어떤 도구를 대신 사용할 수 있는가?

- 인터뷰 또는 온라인 설문조사는 특정 프로토타입의 대안이 될 수 있다. 하지만 조심해야 한다: 이러한 방법은 사용자와 직접적인 상호작용이 부족하기 때문에 같은 결과를 보장하지 않는다.

이 도구와 함께 쓸 수 있는 도구는 무엇인가?

- 공감 지도(93 페이지 참조)
- 피드백 캡처 그리드(217 페이지 참조)
- I like, I wish, I wonder(239 페이지 참조)
- 솔루션 인터뷰(225 페이지 참조)

199

어느 정도의 시간과 어떤 재료가 필요한가?

그룹 크기

- 프로토타입은 한 명 또는 더 큰 팀이 만들 수 있다.
- 전문가나 추가 팀원은 모든 사항이 고려되었는지 확인하는데 도움을 준다.

1~여러 명

소요 시간

- 지속 시간은 해결책의 정도에 따라 달라질 수 있다.
- 낮은 품질의 프로토타입은 30분 이내에 제작할 수 있다. 최종 프로토타입 제작에는 며칠 또는 몇 주가 필요할 수 있다.

30분~며칠

필요한 재료

- 디자인 씽킹 재료
- 종이, 포스트잇, 펜
- 프로토타입을 만들기 위한 모든 재료

템플릿과 순서: 테스트할 프로토타입

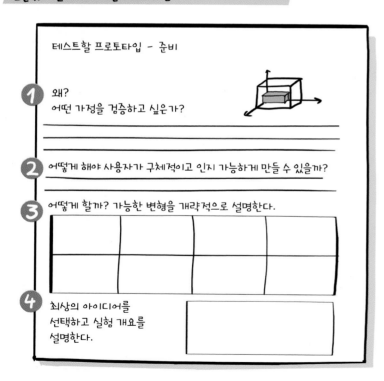

도구 적용 방법

- **1단계:** 프로토타입을 제작하기 전에 어떤 종류의 통찰을 얻고 싶은지, 왜 실험을 하고 싶은지를 자신에게 질문해야 한다. 테스트할 가정과 실험을 수행하는 방법을 정한다.
- **2단계:** 프로토타입과의 상호작용이 사용자(테스트 담당자)에게 어떻게 흥미진진한 경험이 될지, 테스트로 새로운 통찰을 얻을 수 있는 방법에 대해 생각한다.
- **3단계:** 해결책의 수준과 정확히 수행할 작업을 결정한다. 제작할 다양한 프로토타입을 정의한다. 종종 대안을 생각한 다음 하나를 선택하는 것이 합리적이다.
- **4단계:** 변형을 선택하고 필요한 경우 실험 개요를 설명한다. 낮은 품질의 프로토타입은 니즈, 실용성 및 기능성에 대한 통찰에 초점을 맞추고 있으며, 대부분 다양한 단계에서 사용된다. 고품질의 프로토타입은 실현 가능성과 수익성에 초점을 맞춘다.

프로토타입에는 여러 종류가 있다. 아이디어의 소재와 맥락에 따라 목업, 스토리보드, 풍경화 또는 오즈의 마법사 프로토타입을 사용할 수 있다. 해당 해결책의 프로토타입 목록은 <디자인 씽킹 플레이북>에서 확인할 수 있다.

이것은 Patrick Deininger가 가장 즐겨 쓰는 도구다

직위:

Delta Karlsruhe GmbH에서 시니어 컨설턴트 | Karlsruhe Institute of Technology(KIT)에서 학생 상담 담당

"디자인 씽킹은 마인드세트를 완전히 바꾸고, 시야를 넓히며, 가정에 도전하여 비관습적이고 파격적인 아이디어를 도출하는 데 도움이 됩니다."

왜 그는 이 도구를 좋아하는가?

테스트할 프로토타입은 사용자에게 깊은 통찰을 얻기 위해 필수적이다. 나는 다른 사람들과 소통하는 것을 좋아하고 우리가 만든 프로토타입을 사용자에게 보여주고 그들의 상호작용을 보는 것을 매우 즐긴다. 우리의 미친 아이디어(예: 다크호스 프로토타입 참조)를 사용자에게 전달하는 것은 어렵다. 프로토타이핑은 사용자가 기본 아이디어를 이해할 수 있도록 미래 지향적이고 파괴적인 아이디어를 시각화 하는데 도움이 된다.
이러한 방식으로, 다른 방법으로는 포착하기 어려운 환경에서 사용자의 니즈를 테스트할 수 있다. 물론 프로토타입을 만드는 것은 매우 재미있다.

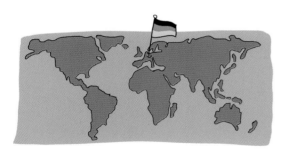

국가:
독일

소속:
Karlsruhe Institute of Technology(KIT)

검수:　**Justus Schrage**

소속 | 직위:　Karlsruhe Institute of Technology(KIT)

테스트 할 프로토타입

FEEDBACK

전문가 Tips:

"lo-fi"와 "hi-fi" 프로토타입의 차이점

· 프로토타입이 높은 품질의 해결책일수록 만족도와 기능에 대한 피드백을 적게 받는다. 수준이 낮을수록 답은 더 정직하다. 따라서 간단한 재료로 프로토타입을 만든다.
· 안타깝게도 자신이 만든 프로토타입과 사랑에 빠지는 경향이 있다. 그러면 더 좋은 아이디어가 있음에도 자신의 아이디어만 고집하게 된다. 이미 완벽한 피드백을 받은 경우에도 계속 검색하는 이유가 바로 그것이다. 우리는 더 깊이 파고들어 그 피드백이 정말 정직했는지 알아낸다.
· 프로토타입 제작에 너무 많은 시간을 투자하지 않는다. 프로토타입의 수준을 자동으로 높이거나 기능적으로 프로토타입을 과부하 시키기 때문이다.
· 낮은 수준의 프로토타입에서 하나 또는 두개 이상의 기능을 구현하려고 한다.
· 낮은 품질의 프로토타입을 테스트하기에 적절한 시기는 특정 프로토타입을 보여주는 것이 여전히 조금 당황스러울 때다.

다른 목업(모형), 프로토타입 및 디자인 팀에서 영감을 얻는다.

· 사용할 수 있는 재료는 많다. 최고의 영감은 다른 프로토타입에서 얻은 것이다.
· 프로토타입을 설명해서는 안되지만 사용자에게 맥락을 전달해야 하는 경우가 많다. 하고자 하는 것을 디자인 챌린지와 연결하여 간략하게 전달하는 것이 유용하다.
· "말하지 말고 보여줘라"라는 접근법을 따르기 위해 맥락을 설명하는 것과 테스트 자체를 분리하는 것이 좋다.

활용 사례 설명

· 첫째, 릴리는 팀이 먼저 올바른 가정을 테스트하고 있는지 확인한다; 다음으로 가능한 한 빨리 배우고, 필요하다면 여러 번 반복하기를 원한다.

· 릴리는 테스트 후에 팀이 미친듯이 프로토타입을 만들어내는 대신에 프로토타입에 대해 비판적으로 생각하고 변형을 고민하도록 동기 부여한다. 변형에 대해 생각하는 것은 그녀가 많은 프로토타입을 단순화하고 반복적으로 실험을 하는데 도움이 되었고, 프로젝트 진행 속도를 빠르게 했다.

주요 학습

· 말하지 말고 보여줘라.

· 프로토타입과 사랑에 빠지지 마라.

· 가능한 한 낮은 품질로 프로토타입을 제작하라. 프로토타입을 보여주기 민망해도 상관없다. 당신이 만든 프로토타입이 부끄럽지 않다면, 당신은 그것에 너무 많은 시간을 투자한 것이다.

· 아무도 필요하거나 원하지 않는 최고의 해결책을 테스트하기보다는 낮은 품질의 프로토타입으로 많은 실험을 하는 것이 좋다.

서비스 블루프린트(Service blueprint)

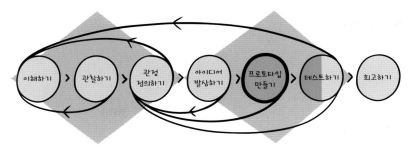

나는...

고객만족도, 목표 달성도, 효율성에 영향을 미치는 프로세스와 상호작용에 대한 공통의 이해를 얻고 싶다.

이 도구로 할 수 있는 작업

- "고객 여정"의 각 단계에 대한 기술을 지원하고, 데이터 및 고객 상호작용을 통합하여 고객 여정 지도를 확장한다.
- 새로운 제품 또는 서비스 개발의 핵심 문제(예를 들어, 서비스가 모든 고객의 니즈를 충족하는지 또는 모든 고객의 고충이 제거되었는지)를 해결한다.
- 다양한 레벨(프론트 스테이지, 백 스테이지, 지원 프로세스)에서 고객과의 상호작용을 시각화한다.
- 상호 작용의 품질 및 시간 측면에서 주요성과지표(KPI)를 정의한다.

이 도구에 대한 유용한 정보

- 서비스 블루프린트는 제품이나 서비스에 대한 회사의 인터페이스와 고객과의 상호작용을 정의하거나 개선하는데 도움이 되는 종합적인 툴이다.
- 고객 여정 지도의 발전된 시각화를 통해 서비스 블루프린트는 백오피스 프로세스와 지원 프로세스뿐만 아니라 새로운 규정과 기술을 고려하여, 전체 조직의 활성화와 동기부여를 가능하게 한다.
- 서비스 블루프린트는 다양한 IT 아키텍처, 데이터 레이어, 디지털 고객 채널 및 디지털 액션을 고려할 수 있으며, 이는 인공지능을 기반으로 고객과의 맞춤형 상호작용이 가능하게 한다(예: 채팅 봇).
- 이 도구는 간편한 처리, 고객 정보 통합은 물론 다양한 프로세스를 탐지하고 동시에 제시할 수 있는 가능성을 제공한다.

어떤 도구를 대신 사용할 수 있는가?

- 고객 여정(103 페이지 참조)
- 솔루션 인터뷰(225 페이지 참조)

이 도구와 함께 쓸 수 있는 도구는 무엇인가?

- 고객 여정(103 페이지 참조)
- 공감 지도(93 페이지 참조)
- 페르소나/사용자 프로필(97 페이지 참조)

그룹 크기
· 가장 적당한 그룹 크기는 3~6명이다.
· 최상의 경우, 관련 전문가와 프로세스 주체가 함께 하는 것이 좋다.

3~6명

소요 시간
· 워크숍 형식으로 서비스 블루프린트를 만드는 데 약 4시간이 소요된다.
· 사전에 특정 서비스 생성 프로세스를 최적화하거나 디자인할 것인지 그리고 프로세스

120~240분 제한은 어디에 둘 것인지 결정해야 한다.

필요한 재료
· 큰 벽이나 화이트보드
· 종이, 펜
· 포스트잇

템플릿과 순서: 서비스 블루프린트

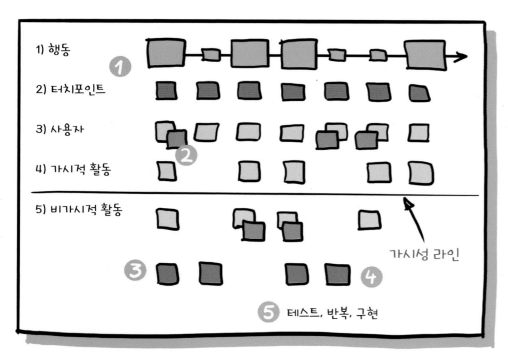

1) 행동 ①

2) 터치포인트

3) 사용자 ②

4) 가시적 활동

5) 비가시적 활동

가시성 라인

③ ④

⑤ 테스트, 반복, 구현

도구 적용 방법

서비스 블루프린트는 각각의 효과가 고객과 함께 해결되는 프로세스를 시간 순으로 표현한 것이다. 제작 과정에서 논의된 내용은 맥락에 대한 팀의 이해를 높이는데 도움이 된다.

· **1단계:** 큰 벽을 찾아 그 위에 긴 종이를 붙인다. 선(예: 가시성 라인)을 그리고 단계와 프로세스를 포스트잇으로 채운다. 큰 블록(활동 및 터치포인트)부터 시작한다.

· **2단계:** 기존 서비스의 실제 상태를 포함한다. 새로운 프로세스를 디자인하기 위한 대략적인 프로세스 모델을 만든다. 문제와 오류는 컬러 도트 또는 포스트잇으로 나타낸다.

· **3단계:** 오류의 원인을 제거하고 프로세스를 간소화하며 고객 경험을 적극적으로 형성하기 위해 팀과 함께 해결책을 찾는다. 비디오나 이미지, 스케치 그리고 포스트잇을 사용한다.

· **4단계:** 오픈된 항목을 그룹 작업과 개인 작업으로 나눈다. 타임 박싱 방법을 함께 이용하면 결과를 더 빨리 얻을 수 있다.

· **5단계:** 서비스 블루프린트에 있는 그룹의 일부 결과물을 통합한다. 일단 새로운 서비스 블루프린트가 충분히 구체화되면, 개별적인 요소와 종단 간 (end-to-end) 관점을 테스트하고 개선하여 최종적으로 구현할 수 있다.

이것은 Beat Knüsel이 가장 즐겨쓰는 도구다

직위:

CEO Trihow AG

"디자인 씽킹은 조직의 세 가지 가장 큰 문제인 사일로 사고방식, 계급에 따른 장애물 그리고 고객 지향성의 결핍을 해결할 수 있습니다."

왜 그는 이 도구를 좋아하는가?

서비스 블루프린트는 부서 간의 경계를 극복하고 고객의 혜택에 중점을 둔다. 투명성과 각계각층의 적극적인 참여에 부합하는 기업문화를 실현하는데 도움이 된다. 이는 결국 공동의 이해와 공동의 기능을 기반으로 하는 조직 형태를 만들어낸다. 디지털 변환에서 잘 정의된 블루프린트 프로세스는 단순화와 자동화를 지원하므로 효율성 향상에 도움이 된다.

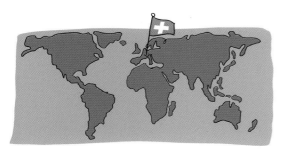

국가:

스위스

소속:

Trihow

검수: **Roman Schoenboom**

소속 | 직위: Credit Suisse | UX 수석 디자이너

전문가 Tips:

확장성과 햅틱

· 모든 서비스 블루프린트는 자신의 기준과 희망에 따라 확장할 수 있다. 시간, 품질 및 재무 관련 KPI와 같은 해당 속성으로 완성될 수 있다. 사진과 동영상으로 다른 관점을 기록하는 것은 관련된 상황을 상상하는데 도움이 되므로 유용하다.

· 서비스 블루프린트 프로토타입을 테스트하기 위해 서비스를 "극장(서비스 스테이징)" 과 같이 인식하고 인지할 수 있게 만들어 볼 수 있다. 고객과 공급업체의 입장이 되어 보는 것이 훨씬 더 쉬워지고, 상황을 장난스럽게 테스트해 볼 수 있다.

질문을 하도록 자극하라

· 예를 들어, 관심 끌기, 알림, 결정, 구매, 계획, 설치, 사용, 유지 관리 및 폐기 등이 대표적이다.

· 질문을 사용하여 개별 행동을 조명할 수 있다:

  – 어떤 것이 가장 이상적인 프로세스인가?

  – 생략할 수 있는 프로세스 단계와 인터페이스는 무엇인가?

  – 어느 부분에서 작업을 단순화하거나 동시에 처리할 수 있는가?

  – 고객의 인식을 어디에서 어떻게 개선할 수 있는가?

걸림돌

· 서비스 블루프린트는 많은 공간이 필요하다. 며칠 동안 쓸 수 있는 방을 예약하고 거기에 정보를 모아두는 것이 가장 좋다.

· 워크숍을 시작할 때 목표를 명확하게 기술한다. 그렇지 않으면 그 과정에서 길을 잃을 위험이 있다. 그러므로 큰 그림에서 시작한다.

활용 사례 설명

- 릴리의 팀은 고객 여정을 자세히 분석하여 큰 벽에 시각화 하였다. 팀은 주요 단계와 관련된 행동 및 터치포인트를 명확하게 이해한다.
- 릴리의 팀은 감정과 무엇보다 고객의 여정 중에 느끼는 고충에 대해 토론한다. 팀은 모든 사용자가 언급되고 이해관계자 지도와 비교되도록 한다.
- 다음 단계에서 팀은 서비스 블루프린트를 완성한다. 눈에 보이거나 또는 눈에 보이지 않는 모든 활동이 정의된다.

주요 학습

- 사용자가 가진 고충을 발견하고 제거 또는 개선함으로써 서비스 블루프린트의 첫 번째 프로토타입이 만들어진다.
- 서비스 블루프린트는 사일로 또는 투명성의 부족을 발견하고 새로운 기술을 통합하는데 도움이 된다.
- 서비스 블루프린트는 매우 복잡하다. 전체 시스템을 하위 시스템으로 나누고 하위 시스템을 최적화하는 것이 중요하다.

워크툴킷 다운로드

www.dt-toolbook.com/service-blueprint-en

최소 생존가능 제품
(MVP=Minimum viable product)

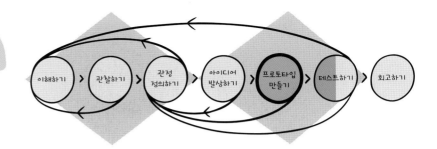

나는...

사용자의 니즈를 단순하고 기능적인 제품으로 전환하여 시장에서 성공할 수 있을지 테스트
해보고 싶다.

이것은 "MVP"다:
반복적으로 개발하고 테스트한다.

이것은 "MVP"가 **아니다**:
완제품 또는 개별 제품은 MVP가 아니다.

이 도구로 할 수 있는 작업

· 기본적인 니즈가 충족되는지, 제품이 시장에서 관심을 끌고 있는지 조기에 파악하기 쉽다.
· 반복적인 테스트를 통해 사용자 니즈가 최소 기능 제품으로 충족되는지 여부와 제품의 개선
  방법을 확인한다.
· 사용자 피드백을 통해 추가 세부 사항 및 기능을 개발하기 전에 제품에 대한 수요가 얼마나
  되는지 파악한다.
· 시장 수요가 거의 없는 해결책에 대한 투자 위험을 최소화하여 시간과 비용 및 에너지를
  절약한다.

이 도구에 대한 유용한 정보

· 최소 생존가능 제품(MVP)은 제품, 서비스 또는 비즈니스 모델을 개발하기 위한 도구다.
· 목표는 해결책이 의미 있는 방식으로 사용자의 니즈를 충족하는지 여부를 반복적인
  프로세스를 통해 가능한 빨리 (그리고 적은 노력으로) 알아내는 것이다.
· 이 반복적인 프로세스는 문제의 전체적인 해결책(기능적 프로토타입)과 개별적인 세부
  사항의 해결책(X is finished; 192~193 페이지 참조) 사이에 영구적인 교체가 이뤄지는
  것이 특징이다.
· 일반적으로 MVP는 이미 높은 품질의 프로토타입이며, 제품이나 서비스를 시장에
  단계적으로 출시할 수 있는 기반이 된다.
· 테스트 결과는 MVP의 구현, 적용, 제거 여부를 결정하는 기초를 제공한다.

어떤 도구를 대신 사용할 수 있는가?

· 기능 프로토타입(192 페이지 참조)
· "X is finished" 프로토타입(193 페이지 참조)

이 도구와 함께 쓸 수 있는 도구는 무엇인가?

· 브레인스토밍과 같은 다양한 도구로 아이디어 발상하기
· 페르소나/사용자 프로필(97 페이지 참조)
· 피드백 캡처 그리드(217 페이지 참조)
· 탐험 지도(195 페이지 참조)
· 솔루션 인터뷰(225 페이지 참조)
· 구조적 사용성 테스트(229 페이지 참조)

어느 정도의 시간과 어떤 재료가 필요한가?

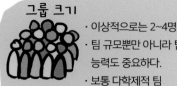

그룹 크기
· 이상적으로는 2~4명
· 팀 규모뿐만 아니라 팀 개개인의 능력도 중요하다.
· 보통 다학제적 팀

1~8명

소요 시간
· 개발중인 제품이나 서비스에 따라 MVP 개발에 소요되는 시간이 달라진다.

며칠~몇 달

필요한 재료
· MVP에 따라 다른 재료가 필요하다.

템플릿라 순서: MVP

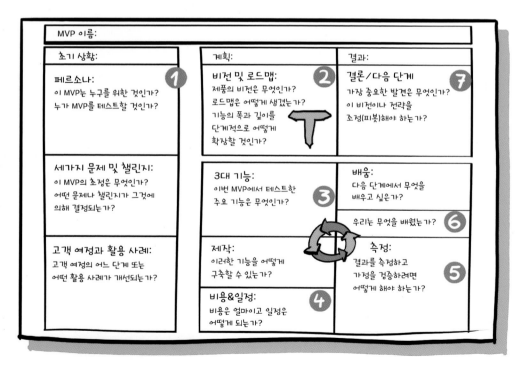

도구 적용 방법

· **1단계:** 항상 하나의 MVP(동시에 여러 개가 아닌)에 집중하고 초기 상황을 설명한다. 여기에는 페르소나, 상위 세가지 문제 및 챌린지, 고객 여정 그리고 관련 활용 사례가 포함된다.

· **2단계:** 디자인 팀이 제품 비전과 기능 범위에 대해 명확하게 알고 있는지 확인한다. MVP를 개발할 때는 핵심 기능을 우선 순위에 두고 집중한다. 기능 폭과 깊이를 단계별로 확장한다(T자형 MVP).

· **3단계:** MVP의 다음 반복에서 테스트할 상위 3가지 기능을 정의한다.

· **4단계:** MVP 제작을 계획하고 여기에 비용과 일정을 계속 주시한다. 계획이 학습을 최적화하는 경우 측정 기준을 정의한 후 MVP를 실현한다.

· **5단계:** 실제 상황에서 잠재 고객/사용자에 대한 MVP를 테스트하고 필요한 만큼 피드백을 모은다. 결과는 측정 가능해야 한다.

· **6단계:** 배운 내용을 함께 요약하고 MVP를 단계적으로 개선한다. MVP 가 실패하더라도 실망하지 않는다. 우리는 모든 반복에서 무언가를 배울 수 있다.

· **7단계:** 반복되는 과정에서 얻은 중요한 결과를 요약한다. 이 비전이나 전략을 적용해야 하는가?

이것은 Esther Moosauer가 가장 즐겨 쓰는 도구다

직위:

EY의 기술 자문 컨설턴트 – 취리히의 Ernst & Young AG

"나는 '빨리 실패하고, 일찍 실패하고, 싸게 실패하라'는 마인드세트를 좋아합니다. 이러한 태도는 실용주의를 촉진하고 완벽주의를 억제하기 때문입니다. MVP 테스트 덕분에 비즈니스 모델 및 투자 결정을 매우 빠르게 사용자 중심으로 내릴 수 있습니다."

왜 그녀는 이 도구를 좋아하는가?

MVP는 내가 빠른 결정을 내리고 아이디어의 본질에 집중하도록 한다. 내 생각에 "빨리 실패하고, 일찍 실패하고, 싸게 실패하라"는 마인드세트는 아이디어를 상품으로 개발하는데 매우 효율적인 접근법이다. 게다가, MVP는 "우리가 제대로 하기 전에 옳은 일을 하고 있는지" 알아낼 수 있게 한다. 제품이 유효하고 수요가 있는지 여부에 대해 시장과 사용자로부터 빠른 피드백을 받는다. 더욱이 사용자(특히 얼리 어댑터)는 피드백을 제공하고 제품이나 서비스의 지속적인 추가 개발에 기여할 수 있는 선택권이 있을 때 제품이나 서비스에 더욱 만족하는 경향이 있다.

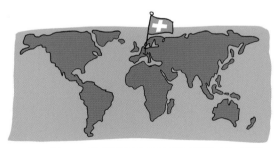

국가:
스위스

소속:
Ernst & Young

검수: **Hannes Felber**

소속 | 직위: Invacare Europe | 혁신/비즈니스 디자인 코치

전문가 Tips:

· MVP를 구축하는 경우, 80/20 규칙에 따르는 것이 좋다: 80%는 사용자에게 맞도록 제시하고, 20%는 기술 개발에 집중한다.
· 문제 해결은 비용과 시간 지출이 적은 상태에서 함께 진행되어야 한다.
· 복잡한 개별 사례로 전환하기 전에 표준 사례에 대한 좋은 해결책을 찾아야한다. 해결책 아이디어의 핵심은 중요한 것이다.
· 약간의 예비 테스트를 한다. 아직 모르는 동료들에게 제안사항을 보여준다. 모두가 같은 질문을 한다면, 가치 제안은 아직 명확하지 않은 것이다.
· T자형 팀은 T자형 MVP를 개발하는 경향이 있다.

최소 생존가능한 ⇨ 가장 빨리 테스트할 수 있는 / 사용가능한 / 사랑스러운 / 판매할 수 있는

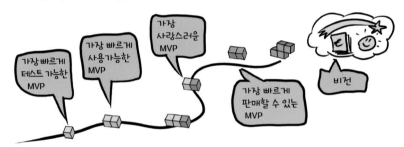

변형: 최소 생존가능 생태계(MVE)

· 디지털 제품 및 해결책은 가능한 한 많은 가치를 창출하기 위해 적절한 비즈니스 모델과 비즈니스 생태계가 필요하다.
· 최소 생존가능 생태계(MVE)(Lewrick et al. 2018)는 MVP 마인드세트를 활용하여 명확하게 정의된 목표와 시스템 내 사용자 간의 효율적인 협력을 보장하는 MVE 형태로 비즈니스 생태계를 디자인한다.
· 이 절차는 DLT(분산원장 기술)와 같은 신기술이 적용된 비즈니스 모델의 맥락에서 사용된다. 다수의 행위자가 데이터 커뮤니티 또는 협력과 같은 가치 제안을 함께 만들어간다.

- 릴리의 팀은 수많은 반복을 거쳐 고객의 니즈를 정의하고 낮은 품질의 프로토타입을 많이 제작하였다. 그들은 문제상황에 적합한 해결책을 발견하였고, 이제 프로토타입의 기능을 단계적으로 확장하고 테스트할 것이다.
- 첫 번째 단계에서 팀은 MVP의 범위를 정의하였다. 제안은 고객 관점에서 완전(실행 가능)하지만 절대적으로 아주 적은(최소한의) 변형으로 축소한다. 그들은 음성 안내의 중요한 기능을 테스트하기를 원한다. MVP를 구성하기 전에, 그들은 이 해결책의 실행으로 그들이 올바른 궤도에 오르도록 하기 위해 마지막 인터뷰를 실시한다.

주요 학습

- MVP 템플릿을 사용하고 MVP를 차례로 테스트한다.
- 항상 고객/사용자에게 피드백을 요청한다.
- 다음은 MVP에도 적용된다: 반복, 반복, 반복!
- 빠른 실패, 이른 실패, 값싼 실패!
- 보통 T자형 팀이 MVP를 만드는 것이 낫다.

워크툴킷 다운로드

최소 생존가능 제품
(MVP-MINIMUM VIABLE PRODUCT)

www.dt-toolbook.com/mvp-en

단계: 테스트하기
(Test)

각 프로토타입의 테스트는 잠재적 사용자와의 상호작용에서 이루어진다. 즉, 우리가
프로토타입에 대한 피드백을 받을 뿐만 아니라 문제와 사용자에 대한 우리의 관점을
구체화한다는 것을 의미한다. 또한, 우리는 "이해하기" 및 "관찰하기" 단계에
다시 연결되어, 새로운 관점을 제시할 수 있다. 이 마이크로 사이클은 원하는 만큼
자주 반복되며 디자인 씽킹에서는 이러한 반복적인 절차가 특징이다. 피드백 캡처
그리드와 같은 도구, "I like, I wish, I wonder"와 같은 피드백 기법이 테스트를
도와준다. 또한, 다양한 테스트 절차가 있다. 그 중 어느 것이 가장 도움이 되는지는
프로토타입의 종류에 따라 달라진다. 물론, 테스트를 위해 제시된 도구는 그 목적
(테스트) 측면에서 중복된다. 그럼에도 불구하고, 각 테스트 접근 방식과 절차는
문제의 프로토타입을 개선하는 데 도움이 되는 귀중한 정보를 제공한다.

테스트 시트(Testing sheet)

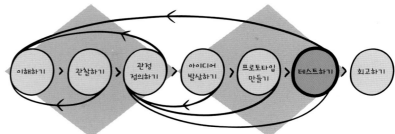

나는...

테스트 순서를 준비하고 테스트 결과를 기록하고 싶다.

이 도구로 할 수 있는 작업

· 체계적으로 테스트를 계획하고 역할을 정한다.
· 다음 활동에 쉽게 사용할 수 있도록 테스트 내용과 결과를 기록한다.
· 테스트 기준이 무엇인지, 어떤 경우에 가설이 검증된 것으로 간주하는지 미리 고려하여
  니즈를 확인하고 가정을 체크한다.
· 사용자에 대한 공감능력을 개발한다.

이 도구에 대한 유용한 정보

· 무엇보다도 테스트의 핵심은 사용자가 프로토타입과 상호작용하게 함으로써
  사용자와 사용자 니즈에 대해 가능한 한 많이 배우는 것이다.
· 테스트 상황을 계획하고 테스트 순서가 어떻게 되는지, 누가 어떤 역할을 하고 어떤
  핵심 질문을 해야 하는지 고려하는 것이 좋다.
· 테스트 시트를 통해 짧은 시간에 많은 것을 배울 수 있고, 우리의 가정과 가설이
  정확한지 확인할 수 있다.
· 테스트 실행은 일반적으로 2~3명이 진행한다. 모든 팀원이 참여할 필요는 없다. 훨씬
  더 중요한 것은 팀과 테스트 결과를 공유할 수 있는 기록이다(예: 사진과 인용문 또는
  짧은 비디오 포함).
· 테스트를 진행하는 동안 사용자를 예리하게 관찰하고 피드백을 요청하는 것이
  중요하다.

어떤 도구를 대신 사용할 수 있는가?

· 구조적 사용성 테스트(229 페이지 참조)
· 솔루션 인터뷰(225 페이지 참조)

이 도구와 함께 쓸 수 있는 도구는 무엇인가?

· 경험 질문법(221 페이지 참조)
· 공감 지도(93 페이지 참조)
· 피드백 캡처 그리드(217 페이지 참조)

어느 정도의 시간과 어떤 재료가 필요한가?

그룹 크기

· 한 사람은 메모를 하고 결과를 기록하며, 다른 사람은 테스트를 수행한다. 선택적으로 한 사람이 더 관찰할 수 있다.

2~3명

소요 시간

· 낮은 품질의 프로토타입의 경우 테스트당 10~30분 정도면 충분하다.
· 상세도가 높을수록 소요 시간이 더 길어진다.
· 높은 품질의 프로토타입의 경우 몇 주 동안 테스트를 진행할 수 있다.

10~30분 /테스트

필요한 재료

· 노트 패드와 펜
· 카메라(사진 및 비디오용)
· 프로토타입(테스트할 대상)
· 프로토타입 재료
· 테스트 기록을 위한 템플릿

템플릿과 순서: 테스트 시트

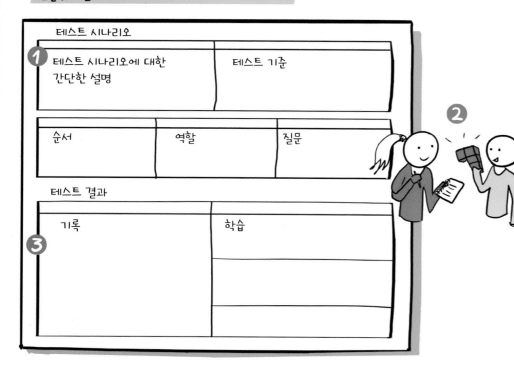

도구 적용 방법

프로토타입은 이미 제작되었다. 이제 테스트 시나리오를 계획해야 한다.

· **1단계: 테스트 계획**
 - 테스트가 어디서 이뤄져야 하는지 생각해 본다. 사용자가 일하는 현장의 문제 상황에 맞는 장소에서 테스트를 진행하는 것이 가장 좋다.
 - 테스트 전에 기준을 정한다. 고려되거나 확인해야 할 기준은 무엇인가?
 - 테스트 순서를 정하고 역할을 분배하여 테스트의 핵심 질문을 계획한다.
 - 누가 질문할 것인지, 누가 기록 및 문서화하는지, 누가 관찰하는지 정한다.
· **2단계: 테스트 순서**
 - 테스트를 실행하고 테스트 중에 사용자를 예리하게 관찰한다. 그리고 사용자에게 피드백을 요청한다. 사용자에게 얻은 피드백은 매우 가치 있고 프로토타입 개발에 대한 추가적인 결정을 위한 기초가 된다.
 - 중요한 코멘트를 반드시 적는다.
· **3단계: 테스트 문서**
 - 사진 또는 가장 중요한 진술을 담은 짧은 비디오로 테스트를 문서화한다.
 - 주요 결과 및 학습 내용을 요약한다.

이것은 Isabelle Hauser가 가장 즐겨 쓰는 도구다

직위:

루체른 응용 과학 및 예술 대학 산업 디자인 강사; 프로그램 디렉터
CAS Design Thinking Entux GmbH의 공동 설립자

"'행동에 대한 편견' 마인드세트는 권장 사항일 뿐만 아니라 필수
사항입니다. 만약 디자인 씽킹을 직접 경험하지 않았다면 디자인
씽킹이 주는 혜택을 알지 못할 것입니다. 저는 드물지 않게,
회의론자들이 나의 워크숍에 참여한 후에 긍정적인 피드백을 받는
기쁨을 느끼곤 합니다."

왜 그녀는 이 도구를 좋아하는가?

디자인과 실험은 내 일의 가장 중요한 부분이다. 나는 아이디어와 문제 해결책을 검토하기
위해 초기 단계에서 미니멀한 접근방식을 추구해야 한다고 굳게 믿는다. 테스트는 시간과
자원을 최적으로 사용할 수 있도록 신중하게 계획되고 디자인되어야 한다.

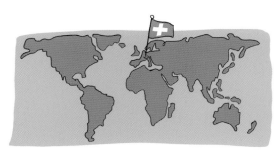

국가:

스위스

소속:

루체른 응용 과학 및
예술 대학

검수: **Brittany Arthur**

소속 | 직위: Designthinkingjapan.com | 디자인 씽킹과 혁신 컨설팅

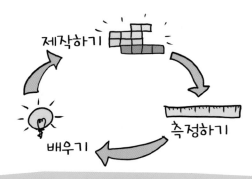

전문가 Tips:

테스트는 우리에게 다음 단계를 위한 중요한 통찰을 제공한다

· 테스트 시트는 모든 유형의 테스트(예: 사용성 테스트, 경험 테스트, 솔루션 인터뷰)의
기초로 사용할 수 있다.

· 충분한 테스트 시간을 마련하는 것이 계획의 가장 중요한 부분이다.

· 준비 중에는 테스트 목표 달성과 관련된 문제를 생각해보는 것이 중요하다. 예를 들어
"경험 테스트에서 강력한 질문"은 여기에서 유용할 수 있다(221 페이지 참조).

· 디지털 프로토타입의 경우 테스트를 수행하는 방법에는 두 가지가 있다. 한 가지는
온라인으로 하는 것이다. 테스트는 웹사이트에서 직접 통합할 수 있으며 사용자에게
특정 질문을 할 수 있다. 전통적인 방법은 사용자 가까이에 머물면서 그들이 하는 일을
정확하게 관찰하는 것이다.

테스트에 프로토타이핑 재료를 가져간다

· 일부 프로토타이핑 제작 재료를 테스트에 가져간다. 접착 테이프, 포스트잇 그리고
다른 재료들을 사용하면 테스트 담당자나 팀이 프로토타입을 즉시 수정할 수 있다.

테스트 내용을 기록하고 결과를 팀과 공유한다

· 사용자가 해결책이 좋지 않다고 생각하는 경우, 사용자에게 더 자세히 듣고 그 이유를
알아내는 것이 좋다. 그런 다음 종종 누락되었거나 어떤 차이를 만들어 낼 수 있는 퍼즐
조각을 정확하게 탐색할 수 있다. "Why?"라고 여러 번 물어본다.

· 모든 테스트 내용을 기록하는데 테스트 시트 템플릿을 사용한다. 동영상과 사진을 찍고
싶다면 항상 사용자에게 먼저 허락을 구한다. 추가적으로 사용해야 할 것이 있다면
데이터 사용 계약서에 서명한다.

활용 사례 설명

· 릴리의 팀은 다양한 프로토타입과 함께 나중에 MVP를 통해 기능뿐만 아니라 고객의
  니즈와 관심사항을 동시에 테스트한다.

· 릴리의 팀은 테스트가 굉장히 중요하다는 것을 알고 있다. 테스트를 잘 계획하고
  실행할수록 더 좋은 결과를 얻는다. 그들은 가능한 경우 항상 맥락과 사용자의 영역에서
  테스트를 진행한다.

· 테스트 기준, 순서 및 역할을 정한다. 팀워크가 잘 맞는다면 가끔 역할을 바꾸는 것도
  가능하다. 예를 들어 관찰과 기록을 담당하는 사람이 테스트 담당자와 좋은 관계를
  유지하는 경우, 관찰자와 테스트 진행자의 역할을 바꿀 수 있다.

주요 학습

· 테스트를 통해 프로토타입과 사용자에 대한 피드백을 받는다.

· 테스트 상황을 계획하고, 테스트 순서가 어떻게 될 것인지, 어떤 팀원이 어떤 역할을 맡을
  것인지 생각해본다.

· 테스트 결과를 기록하는 것은 나중에 팀과 테스트 결과를 공유해야 하기 때문이다. 테스트
  템플릿은 이와 관련하여 큰 도움이 된다.

워크툴킷 다운로드

www.dt-toolbook.com/testing-sheet-en

피드백 캡처 그리드
(Feedback capture grid)

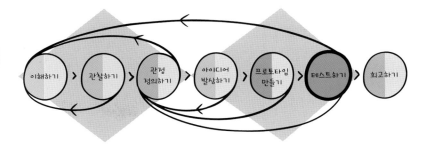

나는...

나의 프로토타입화된 아이디어를 빠르고 간단하게 테스트하고, 그 결과를 기록하여 더 발전시키고 싶다.

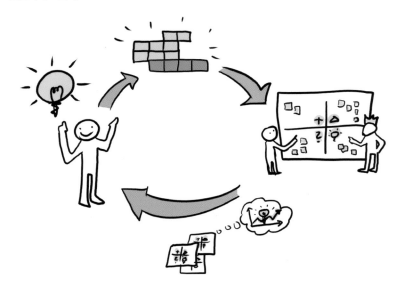

이 도구로 할 수 있는 작업

· 정의된 4개의 질문을 사용하여 첫 번째 프로토타입을 빠르고 쉽게 테스트한다.
· 테스트 결과를 기록, 수집하고 클러스터링한다.
· 문제뿐만 아니라 해결책, 페르소나 및 아이디어에 대한 논지 범위를 좁히고, 그 결과를 바탕으로 프로토타입을 추가적으로 개발한다.
· 일반적으로 아이디어, 프레젠테이션 등에 대한 피드백을 빠르고 간단하게 구조화하여 기록한다.

이 도구에 대한 유용한 정보

· 피드백 캡처 그리드는 매우 간단한 형식으로 테스트 결과를 문서화할 수 있기 때문에 프로토타입을 사용한 아이디어를 테스트하는데 도움을 준다.
· 아이디어가 이전에 발견된 사용자의 문제를 얼마나 잘 해결하는지 알아낼 때 주로 사용된다.
· 피드백 캡처 그리드는 문제를 해결할 수 있는지, 어떻게 해결할 수 있는지, 아이디어가 실제로 해결책에 올바르게 접근하고 있는지에 대한 깊은 이해를 얻는 것을 목표로 한다.
· 일반적으로 프로세스, 워크숍, 기타 사항에 대한 피드백을 얻기 위해 사용할 수 있다.

어떤 도구를 대신 사용할 수 있는가?

· 테스트 시트(213 페이지 참조)
· 공감 지도(93 페이지 참조)

이 도구와 함께 쓸 수 있는 도구는 무엇인가?

· 모든 종류의 프로토타입(187~194 페이지 참조)
· 5whys 질문법(67 페이지 참조)
· 테스트를 위한 정보를 기반으로 사용하거나 테스트 후 결과를 요약하기 위한 린 캔버스 (251 페이지 참조)
· 5WH 질문법(71 페이지 참조)

어느 정도의 시간과 어떤 재료가 필요한가?

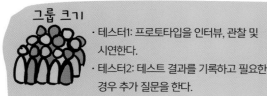

그룹 크기

· 테스터1: 프로토타입을 인터뷰, 관찰 및 시연한다.
· 테스터2: 테스트 결과를 기록하고 필요한 경우 추가 질문을 한다.

최소 2명

소요 시간

· 테스트는 약 10–15분 정도 소요된다. 일반적으로, 정확한 진술을 하기 위해서는 몇 가지 테스트가 필요하다.
· 가능하면 2–3개의 테스트를 수행하는 것이 좋다.

30~60분

필요한 재료

· 아이디어를 프로토타입, MVP, 디지털 프로토타입으로 시각화 한다.
· 테스트 및 인터뷰 당 인쇄되거나 그려진 피드백 캡처 그리드 1장; 출력물의 적절한 사이즈는 A3

템플릿: 피드백 캡처 그리드

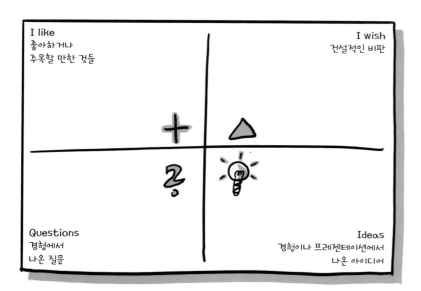

도구 적용 방법

기본적인 프로토타입(예: 낮은 품질의 프로토타입)은 이미 만들어졌다. 우리는 마지막 디자인 씽킹 단계에서 페르소나, 니즈 및 문제 가설에 대한 정보를 개발하였다.

· **1단계:** 종이에 피드백 캡처 그리드를 그리거나 템플릿을 인쇄한다.
· **2단계:** 항상 테스터가 프로토타입을 보고 경험하면서 테스트를 시작한다.
· **3단계:** 테스터(고객/사용자)에게 "소리내어 생각하도록" 요청한다.
· **4단계:** 그리드를 고객/사용자의 생각으로 채운다. 직접 쓰거나 포스트잇을 사용하여 기록한다. 왼쪽 위 필드에는 사용자가 좋아하는 것이 무엇인지 적고, 오른쪽에는 마음에 들지 않는 것이 무엇인지, 왼쪽 아래 필드에는 사용자나 우리 자신이 관찰하면서 가졌던 새로운 아이디어뿐만 아니라 질문을 기록한다.
· **5단계:** "Why?"질문(5whys 질문법, 67 페이지 참조)을 통해 테스터의 답변을 더욱 잘 이해한다. 감정, 상반되는 바디 랭귀지, 초기 반응에 주의를 기울인다.
· **6단계:** 다양한 인터뷰에서 피드백 캡처 그리드를 수집하고 디자인 씽킹 팀과 함께 유사점 또는 주요 차이점을 파악한다. 아이디어 및 프로토타입을 더욱 발전시키는데 사용할 수 있다.

직위:

혁신 컨설턴트

"저에게 디자인 씽킹은 애자일 마인드세트를 구현할 수 있게 해주는 하나의 방법입니다. 사용자의 문제를 이해하고 시장에서 해결책 아이디어를 신속하게 테스트하는 다기능 팀은 실질적인 성장 잠재력을 가져옵니다."

왜 그녀는 이 도구를 좋아하는가?

혁신 프로젝트에서, 나는 아이디어에서 출발하여 (비싼) 개발 프로젝트가 시작되고 테스트는 마지막에만 수행된다는 사실을 자주 발견했다. 해결책은 종종 시장의 요구 사항과 일치하지 않고 개발되었으며, 귀중한 자원이 낭비되었다. 나에게 있어 디자인 씽킹(문제에서 시작하여 빠르고 간단하게 테스트)은 내가 오랫동안 찾아왔던 절차였다. 피드백 캡처 그리드는 테스트 결과를 간단하게 구조화하기 위한 도구이며, 그것을 활용해 작업을 계속해 나갈 수 있다. 또한 회사 내에 테스트 결과의 커뮤니케이션을 지원한다.

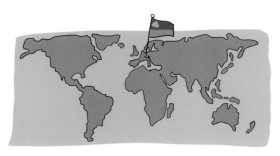

국가:

리히텐슈타인

소속:

독립 컨설턴트

검수: **Robert Gago**

소속 | 직위: Generali | 고객 & 유통 경험 관리자

전문가 Tips:

고객 입장에서 생각하라

- 가장 좋은 방법은 테스트를 위해 다른 장소와 사용자 그룹을 선택하는 것이다.
- 아직 고객이 아닌 사람들은 이 단계에서 특히 가치 있는 아이디어 공급자가 된다.
- 다시 말해, 우리는 어떤 상황에서도 우리의 아이디어를 사용자에게 "판매"하려고 시도해서는 안된다. 대신 사용자에게서 받은 피드백에서 배워야 한다.
- 테스트 규칙은 다음과 같다. 듣고, 보고, 처음에는 질문하거나 프로토타입을 설명하지 않는다.
- 사용자의 직접적인 코멘트와 즉각적인 반응을 적는다.
- 테스트는 사용자의 니즈를 발견하는 것이다. 테스트를 할 때는 인터뷰와 같은 규칙이 적용된다.

한 걸음 뒤로 물러서서 수집된 결과를 회고한다

- 우리는 항상 디자인 씽킹 팀과 함께 테스트 결과를 회고해야 한다. 아이디어나 프로토타입의 추가적인 개발에 도움이 되는 새로운 관점이 이러한 과정에서 발견될 수 있다.
- 답변과 페르소나에 따라 완성된 피드백 캡처 그리드를 그룹화하면 도움이 되는 경우가 많다.
- 늘 그렇듯이: 잠재적 사용자가 만족할 때까지 반복, 반복, 반복한다.

- 릴리의 팀은 디자인 씽킹의 거의 모든 단계에서 피드백 캡처 그리드를 사용한다. 그들은 주로 사용자와의 테스트 내용을 기록하고 요약하는데 사용한다.
- 릴리와 디자인 씽킹 팀은 회고 과정의 일부로 반복적으로 검토하는데 피드백 캡처 그리드를 사용하는 것을 좋아한다.
- 릴리는 직접적이고 개방적인 피드백과 건설적인 비판을 높이 평가한다. 이를 통해 그녀는 내용과 프로세스 측면에서 빠르게 배우고 프로젝트를 개선해 나간다.

주요 학습

- 항상 두 사람과 인터뷰를 진행한다.
- 아이디어를 팔지 말고, 호기심을 가지고 듣고 관찰하고 배운다.
- 팀과 결과를 논의하고 새로운 공통의 관점을 만들어낸다.

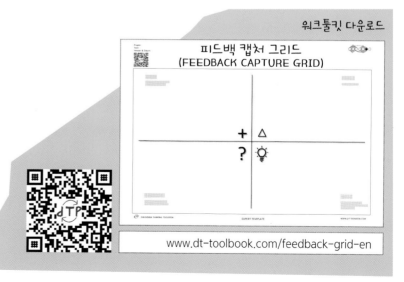

워크툴킷 다운로드

www.dt-toolbook.com/feedback-grid-en

경험 질문법
(Powerful questions in experience testing)

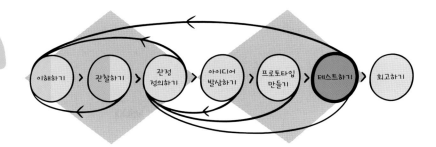

나는...

아이디어, 프로토타입, 서비스 또는 제품을 실제 고객 또는 사용자에게 테스트하고 평가를 받고 싶다.

이 도구로 할 수 있는 작업

- 실제 고객과 함께 프로토타입을 탐색하여 상상의 세계가 아닌 현실 세계를 정복한다.
- 프로토타입이 의도한대로 고객/사용자에게 실제로 작동하는지 확인한다.
- 아이디어가 성공으로 이어지는지, 아닌지 알 수 있다.
- 피드백을 얻는다: "사랑하거나", "바꾸거나", "그냥 내버려 둔다!"
- 경험에 문제가 발생하는지 또는 사용에 문제가 발생하는지 알아보기 위해 올바른 질문으로 정성적이고 정량적인 데이터를 수집한다.

이 도구에 대한 유용한 정보

- "경험 질문법"은 테스트에서 더 많은 결과를 수집할 수 있게 도와주는 훌륭한 도구다.
- 초기에는 낮은 품질의 프로토타입으로 적절한 질문을 하고, 이를 통해 높은 품질의 프로토타입을 개발해야 한다.
- 단, 테스트를 하는 과정은 항상 구체적인 프로토타입을 기반으로 수행되어야 한다(최초 아이디어, lo-fi에서 hi-fi 프로토타입, 187 페이지 참조).
- 테스트 경험 중 테스터는 프로토타입과 상호작용을 많이 한다. 관찰자는 주의 깊게 보고, 듣고, 결과를 기록한다.
- 목표, 테스트 환경, 프로세스, 모더레이션 그리고 테스트 참여자가 포함된 간단한 테스트 계획이 만들어진다.
- 단위 테스트, 통합 테스트, 기능 테스트, 시스템 테스트, 스트레스 테스트, 성능 테스트, 사용성 테스트, 수용 테스트, 회귀 테스트, 베타 테스트와 같이 이후 개발에서 보다 정확한 방법이 사용된다.
- 경험적 접근성 평가는 합의된 다수의 모범 사례, 표준 또는 지침에 따라 제품을 평가하거나 확인하는 비공식적인 평가로 사용할 수 있다.

어떤 도구를 대신 사용할 수 있는가?

- 데이터 수집을 위한 A/B 테스트(233 페이지 참조)
- "I like, I wish, I wonder"(239 페이지 참조)   · 피드백 캡처 그리드(217 페이지 참조)

이 도구와 함께 쓸 수 있는 도구는 무엇인가?

- 브레인스토밍: 고도로 이질적인 팀이 왜, 어떻게 그리고 무엇을 테스트해야 하는지 (151 페이지 참조)
- 페르소나/사용자 프로필(97 페이지 참조)
- 공감 지도(93 페이지 참조)
- 다양한 종류의 프로토타입(187~194 페이지 참조)

그룹 크기

· 디자인 팀의 구성원과 같은 진행자 및 여러 명의 관찰자
· 상황에 따라 너무 많은 관찰자는 사용자에게 부담을 줄 수 있다.

3~6명

소요 시간

· 복잡한 정도에 따라 60~90분 계획: 왜, 어떻게 그리고 무엇을 테스트해야 하는가
· 예: 각 테스트에 최소 5명의 사용자가 15분 동안 참여한다.

60~90분

필요한 재료

· 녹화 소프트웨어가 있는 관찰실
· 게릴라 테스트: 카메라(소리와 이미지), 포스트잇, 플립 차트 또는 화이트보드
· 자연스러운 환경일수록 더 진실된 결과를 얻는다.

테스트를 할 때 올바른 질문을 한다.

① 낮은 품질의(Lo-fi) 프로토타입을 테스트한다.

이 단계에서, 대략적인 생각이나 냅킨에 있는 속담 스케치 이상의 것을 갖고 있지 않을 수 있다. 이러한 아이디어를 검증하기 위해 다음과 같은 질문이 유용하다:

· 당신의 아이디어가 해결하는 문제는 무엇인가?
· 오늘날 사용자는 이 문제를 어떻게 해결하는가?
· 사용자는 유사한 특성을 가진 다른 제품을 생각할 수 있는가?
· 다른 해결책이 실패하게 된 원인은 무엇인가?
· 사용자는 제품이나 서비스의 이점을 이해하고 있는가?
· 사용자는 제품 또는 서비스에 대해 어떻게 평가하는가?
· 사용자는 경쟁 제품을 생각할 수 있는가?
· 앱, 웹사이트, 기능 등은 무엇을 위해 설계되었는가?
· 잠재적 사용자가 실제로 이 제품에 대한 니즈를 가지고 있는가?
· 사용자 자신이 상상하는 다른 사물이나 상호작용은 무엇인가?
· 어떤 사용 시나리오를 상상할 수 있는가?

② 중간 품질의(Med-fi) 프로토타입 테스트

피드백을 바탕으로 대략적인 컨셉에 맞게 초기 와이어프레임을 디자인한다. 그것은 상호적이거나 기능적이지는 않지만 무엇을 사용해야 하고, 어떻게 사용해야 하는지를 보여준다. 좋은 질문은 프로젝트를 올바른 방향으로 이끌고 각각의 경험에서 순서와 간단한 요소들을 다루는데 도움을 준다.

· 프로토타입이 예상한 대로 작동되는가?
· 제품 디자인에 대한 사용자의 반응은 어떠한가?
· 프로토타입을 보여주자 마자, 사용자는 프로토타입의 기능을 이해하는가?
· 프로토타입이 사용자의 기대에 어떻게 부합하는가?
· 어떤 기능이 누락되었는가?
· 무엇이 잘못되거나 불필요한가?
· 사용자가 프로토타입을 사용할 때 어떤 느낌이 드는가?
· 사용자가 마법의 지팡이를 가지고 있다면, 제품에서 무엇을 바꾸겠는가?
· 향후 잠재 사용자가 완제품을 사용할 확률은 얼마나 되는가?

③ 높은 품질의(Hi-fi) 프로토타입 테스트

추가 반복을 통해 프로토타입의 품질이 향상되었다. 일반적으로 최종 해결책의 간단한 사본, 즉 반기능적 프로토타입이다. 프로토타입은 상호작용이 되어야 하며 계획한 기능을 수행할 수 있어야 한다. 부족한 것은 최종 제품의 화려함과 아름다움이다.

· 프로토타입이 의도한대로 작동하는가?
· 제품의 디자인이 용도와 일치하는가?
· 사용자가 제품으로 가장 먼저 하고 싶은 것은 무엇이며, 그것을 충족시킬 가능성이 있는가?
· 사용자가 제품을 사용할 때 혼란스러워 하는가?
· 사용자가 제품을 사용할 때 무언가로 인해 주의가 산만해졌는가?
· 사용자가 완전히 무시하는 기능이 있는가?
· 작동 방법이 감각적이고 직관적인가?
· 사용자가 제품이 자신을 위해 개발되었다고 생각하는가?
· 사용자가 이 제품을 더 자주 사용하도록 유도하는 것은 무엇인가?
· 사용자가 완성된 제품을 친구에게 추천할 가능성은 얼마나 되는가?
· 사용자가 자신의 말로 제품을 어떻게 설명할 것인가?

이것은 Natalie Breitschmid가 가장 즐겨 쓰는 도구다

직위:

SINODUS AG의 Chief Experience Enthusiast,
루체른 응용과학예술대학 강사

"테스트는 하는 것입니다. 하는 것은 원하는 것과 같으며 더
노골적입니다. 성공하려면 아이디어가 제대로 작동하는지 최대한
빨리 확인하고 증명해야 합니다."

왜 그녀는 이 도구를 좋아하는가?

우리는 모두 좋은 아이디어를 가지고 있다. 그러나 고객은 우리가 생각해낸 것을 사용하지
않거나, 우리의 아이디어를 나쁘게 생각할 수 있다. 경험 질문법은 내가 가장 좋아하는 도구다.
그것을 가지고 우리는 세상이 진정으로 필요로 하는 것에 우리의 에너지를 투자하고 있는지
아닌지를 알 수 있기 때문이다. 또한 우리의 제안에는 본질적인 가치가 없다는 것을 잊어서는
안된다. 제품이나 서비스에 가치를 부여하는 유일한 사람은 고객이다.

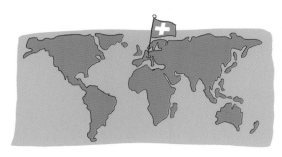

국가:

스위스

소속:

Sinodus and Lucerne
University of Applied
Science and Arts

검수: **Gaurav Bhargva**

소속 | 직위: Iress | 사용자 경험 전문가 및 디자인 씽커

전문가 Tips:

테스트하고, 테스트하고, 다시 테스트하라

· 계속해서 테스트하고 테스트한다: 시간의 압박이나 다른 이유로 테스트를 건너뛰지
 않는다. 테스트는 너무나 중요하다.

· 테스트를 위해 충분한 시간을 투자한다. 테스트는 가장 중요한 단계다. 테스트를 통해
 우리는 많은 것을 배우게 된다.

· 테스트 참가자에게 프로토타입의 작동 방식을 말하거나 보여주지 않는다. 그들이
 스스로 하도록 하고 그들을 면밀히 관찰한다. 왜 그리고 어떻게 생각하는지 물어본다.

· 사용자에게 프로토타입을 주고 1일 또는 1주일 동안 가져가서 가능한 한 자주 사용하도록
 해야, 가장 정확한 피드백을 받을 수 있다. 프로토타입을 사용하는 동안 사용자에게 직접
 촬영을 하거나 라이브 녹화를 요청할 수도 있다.

필요한 경우 온라인 테스트 도구 또는 디지털 방법을 사용한다

· 프로토타입이 서비스(앱 또는 웹사이트)인 경우, 사용자 검증을 훨씬 더 빠르게 수행할
 수 있다. 온라인 설문조사는 한 가지 방법이다. 서비스에 대한 설문조사는 앱이나
 웹사이트에 통합되어 더 많은 피드백을 받을 수 있다.

· 모든 스타트업의 90%는 실패한다(Patel, 2015). 40% 이상은 그들의 제품에 대한 시장
 수요가 없기 때문에 실패한다(Griffith, 2014). 이것이 고객/사용자를 정확하게 관찰하고
 상호작용을 해야 하는 중요한 이유다. 초기 컨셉에서 lo-fi, hi-fi 프로토타입에 이르기까지
 프로토타입을 개선한다: 실제 고객의 문제와 실제 고객 니즈에 집중한다면 성공 가능성이
 높아진다.

· 다양한 낮은 품질의 프로토타입을 만든 뒤, 릴리의 팀은 인간과 로봇의 상호작용을 테스트하기 위해 작은 로봇을 프로그래밍했다.
· 테스트 전에 디자인 씽킹 팀은 테스트 요건에 대해 많은 브레인스토밍을 진행했기 때문에 나중에 경험 테스트 결과가 실제로 원하는 경험과 일치하도록 했다.
· 귀중한 테스트 결과는 즉시 다음 프로토타입에 적용되어 고객이 프로토타입을 마음에 들어 할 때까지 반복해서 수행하게 된다.

주요 학습

· 제품이나 서비스에 가치를 부여하는 사람은 고객/사용자 뿐이다.
· 사용자가 원하는 방식으로 질문하고 그들의 답변이 가치 있다는 느낌을 준다.
· 고객/사용자가 테스트 중에 "소리내어 생각하도록 한다."

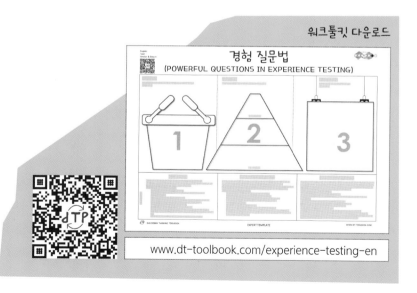

www.dt-toolbook.com/experience-testing-en

솔루션 인터뷰(Solution interview)

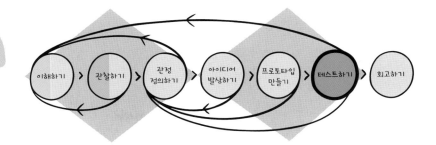

나는...

사용자가 솔루션을 받아들일 수 있는지 알고 싶다.

좋은 것 같아. 이 정도면 10만 원 낼게.

이 도구로 할 수 있는 작업

- 의도한 해결책이 사용자에게 가치가 있는지, 즉 기능성, 사용자 편의성 및 사용자 경험 측면에서 설득력이 있는지 이해한다.
- 프로젝트의 기본 과제, 즉 프로젝트에서 중요한 문제에 집중하고 있는지 여부를 질문한다.
- 고객/사용자의 니즈, 행동 및 동기를 보다 깊이 이해한다.
- 사용자를 위한 해결책의 가치를 측정한다.

이 도구에 대한 유용한 정보

- 이름에서 알 수 있듯이 솔루션 인터뷰는 고급(높은 품질) 프로토타입으로 테스트 단계에서 사용되는 도구다.
- 프로젝트에서 개발된 해결책을 테스트하고, 이를 해당 사용자가 받아들이는지 확인하는 것이 목표다.
- 이미 제시된 테스트 도구와 명확하게 구분하기 위해 솔루션 인터뷰는 주로 해결책 부분에서 활용된다.
- 이것이 최종 프로토타입이나 MVP의 "수락"에 집중하는 이유다.
- 후기 단계에서 솔루션 인터뷰는 가격에 이르기까지 사용자가 해결책을 수용하는 것에 대한 통찰을 제공한다.

어떤 도구를 대신 사용할 수 있는가?

- 피드백 캡처 그리드(217 페이지 참조)
- 테스트 시트(213 페이지 참조)
- A/B 테스트(233 페이지 참조)

이 도구와 함께 쓸 수 있는 도구는 무엇인가?

- "How might we..." 질문(125 페이지 참조)
- 페르소나/사용자 프로필(97 페이지 참조)
- 다양한 종류의 프로토타입(187 페이지 및 다음 내용 참조)

어느 정도의 시간과 어떤 재료가 필요한가?

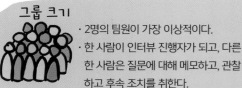

그룹 크기

- 2명의 팀원이 가장 이상적이다.
- 한 사람이 인터뷰 진행자가 되고, 다른 한 사람은 질문에 대해 메모하고, 관찰하고 후속 조치를 취한다.
- 적절한 경우 제3자가 사진이나 영상을 찍는다.

2~3명

소요 시간

- 30분이라는 시간은 솔루션 인터뷰를 위한 오리엔테이션으로 충분하다.
- 인지된 지식을 얻는 것은 인터뷰 기간동안 질적 기준이 된다.

20~30분

필요한 재료

- 인터뷰 가이드
- 해결책 프로토타입
- 종이, 연필, 필요에 따라 프로토타이핑을 할 수 있는 재료
- 녹화를 위한 디바이스, 비디오 카메라 또는 휴대폰

템플릿과 순서: 솔루션 인터뷰

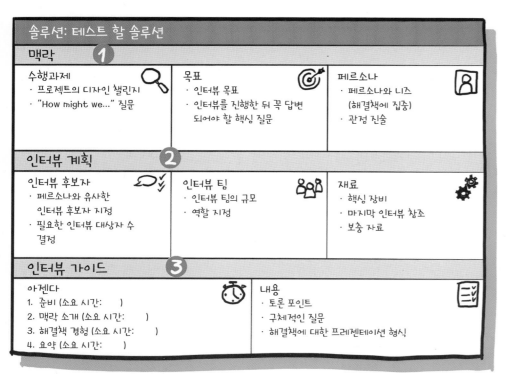

도구 적용 방법

솔루션 인터뷰는 거의 완성된 해결책에 대한 고객/사용자의 피드백을 통해 지식을 얻는데 사용된다.

- **1단계:** 인터뷰 목표를 정의한다. 해결해야 할 작업과 페르소나를 회고한다.
- 매크로사이클의 현재 단계에 따라 목표는 해결책이 미치는 영향을 확인하거나 해결책의 가치를 측정하는 것이다.
- **2단계:** 역할 할당을 포함하여 인터뷰 팀을 결정한다.
- 인터뷰 후보자를 선택할 때 그들이 해결책이 의도하는 페르소나에 적합한 인물인지 확인한다.
- 인터뷰시 함께 가져가야 할 사항에 대해 생각해본다(예: 이전 토론에서 얻은 참조 사항).
- **3단계:** 준비, 맥락 소개, 해결책 경험, 요약의 네 단계로 인터뷰 가이드를 계획한다.
- **준비:** 막힘없이 진술할 수 있는 분위기를 조성한다. 인터뷰 대상자와 페르소나의 유사성을 확인한다.
- **맥락 소개:** 인터뷰 대상자에게 제공해야 하는 사용 시나리오에 대한 맥락 정보를 정의한다.
- **해결책 경험:** 인터뷰 대상자가 스스로 해결책을 찾도록 한다. 그에게 "소리내어 생각하라"고 부탁한다.
- **요약:** 인터뷰 대상자의 진술을 자신의 말로 요약한다. 이후 반응을 본다.

이것은 Niels Feldmann이 가장 즐겨 쓰는 도구다

직위:

Karlsruhe Institute of Technology(KIT)의 서비스 씽킹 강사

"IDEO에서는 디자인 씽킹이 '시행착오를 일깨우는 것'이라고 말합니다. 시행착오를 통한 깨달음? 아니면 깨달음에 의해 통제되는 시행착오? 나는 이 인용문이 사고의 중요성과 깊은 통찰의 측면을 동시에 강조하면서 디자인 씽킹의 반복적인 특성을 몇마디로 부각시키기 때문에 좋아합니다."

왜 그는 이 도구를 좋아하는가?

솔루션 인터뷰는 진실의 순간이다. 이미 이전 단계에서 몇 가지 프로토타입을 테스트했다. 데이터 상황을 해석하였고, 해결책을 개발하였으며, 프로토타입을 만들었다. 솔루션 인터뷰에서는 이제 현실에 대한 우리의 해석과 현실 그 자체, 즉 진실의 순간과 비교한다. 솔루션 인터뷰가 끝난 후, 프로젝트의 다음 반복을 위해 초기 상황이 변경되었다.

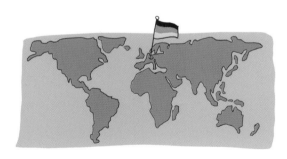

국가:
독일

소속:
Karlsruhe Institute of Technology(KIT)

검수: **Roger Stämpfli**

소속 | 직위: Aroma AG | 크리에이티브 디렉터

전문가 Tips:

주의
가장 큰 챌린지 중 하나는 예의상 인터뷰 대상자의 오해를 불러일으키는 진술을 하지 않는 것이다.

인터뷰 대상자를 선정한다
문제 인터뷰를 통해 알려진 사람들과 현재 해결책을 테스트하는 편견 없는 사람들을 혼합한다.

인터뷰 팀을 정의한다
(기술적) 언어를 알 수 없는 경우 제3자를 인터뷰 진행자로 채택한다. 전문 스태프, 어린이 및 소수자는 비전문가 동료와 성인 또는 다수의 구성원과는 다른 답변을 동료에게 제공해준다.

재료를 신중하게 선택한다
프로토타입은 인터뷰 목표를 달성하기에 적합해야 한다. 종이 모형(목업)을 의도적으로 사용하는 초기 단계의 테스트와 달리 높은 품질의 프로토타입이 필요하다(예: 해결책의 금전적 가치 테스트).

다른 사람에 대한 느낌을 얻는다
인터뷰 대상자가 페르소나와 유사한지 확인한다. 또한 성격 특성도 고려한다. 예를 들어, 혁신가는 초기 대다수와 다른 답변을 한다.

인터뷰-경험 솔루션: "연구하고 판매하지 말 것!"
인터뷰 대상자가 직접 해결책을 탐색하게 한다. 시연은 인터뷰 대상자가 쉽게 선입견을 갖게 만든다. 따라서 시연은 포인트가 거의 없는 초기 단계에서 도움이 된다; 구체적인 질문은 후기 단계에서 도움이 된다. 인터뷰 대상자가 해결책을 어떻게 사용하는지 알려준다.

기록을 보관한다
가능하면 인터뷰를 촬영한다. 행동은 말을 넘어서는 많은 진실을 드러낸다.

활용 사례 설명

· 솔루션 인터뷰는 팀이 해결책 아이디어를 검증하는 데 도움이 된다. 릴리는 그것을 팀의 아이디어에 도전하기 위해 사용한다.

· 팀은 종종 자신의 아이디어를 포기하는 것을 어려워한다. 그녀는 "사랑은 프로토타입이 아니라 사람을 위한 것"이라고 말하는 것을 좋아하지만 여기서는 거의 쓸모가 없다.

· 고객이 말할 때 훨씬 더 도움이 된다. 때때로 릴리와 그녀의 팀은 초기 프로젝트 단계에서 솔루션 인터뷰를 사용하여 해결책에 의문을 제기하거나 버리기도 했다. 그러나 그들은 해결책에 대한 철저한 테스트를 위해 주로 후기 단계에서 솔루션 인터뷰를 사용했다.

주요 학습

· 솔루션 인터뷰는 무언가를 판매하는 것이 아니라 지식을 얻는데 사용된다.

· 신중한 솔루션 인터뷰는 의미 있고 설득력 있는 답변으로 이어진다.

· 진술은 통찰뿐만 아니라 관찰도 제공한다.

· 결과는 데이터 자체가 아니라 데이터에 대한 해석이다.

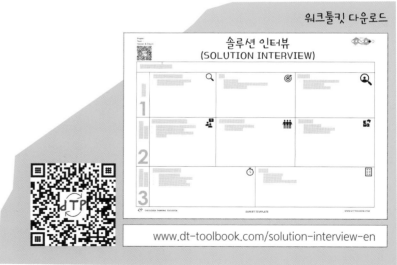

워크툴킷 다운로드

www.dt-toolbook.com/solution-interview-en

구조적 사용성 테스트
(Structured usability testing)

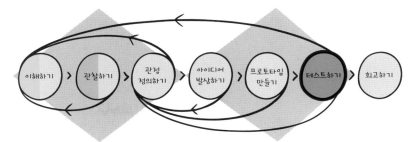

이해하기 > 관찰하기 > 관점 정의하기 > 아이디어 발상하기 > 프로토타입 만들기 > 테스트하기 > 회고하기

나는…

균일한 조건에서 정의된 잠재적 사용자를 대상으로 프로토타입을 테스트하고 싶다.

비디오

관찰자

제품 사용자

테스트할 제품

"소리 내서 생각하기"

퍼실리테이터

이 도구로 할 수 있는 작업

· 정의된 테스트 시나리오(작업)에서 사용자와 시스템(프로토타입) 간의 상호작용을 관찰한다.
· 사용자가 만든 가정, 해결책 및 개념의 정확성을 확인하고 비교한다.
· 개선 또는 완전히 새로운 아이디어를 위한 정보를 얻는다.
· 기존 제품을 테스트하면서 문제에 대한 더 깊은 통찰을 얻는다.
· 테스트 및 후속 최적화의 반복으로 사용 적합성을 향상시킨다.

이 도구에 대한 유용한 정보

· "작동 가능한" 모든 것을 테스트할 수 있다. 이는 실제 제품과 디지털 제품 모두에 적용된다.
· 사용성 테스트를 통해 어떤 것이 사용자에게 효과적이고 효율적이며 만족스럽게 작동하는지 확인할 수 있다.
· 테스트는 가능한 한 구체적이고, 자주 그리고 일찍 이루어져야 한다.
· 이를 위해서는 균일한 조건에서 정의된 프로토타입으로 주어진 특정 작업을 수행하는 실제 사용자가 필요하다. 가능하면 모든 것을 관찰하고 비디오 또는 추적 소프트웨어로 기록한다.
· 균일한 구조를 통해 동일한 기준을 기반으로 여러 가지 아이디어 또는 변형을 테스트하고 비교할 수 있다.
· 테스트를 시작하기 전에 그 내용과 측정 방법을 아는 것이 중요하다.
· 사용성 테스트 도구는 복도, 게릴라, 실험실 테스트, 현장 테스트 등 다양한 변형과 버전으로 할 수 있다.

어떤 도구를 대신 사용할 수 있는가?

· 솔루션 인터뷰(225 페이지 참조)
· 고객 클리닉
· A/B 테스트(233 페이지 참조)
· 포커스 그룹

이 도구와 함께 쓸 수 있는 도구는 무엇인가?

· 다양한 종류의 프로토타입(187 페이지 참조)
· 페르소나/사용자 프로필(97 페이지 참조)
· 5WH 질문법(71 페이지 참조)

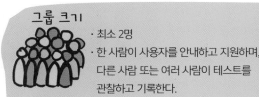

그룹 크기
- 최소 2명
- 한 사람이 사용자를 안내하고 지원하며, 다른 사람 또는 여러 사람이 테스트를 관찰하고 기록한다.

2명 이상

소요 시간
- 프로토타입의 복잡한 정도와 수행해야 할 작업에 따라 달라진다.
- 작업 및 순서가 미리 정의되어야 한다.

40~90분

필요한 재료
- 프로토타입(하드웨어 또는 소프트웨어)
- 영상 촬영 및 녹음용 카메라
- 정의된 테스트 시나리오(작업), 메모할 자료 및 평가 그리드가 포함된 스크립트 (가이드)

템플릿라 순서: 구조적 사용성 테스트

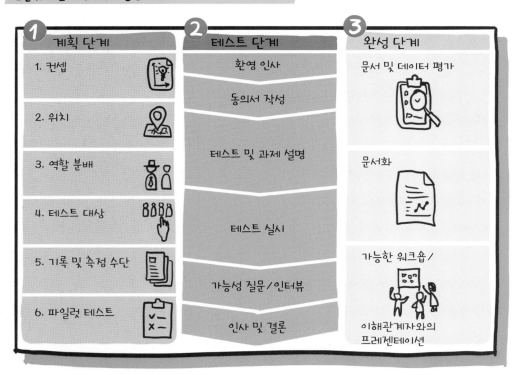

도구 적용 방법

구조적 사용성 테스트의 구현에는 세 가지 단계가 있다.

- **1단계: 계획 단계**

  테스트를 준비한다. 먼저 그것이 무엇에 관한 것인지; 대상이 무엇인지; 정확히 무엇을 찾아야 하는지; 어떤 가정과 가설이 존재하는지; 그리고 시간 순서는 무엇이어야 하는지 대략적으로 설명하는 컨셉을 작성한다. 그런 다음 위치를 선택하고 역할 (중재자, 관찰자 등) 및 테스트 담당자를 선정하고, 정확한 테스트 시나리오(작업)를 정의한다. 문서를 준비하고 마지막으로 "총연습"을 수행하여 모든 것이 제대로 작동하는지 확인한다.

- **2단계: 테스트 단계**

  고객/사용자와 함께 실제 테스트를 실시한다. 가능한 한 절차 및 테스트 시나리오에 충실하고 항상 테스트 담당자에게 동일한 정보를 제공한다.

- **3단계: 최종 단계**

  수집된 결과를 평가하여 기록하고, 원하는 경우 관련 이해관계자에게 결과를 제공한다. 테스트 결과를 활용하여 사용성을 계속 향상시킨다.

이것은 Pascal Henzmann이 가장 즐겨 쓰는 도구다

직위:
헬블링 테크닉 AG 혁신관리팀 프로젝트 매니저

"제품 개발이 나아가야 할 방향이 종종 내부 요인에 의해 영향을
받습니다. 그러나 제품을 구매하는 것은 경영진이 아니라 고객이기
때문에 그들의 니즈를 진입점으로 만드는 것이 중요합니다. 이것이
바로 제품 개발 초기 단계에서 갖는 디자인 씽킹의 강점입니다."

왜 그는 이 도구를 좋아하는가?

구조적 사용성 테스트는 가정에 대한 논의에서 벗어나는 데 도움을 주기 때문에 내가
가장 좋아하는 도구다. 구조화된 접근방식 덕분에 프로젝트 팀에게 제품이나 아이디어가
개선되도록 경험적 기반을 제공한다. 이는 디자인 팀이 가능한 한 빨리 아이디어를
구현하도록 한다. 또한, 고객/사용자와의 직접적인 접촉은 영감을 주고 동기를 부여한다.
"자신이 직접 테스트하지 않더라도 시스템의 사용성이 테스트되리라는 것을 기억하라."
_제이콥 나일슨

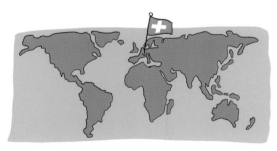

국가:
스위스

소속:
헬블링

검수: **Mladen Djakovic**

소속 | 직위: Q Point | UX 디자이너

전문가 Tips:

올바른 테스트 시나리오 및 프로토타입

· 테스트 시나리오(작업)를 명확히 정의한다. 이는 프로토타입의 어떤 측면을
  테스트해야 하는지를 결정하는 데 도움이 된다.

· 작업별 성공 요인은 후속 평가를 더 쉽게 하기 위해 "성공", "투쟁" 또는 "실패"로
  평가될 수 있다.

· 프로토타입의 세부 수준은 테스트 시나리오와 일치해야 한다. 특히 근본적인 질문
  (예: 작업 순서에 대한 질문)의 경우 불필요한 세부 사항은 생략해야 한다.

프로토타입과 사랑에 빠지지 마라

· 세부 사항에 너무 많은 시간을 낭비하지 않는다. 그렇지 않으면 나중에 자신의
  아이디어에 작별 인사를 하기 어렵다.

· 기존 제품이나 경쟁 제품도 프로젝트의 초기 단계에서 테스트할 수 있다.

올바른 테스트 사용자 및 조정

· 테스트 사용자의 선택은 중요하다. 그들은 선택한 페르소나와 최대한 일치해야 한다.

· 중재는 관련되지 않은 독립적인 사람(객관성)이 가장 잘 수행한다.

· 테스트 대상자에 대한 긍정적이고 감사하는 태도는 시스템이 테스트 대상이 아니기
  때문에 매우 중요하다.

· 테스트 대상자는 자신이 생각하는 모든 것에 대해 큰 소리로 말해야 한다.

· 유도 질문은 안된다! (예를 들어, "다른 곳에서는 클릭할 수 있습니까?"라는 질문은 이미
  사용자에게 다른 곳에서 클릭할 수 있음을 알려주는 것이다.)

· 사용자가 멈춘 경우 도와주지 말고 다음에 어떻게 해야 하는지 물어본다.

의미 있는 테스트 문서

· 결과를 전달하기 위한 실제 제품의 경우 디지털 화면 캡처 또는 비디오가 도움이 된다.

· 릴리의 팀은 프로토타입 테스트에 더 많은 구조를 도입하고자 한다.

· 팀은 각 프로토타입에 대한 구체적인 작업(테스트 시나리오)을 시작한다. 동시에, 팀은 이미
목표 고객(개인)과 일치하는 테스트 대상을 찾기 시작했다.

· 팀의 계획은 테스트 담당자가 온종일 프로토타입과 상호 작용하여 모든 테스트를
수행하도록 하는 것이다.

주요 학습

· 사용성 테스트의 명확한 목표를 설정한다.

· 대상 그룹에서 테스트 대상자를 선정하여 "소리 내서 생각을 말하라"고 요구한다. 테스트
대상자는 자신이 생각하는 모든 것을 말해야 한다.

· 유도 질문을 하지 않는다. 첫 번째 테스트는 단 몇 개의 주제만으로 초기에 시행하는 것이
나중에 많이 하는 것보다 낫다.

www.dt-toolbook.com/usability-testing-en

A/B 테스트(A/B Testing)

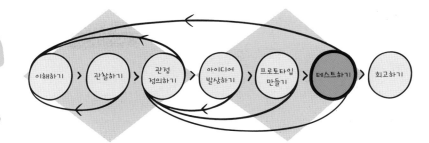

나는...

고객/사용자의 선호도를 파악하기 위해 가정을 검토하거나 두 가지 변형(질과 양의 개념에서)을 비교하고 싶다.

이 도구로 할 수 있는 작업

- 진정한 A/B 테스트, 여러 변형 테스트 또는 분할 테스트의 형태로 프로토타입을 테스트 한다.
- 정량적 평가를 시행한다.
- 정성적 조사를 실시하고 피드백의 수와 내용을 평가한다.
- 기능 또는 프로토타입의 개별 변형(예: 버튼, 비주얼, 배열)을 비교한다.

이 도구에 대한 유용한 정보

- A/B 테스트는 독립형 테스트 또는 프로토타입 테스트의 확장으로 사용할 수 있다.
- A/B 테스트는 프로토타입의 두 가지 변형을 동시에 테스트하기 위한 간단한 도구다. 프로토타입 테스트는 일반적으로 다른 특성을 가진 질문에 답한다.
- 이 테스트는 기존 프로토타입 혹은 MVP를 발전시키거나 기본 프로토타입과 비교하여 새로운 변형을 테스트하는데 적합하다. 테스트를 하기 전에 무엇을 테스트하고 비교해야 하는지(예: 주요 수치 이용) 명확히 하는 것이 중요하다.
- 사용자 대부분은 하나의 프로토타입에 대해 의견을 제시하라는 요청보다 두 프로토타입을 비교하여 피드백을 제공하는게 더 쉽다고 생각한다.

어떤 도구를 대신 사용할 수 있는가?

- 구조적 사용성 테스트(229 페이지 참조)
- 솔루션 인터뷰(225 페이지 참조)

이 도구와 함께 쓸 수 있는 도구는 무엇인가?

- 경험 질문법(221 페이지 참조)
- 온라인 도구는 평가를 포함한 A/B 또는 다변량 테스트의 전체 프로세스를 지원한다.

어느 정도의 시간과 어떤 재료가 필요한가?

그룹 크기
- 절차 및 도구 지원에 따라 테스트 당 최소 1~2명
- 도구 사용 시 1명이면 충분하며, 없을 시 최소 2명
- 테스트 그룹(다른 크기)

1~2명

소요 시간
- 사용자 수와 도구 사용 또는 수동 평가에 따라 달라진다.
- 준비 및 후속 조치를 위한 시간을 확보한다.

5~15분

필요한 재료
- 프로토타입에 따라 서로 다른 재료
- 피드백 캡처를 위한 펜과 종이
- 소프트웨어 및 투표 도구를 통한 온라인 프로토타입

순서: A/B 테스트

기본 프로토타입 ①

변형 만들기

A ② B

선호하는 변형 선택 ⑤

A/B 테스트

③

테스트 대상자 랜덤 지정

④

결과 분석

⑥

새로운 변형으로 테스트 반복

도구 적용 방법

A/B 테스트는 빠르고 쉽다. 무엇을 테스트하고 어떻게 수행해야 하는지 처음에 결정해야 한다.

- **1단계:** 기본 프로토타입을 정의하고 테스트 그룹(대상 그룹 선택)을 결정한다.
- **2단계:** 프로토타입의 변형을 고려하고, 어떤 것을 서로 비교할 것인지를 결정한다. 어떤 종류의 테스트를 수행해야 하는지에 대한 기준을 정의한다(정량 또는 정성 테스트).
- **3단계:** 정량적 테스트의 경우 사용자를 무작위로 할당하고 테스트를 수행한다.
- **4단계:** 결과를 평가한다.
- **5단계:** 프로토타입 개선을 위한 변형을 사용한다.
- **6단계:** 새로운 변형으로 테스트를 반복하거나 유효성 검사를 위해 다른 테스트를 수행한다.

참고: 테스트 절차의 차별화:

정량적 A/B 테스트: 사용자 그룹은 나뉜다(x% 변형 A, y% 변형 B).

정성적 A/B 테스트: 변형은 서로 테스트된다(모든 사용자는 변형 A와 B를 참조한다).

이것은 Christian Langrock이 가장 즐겨 쓰는 도구다

직위:

Hamburger Hochban AG의 혁신 관리자

"애자일과 디자인 씽킹은 VUCA 세계에서 고객에게 집중하고 고객을 위해 올바른 제품과 서비스를 개발하는데 도움이 되는 마인드세트를 기반으로 합니다."

*VUCA는 변동성(Volatility), 불확실성(Uncertainty), 복잡성(Complexity), 모호성(Ambiguity)의 약자.

왜 그는 이 도구를 좋아하는가?

IT에서 A/B 테스트는 여러 해 동안 중요한 도구였다. 주요 수치를 기반으로 고객의 피드백(양적 테스트)을 빠르게 얻을 수 있게 해준다. 디자인 씽킹에서 프로토타입을 서로 테스트하는 것은 아직 흔한 일이 아니다. 보통 팀이 선호하는 프로토타입 1개를 테스트한다. A/B 테스트로 팀에서 개발한 2가지 변형을 사용자가 비교할 수 있다(품질 테스트). 사용자가 두 가지 변형을 비교하고 피드백을 제공하는 데 도움이 된다. A/B 테스트는 다음 제품에 대한 중요한 정보를 제공할 수 있다.

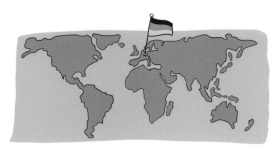

국가:

독일

소속:

호흐반

검수: **Regina Vogel**

소속 | 직위: 혁신적인 디자인 씽커 | 리더십 코치

전문가 Tips:

테스트에서 확인해야 할 가정을 결정한다

· 항상 어떤 가정을 테스트할 것인지에 대한 고려가 우선시 되어야 한다.

· 어떤 종류의 테스트를 해야 하는가? 질적 피드백이 필요한가, 아니면 정량적 피드백이 필요한가? 이 질문에 대한 해답이 테스트 절차를 결정한다.

· 한 번에 하나의 가정(예: 디자인, 비주얼, 버튼, 문구 또는 프로세스)만 확인한다. 새로 개발된 앱의 로그인 과정이 한 단계로 이루어져야 하는가? 아니면 여러 단계로 나누어져야 하는가?

· A/B 테스트의 각 변형은 서로 다른 특성에도 불구하고 가정을 지원해야 한다.

· "구조적 사용성 테스트(229 페이지 참조)"와 같이, 테스트의 평가를 시작하기 전에 평가 방법에 대해 생각해야 한다. 사전에 기준을 명확하게 정의하고 유연성을 유지하며 여러 사용자가 마음에 들지 않는 사항에 대해 동일한 피드백을 제공하는 경우 프로토타입을 수정한다.

· 테스트 전에 어떤 대상 그룹(페르소나)을 테스트해야 하는지, 모든 사용자가 두 가지 변형을 모두 볼 수 있는지 또는 사용자를 두 그룹으로 나눌지 여부를 고려한다.

· A/B 테스트 도구(웹 도구/앱)를 사용한다. 특히 디지털 프로토타입과 사용자가 웹 솔루션 테스트 분야에서 효율적인 해결책을 사용할 수 있다.

테스트의 횟수는 제한되지 않는다

· 실행 횟수가 제한되지 않은 테스트 사이클을 이해한다.

· 테스트가 더 간단하고 사소해 보일수록 결과에 대한 통찰은 깊을 수 있다.

- 릴리는 어떤 랜딩 페이지가 더 높은 전환을 가져오는지 조사하려는 경우와 같이 정량적 온라인 테스트에서만 A/B 테스트를 사용한다.
- 릴리의 팀은 물리적인 프로토타입 테스트 도구를 사용하여 고객에게 중요하고 대상 그룹에서 더 높은 평가를 받는 속성을 찾는다. 이를 위해 하나의 속성에 대해서만 다른 두 가지 변형을 만든다.
- 개인적인 대화에서 팀은 사용자의 니즈에 대해 많은 흥미로운 측면을 배운다.

주요 학습

- A/B 테스트는 서로 다른 두 가지 아이디어를 테스트하는 것이 아니라 프로토타입의 두 가지 변형을 테스트하는 것을 의미한다.
- 테스트 대상 그룹은 대상 페르소나와 일치해야 한다.
- 테스트 전에 설정, 즉 정성적 또는 정량적 피드백이 필요한지 여부를 결정한다.

워크툴킷 다운로드

www.dt-toolbook.com/a-b-testing-en

단계: 회고하기
(Reflect)

마지막 회고하기는 여러 단계에서 도움이 된다. 전반적인 과정뿐만 아니라 팀워크, 이해관계자들의 개입과 그들의 역할을 살피고, 마인드세트와 태도가 잘 유지되어 왔는지를 되돌아볼 수 있다. 배움의 과정을 되돌아보는 것은 정말 중요하다고 할 수 있는데, 이는 디자이너들이 하는 일의 필수적인 부분이 되었다. "I like, I wish, I wonder"와 회고 여행과 같은 도구들은 우리가 해온 과정을 되돌아보는 데에 큰 도움을 준다. 뿐만 아니라 린 캔버스, "프레젠테이션을 위한 피치 만들기" 등의 도구들은 프로젝트 내용에 대한 기록을 되돌아볼 수 있게 해 주고, 꾸준히 추가적인 발전을 할 수 있게 만든다.

I like, I wish, I wonder

[IL, IW, IW]

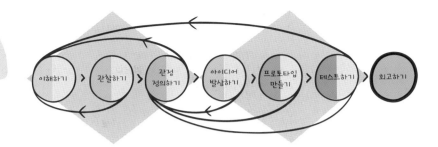

나는...

건설적인 피드백을 제공하고 긍정적인 마인드세트를 유지하고 싶다.

> 나는 이 책에 포함되어 있었던 다양한 시각적인 자료가 좋았어.

> 나는 더 많은 도구와 기법들을 알려주는 2번째 책이 나왔으면 좋겠어.

> 나는 왜 디자인 씽킹이 더 많은 영역에서 사용되지 않는지 궁금해.

이 도구로 할 수 있는 작업

· 피드백은 팀이 "I like, I wish 그리고 추가적으로 I wonder"(간단히 IL/IW/IW)라는 형식으로 제공되도록 설정한다.
· 프로토타입과 테스트 등 반복을 통해 얻어지는 작은 성취와 성공을 축하하라.
· 성찰과 아이디어 발상의 일부분으로 만들어라; "What if..."와 아이디어를 위한 아이디어 저장소로 확장될 수 있다.
· 글로 쓰여졌거나 말로 이루어지는 피드백을 주고받아라.

이 도구에 대한 유용한 정보

· 피드백은 프로토타입, 스토리, 비즈니스 모델을 향상시킬 수 있기 때문에 디자인 씽킹의 전 과정에 필요하다.
· "I like, I wish"와 같은 생각은 섬세한 작업에 최적화되어 있다. 긍정적인 분위기를 유지함으로써, 파트너십을 기반으로 한 피드백을 주는 사람과 받는 사람의 관계가 더욱 발전될 수 있다.
· 이 도구는 특정한 결과뿐만 아니라 협업을 성찰하는 맥락으로도 사용할 수 있다. 예를 들면, "나는 추가적인 고객 설문조사를 진행하자고 우리에게 동기를 부여한 너의 모습이 보기 좋았어"와 "나는 다른 문화권을 대상으로도 이 프로토타입에 대한 테스트를 진행했더라면 더 좋았을 것 같아" 등이 있다.

어떤 도구를 대신 사용할 수 있는가?

· 빨강, 초록 피드백(도트 스티커를 이용하라. 빨강은 주의를 의미하고, 초록은 괜찮음을 의미한다.)
· 학습된 교훈(255 페이지 참조)
· 피드백 캡처 그리드(217 페이지 참조)
· 회고 여행(243 페이지 참조)

이 도구와 함께 쓸 수 있는 도구는 무엇인가?

· 디자인 씽킹을 위한 마인드세트(6 페이지 참고)
· 브레인스토밍(151 페이지 참고)

그룹 크기

- 여러 사람이 피드백을 제공한다.
- 2명, 그러니까 피드백을 주는 사람과 이를 받는 사람 사이에서도 충분히 이루어질 수 있다.

3~5명

소요 시간

- "I like, I wish"는 약간의 반복 후 여러 명의 참가자들이 함께하는 대규모의 피드백 세션에 사용할 수 있다.

15~90분

필요한 재료

- 포스트잇과 펜
- 큰 종이

템플릿: "I like, I wish, I wonder"

팀/ 프로토타입	♡ I LIKE...	✦ I WISH...	? I WONDER...	⟨? WHAT IF...?
팀 X 프로토타입 1				
팀 Y 프로토타입 2				
팀 Z 프로토타입 3				

도구 적용 방법

- 큰 종이를 준비하고 5개의 열로 나누어지는 테이블을 그린다. 각각의 열은 팀/프로토타입, "I like, I wish, I wonder" 그리고 "What if...?"를 나타낸다. 각 팀의 이름과 프로토타입의 이름을 작성한다.
- 이미 제출된 프로토타입에 대한 피드백을 받기 위해서 각 참가자는 최소 3개의 포스트잇을 받는다. 각 참가자가 x축에 위치한 "I like", "I wish", "I wonder"의 영역에 대한 답변을 문장 형식으로 작성하도록 권장한다.
- 참가자 간의 상호작용을 위해 각 참가자는 자신의 답변이 적힌 포스트잇을 격자판에 붙이기 전, 자신이 무엇을 적었는지 크게 읽는다. 모든 참가자가 이 과정을 거친 뒤 포스트잇을 격자판에 붙인다.
- 모든 포스트잇을 종이에 붙인 후, 서로 질문을 하고 의견을 나누며 결과물을 되돌아보는 시간을 가진다. 이를 통해 다음 되풀이 과정에 대한 통찰을 제시하는 것이 있는지 파악한다.
- 피드백을 받는 사람이 대화를 시작하는 것을 피하라. 이는 분위기를 깰 것이며 긍정적인 마음가짐을 빼앗는다. 이 도구의 사용은 인신공격적인 비난을 피하고, 긍정적인 마음가짐을 유지하는 것을 목표로 한다.
- 피드백을 제공받는 사람은 자신에게 주어지는 피드백을 하나의 선물로 간주해야 한다.

이 도구는 Lena Papasz가 가장 즐겨 쓰는 도구다

직위:

마케팅 컨설턴트 외 프리랜서 디자인 씽킹 코치

"앨버트 아인슈타인이 좋은 말을 했죠: '기존의 사고방식이 문제를 야기했다면, 그 사고방식으로는 결코 직면해 있는 문제를 해결할 수 없다.' 디자인 씽킹은 새로운 생각의 장을 열어주고 새로운 관점에서 문제를 바라볼 수 있게 해준답니다."

왜 그녀는 이 도구를 좋아하는가?

"I like, I wish, I wonder"와 같은 생각은 전문적인 부분과 일반적인 영역에서도 다양하게 적용될 수 있다. 빠른 시간 내에 습득할 수 있고, 믿을 수 있으며, 단연 효과적이기 때문에 그녀가 가장 좋아하는 도구다. 일상 생활에서 그것을 구현하는 것은 놀이와 같다.

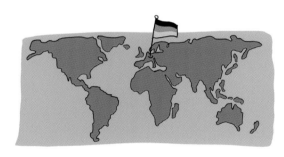

국가:

독일

소속:

디자인 씽킹 프리랜서

검수: **Helmut Ness**

소속 | 직위: Fuenfwerken Deisgn AG | 공동 설립자

전문가 Tips:

피드백을 주기적으로 주고받아라

· "나는 이런 것이 있었으면 좋겠어"와 "나는 이런 것이 궁금해" 를 "어떻게 하면...?" 이라는 생각으로 대체하라. 이는 새로운 아이디어 뿐만 아니라 문제를 해결하는 해결책 또한 제공한다.

· 이 도구를 피드백 인터뷰와 통합시켜라(1:1 인터뷰).

· 모든 팀원이 참가할 수 있고, 작업이 진지하게 진행되고, 문제점을 일찍 발견할 수 있도록 "I like, I wish, I wonder"를 바탕으로 한 주간 팀 회의를 진행하라.

피드백은 선물이다

· 피드백을 주는 사람은 반드시 상대를 존중해야 하며 "사람들이 이 피드백을 어떻게 받아들일까?"를 고려해야 한다. 누군가에게 개인적으로 피드백을 줄 때는, 그 사람과 눈을 마주쳐라.

· 피드백을 받을 때는 상대에 대한 존중을 보이고, 귀 기울여서 들어야 한다. 다른 사람의 의견을 귀 기울여 듣고, 필요할 때 다시 질문하는 것은 좋은 경청자임을 보여주고 진정한 관심을 가진 사람으로 여길 수 있게 한다. 항상 피드백에 대한 고마움을 표현해야 한다.

긍정적인 태도

· "I like, I wish, I wonder"는 프로젝트를 진행하는 중간 과정 뿐만 아니라 끝에 이르렀을 때에도 사용할 수 있다. "학습된 교훈" 단계를 통해 새롭게 배운 것을 추가하고 이를 다른 프로젝트에 사용할 수도 있다(255 페이지 참조).

· 더 나아가 "I like, I wish, I wonder"와 "What if..."로 하루를 시작할 수 있고, 이를 통해 매일의 목표를 세울수 있다. 이런 방법을 우리 자신을 위해 사용하고 우리의 삶을 형성하는데 통합할 수 있다(디자인 씽킹 라이프 289 페이지 참고).

우리 모두가 긍정적으로 피드백을 주고받을 수 있다는 점이 너무 좋은 것 같아요! 하지만 기록하는 것도 잊으면 안돼요!

로봇이 더 인간다웠다면 어떻게 될까요?

이것은 굉장히 중요한 포인트인 것 같아요. 어떤 사용자들은 로봇이 더 큰 눈을 갖기를 바라요.

활용 사례 설명

· 릴리와 그녀의 팀원들은 시작부터 긍정적인 피드백을 주고받곤 하였다. 모든 상호 작용 과정에 있어서 "I like", "I wish"의 형태를 갖춘 피드백이 오고 갔다. 처음에는 다들 익숙치 않아서 평소의 습관대로 행동하였으나, 모두가 긍정적인 피드백을 주고받는 원칙을 내면화하였다.

· 이들은 상황에 따라 필요한 경우, "I wonder"와 "What if...?"를 추가하기도 했다. 이는 특히 피드백 과정을 기록으로 남길 때 긍정적인 자극이 되어준다.

주요 학습

· 피드백을 주고받는 긍정적인 습관을 길러라. "I like, I wish, I wonder"는 긍정적인 분위기를 유지하는 데 도움이 된다.

· 피드백을 기록하고, 추후 디자인 씽킹 팀과 함께 회고하는 것이 중요하다.

· 피드백은 선물이다 – 항상 피드백에 대한 고마움을 표현한다.

워크툴킷 다운로드

www.dt-toolbook.com/i-like-feedback-en

회고 여행
(Retrospective "sailboat")

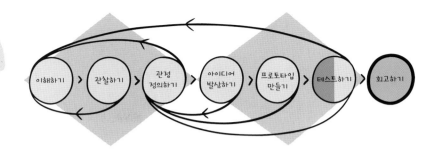

나는...

각 반복이 끝나거나 전체 프로젝트가 끝날 때 다음 반복 작업을 반복하면서 전반적인 과정을 회고하고, 나 자신(또는 절차)을 개선하기 위해 새로운 것을 배우고 싶다.

목표/비전:
예: "세계에서 가장 멋진 보험회사 그리고 고객이 좋아할 것"

가속 요소:
예: 정기적인 상담과 일일 미팅

환경적 요소:
예: 새로운 법률

억제 요소:
규칙 부족
정의되지 않은 역할
매칭도구가 없음

이 도구로 할 수 있는 작업

· 팀과의 상호작용과 협업을 개선한다 – 빠르고, 구체적이고, 감사함을 느낄 수 있으며, 구조화된 방식으로.
· 회고를 통해 잘 된 점과 개선할 점을 확인한다.
· 문제를 되돌아보면서 어떠한 요인이 바뀌어야 하는지, 또 어떠한 요인은 반드시 받아들여져야 하는지 깨달을 수 있다.
· 긍정적인 분위기를 형성할 수 있다. 이는 결과적으로 자기 조직화된 팀의 마인드세트를 형성한다.

이 도구에 대한 유용한 정보

· 회고 여행은 지난 과정을 되돌아보는 맥락에서 SCRUM 방법과 함께 사용된다. 뿐만 아니라 이는 4분면이 있는 회고 보드로 그려질 수도 있다(245 페이지 참조).
· 이는 디자인 씽킹의 모든 과정에서 유용하며 프로젝트가 완성된 다음에도 사용될 수 있다.
· 이 도구는 두 사람 사이에서도 사용될 수 있다.
· 이 도구는 가속, 억제 그리고 환경 요인에 반응한다.
· 이 도구는 '실수'라는 것을 실패가 아닌 변화이고, 더 배울 수 있는 기회로 보는 "실패 마인드세트"를 촉진한다.

어떤 도구를 대신 사용할 수 있는가?

· 피드백 캡처 그리드(217 페이지 참조)
· "I like, I wish, I wonder"(239 페이지 참조)
· 동기들과 나누는 취미나 관심사 등 일과 관련되지 않은 대화

이 도구와 함께 쓸 수 있는 도구는 무엇인가?

· 5whys 질문법(67 페이지 참조)
· 피드백 캡처 그리드(217 페이지 참조)
· 학습된 교훈(255 페이지 참조)
· 스케치 노트(173 페이지 참조)

어느 정도의 시간과 어떤 재료가 필요한가?

그룹 크기

- 4~6명의 인원이 가장 이상적이다.
- 더 큰 규모의 팀은 소그룹으로 나눌 수 있다.

4~6명

소요 시간

- 정해진 목표와 토의의 필요성에 따라 시간은 단축될 수 있다.

60~120분

필요한 재료

- 플립 차트나 화이트보드
- 포스트잇
- 펜과 마커(매직펜)

순서: 회고 여행

도구 적용 방법

전형적인 회고 세션의 순서

- **1단계: 오프닝:** 회고 세션의 목표와 순서를 소개한다.
- **2단계: 정보 수집:** 요트(Sailboat) 템플릿에서 해당되는 영역에 붙어있는 포스트잇에 수집한 정보를 적는다. 자주 묻는 질문들:
  - 최근에 어떠한 일이 일어났는가? 어떤 부분이 좋았는가? 어떤 점이 요트가 순항할 수 있도록 바람을 불어주었는가(바람)? 팀에서 어느 부분이 미흡하여 진척을 방해하였는가/ 진행 속도를 저하시켰는가(닻)? 팀이 힘을 쓸 수 없었던 어려움이나 위험에는 무엇이 있었는가(절벽 – 시장, 신기술, 경쟁자)? 팀원들이 공통으로 가지고 있었던 비전과 동기는 무엇인가(섬)? 모두가 자신이 작성한 포스트잇을 크게 읽는다.
- **3단계: 발견한 것을 모으고 우선순위를 정한다:** 가장 중요한 주제를 정하고, 이를 더 깊이 탐구한다. 단순히 결과와 증상만을 따지는 것이 아니라, 원인을 알 수 있도록 심층적인 부분까지 따진다. 다소 불편한 주제를 다루고, 개선을 위한 밑바탕을 마련하는 것이 목표다.
- **4단계: 지표를 정의하라:** 마지막 단계에서 지표와 기준이 만들어진다. 이를 통해 수정할 점이나 시도할 만한 것을 꼼꼼하게 기록할 수 있다.
- **5단계: 회고를 끝맺어라:** 모두가 회고 과정에 대해 간단한 피드백을 제공한다. 예를 들어, 피드백 캡처 그리드(217 페이지 참조)를 사용한다. 최종적으로, 그룹은 긍정적인 감정을 나눌 수 있게 된다.

이것은 Achim Schmidt가 가장 즐겨 쓰는 도구다

직위:

디자인 씽킹 코치 & 스케치 노트 트레이너

"우리는 매주 토요일 오후 2시부터 4시까지 디자인 씽킹을 합니다. 실제로 누군가 회사에서 디자인 씽킹을 한다는 말을 들었습니다. 디자인 씽킹은 저에게 있어서 다른 것들을 전체적으로 바라볼 수 있게 해주는 마인드세트와도 같습니다. 디자인 씽킹은 우리 삶에도 관련되어 있답니다! 저의 좌우명은 '항상 상식을 이용하자!' 입니다."

왜 그는 이 도구를 좋아하는가?

프로젝트의 성공 여부는 동기부여, 즐거움, 분위기, 집단 역학, 팀 내에서의 의사소통에 달려있다. 회고 여행은 잘 구조화되고 만족할만한 방법으로 팀원의 협동에 큰 기여를 한다. 이 도구는 꽤나 효과적이고, 준비하고 실행하는 데 적은 시간이 필요하기 때문에 좋다. 템플릿 또한 기록하기에 유용하다.

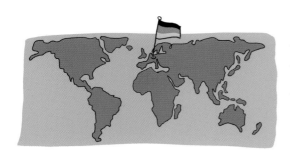

국가:

독일

소속:

Business playground

검수: Elena Bonanomi

소속 | 직위: Die Mobiliar | 혁신 매니저

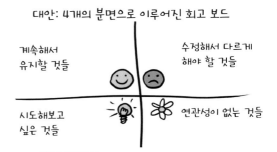

대안: 4개의 분면으로 이루어진 회고 보드

계속해서 유지할 것들

수정해서 다르게 해야 할 것들

시도해보고 싶은 것들

연관성이 없는 것들

전문가 Tips:

긍정적인 분위기를 형성하라

- 긍정적인 분위기와 건설적인 비판에 주의를 기울여라.
- 항상 긍정적인 피드백과 통찰로 시작하라.
- 남 탓은 하지 말 것!
- 모두의 의견이 존중되어야 한다. 모두가 기여하고 이바지할 수 있어야 한다.
- 주요 회고 세션(예: 중요한 단계나 어려운 상황에서)은 외부 전문 모더레이터나 전문 지식을 보유한 다른 구성원에 의해 진행될 수 있어야 한다.
- 다른 장소의 선택이 회고에 영향을 미친다: 평소에 일하던 곳을 벗어나서, 커피숍이나 공원에서 만나본다.

신뢰를 쌓아라

- 신뢰 관계를 쌓아라. 민감한 이슈가 있거나, 계급에 따른 차이가 존재할 때 더더욱 그렇다. 익명성이 도움을 줄 수 있다.
- "라스베가스 원칙"을 적용할 수 있다고 설명한다. 여기서 라스베가스 원칙이란, "이 방에서 일어나는 일은 우리만 안다"라는 의미를 담고 있다.
- 말하기 어려운 것이나 팀을 방해하는 금기사항(taboo)이 존재하는가?

건너뛰지 말 것

- 팀원끼리 서로 잘 알 때, 회고가 무시되곤 한다. 이는 매우 안타까운 일이다. 그럼에도 긍정적인 분위기를 형성할 수 있게 해주기 때문에 진행할 만한 가치가 있다.
- 사소한 변화와 방법을 시행하라: 사소한 것들이 모여 거대한 변화를 불러일으키기도 한다.
- "우리가 왜 회고 여행을 해야 하는 거지?"와 같은 질문을 통해 회고를 시작한다. 질문에 대한 해답을 적어서 이를 눈으로 볼 수 있게 한다. 이것만으로도 이미 변화에 대한 큰 가능성과 잠재력을 보여주는 것이다.

활용 사례 설명

- 각 반복 과정마다 릴리의 팀은 잠시 자리에 앉아 무엇이 성공적이었고, 어떤 부분이 미흡했는지 되돌아본다.
- 릴리에게는 팀원들 간에 호흡이 맞고, 새로운 것이 끊임없이 테스트되는 게 중요하다.
- 모든 반복 과정에서 그녀는 새로운 테크닉과 방법을 시도해보면서 모든 것이 뜻대로 이루어지지 않는다는 것을 받아들였다. 팀원들은 어떠한 것이 성공적이지 않을 때, 그것을 웃어넘기는 방법을 배웠다.

주요 학습

- 각각의 반복 과정에서 짧게라도 회고 여행을 진행한다.
- 모두가 무언가를 작성해야 한다. 최소한 작성하려는 시도라도 해야 한다.
- 긍정적인 분위기를 유지하고, 팀원 간의 신뢰를 쌓는 것을 잊지 마라. 꾸준한 개선이 중요하다는 점을 기억한다.

워크툴킷 다운로드

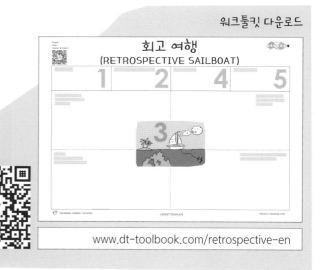

www.dt-toolbook.com/retrospective-en

피치 만들기(Create a pitch)

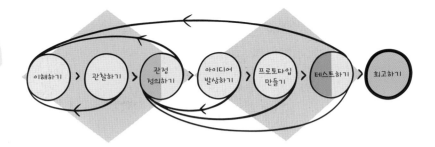

나는...

반복 과정이 끝날 때 팀 그리고 이해관계자들과 함께 정기적으로 결과 및 통찰을 공유하고 싶다.

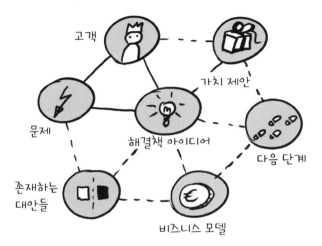

고객

가치 제안

문제

해결책 아이디어

다음 단계

존재하는 대안들

비즈니스 모델

이 도구로 할 수 있는 작업

· 팀과 이해관계자들에게 프로토타입이나 프로젝트 그리고 궁극적인 해결책의 진행 상황을 보여준다.
· 아이디어를 구조화하고 핵심 정보를 강조한다.
· 해결책과 중요한 기능, 고객의 니즈 또는 가치 제안에 대한 피드백을 제공받을 수 있다.
· 프로젝트 지지자 또는 의사 결정자들을 설득하여 승인을 얻거나 다음 단계를 실행하기 위한 자원을 받을 수 있다.

이 도구에 대한 유용한 정보

· "피치"라는 용어는 사실 광고 산업에서 온 말이다. 이는 잠재 고객을 대상으로 하는 프레젠테이션을 의미한다. 대행사들은 때때로 고객을 설득하고 계약을 체결하기 위해 서로 경쟁한다. "피치"라는 말은 스타트업 분야에서 널리 사용되며 투자자 또는 심사위원단 앞에서 짧은 시간 동안 자신의 비즈니스 아이디어를 발표하는 것을 의미한다.
· 디자인 씽킹에서 팀이나 이해관계자들에게 결과를 간단하게 프레젠테이션하기 위해 피치를 사용한다.
· 피치에는 여러 종류가 있는데, 각각 길이가 다르다. 엘리베이터 피치가 가장 짧은 형태의 프레젠테이션이다. 이는 짧은 시간 동안 전반적인 아이디어를 요약하여 전달하는 것을 목표로 한다(대략 30초에서 1분 사이).
· 통상적으로 파워포인트 슬라이드는 거의 사용하지 않거나 몇 개의 슬라이드만 사용한다. 대부분의 피치 프레젠테이션은 실제 프로토타입을 보여줌으로써 발표를 더욱 생생하게 만든다.
· 프로젝트 단계에 따라 질문의 초점이 달라질 수 있다.

어떤 도구를 대신 사용할 수 있는가?

· NABC(177 페이지 참조)

이 도구와 함께 쓸 수 있는 도구는 무엇인가?

· 린 캔버스(251 페이지 참조)
· 이해관계자 지도(83 페이지 참조)
· 실행 로드맵(259 페이지 참조)
· 스토리텔링(129 페이지 참조)

어느 정도의 시간과 어떤 재료가 필요한가?

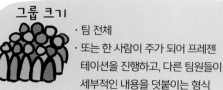

그룹 크기

4~6명

- 팀 전체
- 또는 한 사람이 주가 되어 프레젠테이션을 진행하고, 다른 팀원들이 세부적인 내용을 덧붙이는 형식으로 진행할 수도 있다.

소요 시간

60~120분

- 피치가 인상적이고 짧을수록 많은 준비시간이 요구된다.
- 보통 프레젠테이션을 준비하는 데에 1시간 정도면 충분하다. 최종 프레젠테이션, 혹은 투자 피치일 경우 더 많은 시간이 요구된다.

필요한 재료

- 포스트잇과 펜
- 프로토타입
- 테스트, 고객 피드백 그리고 상품 추천서에 대한 영상과 사진

템플릿과 순서: 피치 만들기

요소	피치의 가능한 핵심 질문
진입점(스토리)	■ 스토리로 눈길을 끈다.
문제	■ 가장 큰 문제는 무엇인가요? ■ 문제가 되는 이유는 무엇인가요?
Customers	■ 누가 그 문제에 영향을 받나요? ■ 누구에게 문제가 되나요?(당신의 페르소나) ■ 문제가 어느 정도인가요?(문제 해결의 가능성은 얼마나 되나요?) ■ 얼리 어답터는 누구인가요? 누구와 공동창작을 할 수 있나요?
해결책/아이디어	■ 해결책은 무엇인가요?(프로토타입, 데모, 테스트 피드백 포함) ■ 가치 제안은 무엇인가요? 우리를 특별하게 만드는 것은 무엇인가요? ■ 왜 기존의 대안보다 더 나은가요? ■ 왜 우리만 해결책을 구현할 수 있나요?
비즈니스 모델	■ 어떻게 돈을 벌 수 있나요? ■ 도전 과제와 리스크는 무엇인가요?
다음 단계	■ 다음에 해야 할 것은 무엇인가요? ■ 다음 단계에는 무엇이 필요한가요?
요약	■ 왜 그 문제를 해결하는 것이 가치가 있나요? 왜 지금인가요? ■ 외부 피치에서 팀 소개 가능

도구 적용 방법

1단계: 대략적인 계획 세우기

대략적인 계획을 세우기 위해 다음의 질문에 답변한다:

- 청취자는 누구인가? 그들이 이미 알고 있는 것은 무엇인가? 어디에서 그들을 만날 수 있는가? 그들이 알고 싶어 하는 것은 무엇인가?
- 프레임워크는 무엇인가? 우리에게 얼마만큼의 시간이 있는가? 프레젠테이션을 하는 데 있어서 선택할 수 있는 옵션에는 어떠한 것이 있는가?
- 목표는 무엇인가? 전달하고자 하는 메시지는 무엇인가?
- 그런 다음 대략적인 순서를 포스트잇에 적어서 계획한다. 어떠한 내용을 담을 것인지, 어떠한 형식으로 전달할 것인지 그리고 누가 무엇을 말할 것인지를 정한다.

2단계: 세부적인 사항으로 나누어라

여러 번 반복하여 피치를 세분화하라:

- 스토리를 이용하여 감정을 자극한다.
- 최대 10장의 슬라이드를 KISS(Keep it short and simple) 원칙에 따라 만든다.
- 중요한 수치를 사용하라. 구체적인 수치와 값은 말로 설명하는 것보다 더 많은 정보를 전달한다.
- 표준화된 것은 지루하다! 가능하면 파워포인트를 사용하지 않는다.
- 피치에서 프로토타입을 소개하고, 시연을 하고 어떻게 작동하는지 보여준다.
- 피치의 마지막 부분에서 핵심 메시지를 반복한다.
- 대개의 경우, 발표를 듣는 사람들은 보통 2~3가지의 사실밖에 기억하지 못한다.

3단계: 테스트하고, 연습하고, 개선하라

- 피치를 테스트하고, 순서대로 연습하고, 여러 번에 걸쳐서 이를 개선한다.
- 팀은 피치가 끝난 뒤, 모든 종류의 질문에 답할 준비를 해야 한다.

직위:

Product Innovation, Lucerne University of
Applied Sciences and Arts 교수
디자인 씽킹, 린 이노베이션 코치 – Trihow AG의 공동설립자.

"디자인 씽킹은 분석적인 문화뿐만 아니라 문제해결과 의사결정
프로세스를 보완해줍니다. 특히 디자인 씽킹은 시스템 씽킹, 데이터
분석, 린 스타트업과 같은 접근 방식들과 함께 사용될 때 효과적이며,
새로운 아이디어를 구현하는 데도 좋습니다."

왜 그는 이 도구를 좋아하는가?

1분 안에 새로운 비즈니스 아이디어를 발표하고 청중에게 아이디어에 대한 열정을 보여주는
것은 상당히 어렵다. 이 과정에서 성공적이고 긍정적인 피드백과 도움이 될 만한 정보를
얻어갈 수 있다면 더욱 멋질 것이다. 피칭은 반드시 연습해야 한다. 연습하기 위해 모든 기회를
활용한다(일이 끝난 뒤 친구들과 바에서, 혹은 행사장소에서). 좋은 피치 무대는 단순히
색감이 화려한 파워포인트 슬라이드보다 더 많은 것을 보여준다.

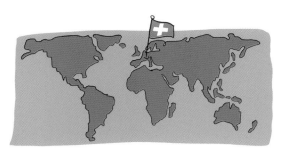

국가:
스위스

소속:
루체른 응용 과학 예술 대학,
Trihow AG 공동 창립자

검수: **Maria Tarcsay**

소속 | 직위: KoinaSoft GmbH | 혁신 매니저

전문가 Tips:

준비하라

· 피치는 짧을수록 준비하기 어렵다. 피치가 끝나면 모든 게 끝난다.
· 각 프레젠테이션은 청중을 중심으로 이루어져야 한다. 그들이 이미 알고 있는 것은
무엇인가? 다음 단계를 위해 무엇이 필요한가?

파워포인트 사용을 지양하라

· 파워포인트 슬라이드에 텍스트를 빽빽하게 채워 넣는 것을 삼가한다. 꼭 파워포인트
슬라이드를 사용하고 싶다면, 가이 가와사키(Guy Kawasaki)의 좋은 피치를 위한
원칙을 참고한다: "10, 20, 30" 즉, 10개의 슬라이드, 20분짜리 프레젠테이션 그리고
폰트 크기 30.
· 청중들은 듣거나 읽을 수 있지만 두 가지를 동시에 할 수 없다. 청중을 산만하게 하는
애니메이션을 사용하지 않는다.
· 프로토타입이나 페르소나가 중심이 되는 역할극은 피치에서 가치가 있다.
· 짧은 영상이나 고객의 의견도 흥미롭다. 영상이 잘 나오는지, 소리가 잘 들리는지 꼭
확인한다. 가능하다면 모든 것을 사전에 테스트하고 백업 시나리오를 준비한다
(예: 갑자기 프로젝터가 작동하지 않거나 소리가 나오지 않는 경우).

열정을 가져라

· 피치를 하는 동안 제품과 서비스 그리고 목표 시장에 대한 열정을 보여줘라.
· 아이디어 뿐만 아니라 팀의 해결책 구현 능력도 중요하다는 점을 명심한다.
· 린 캔버스는 관련된 콘텐츠에 대해 귀중한 단서를 제공한다(251 페이지 참조).
· 예상되는 질문에 대한 답변을 준비하고 만일에 대비하여 추가 정보를 준비한다.

활용 사례 설명

- 릴리에게는 아이디어를 잘 제시하는 것이 최우선이다. 그녀는 청중이 끝이 없는 파워포인트 프레젠테이션을 좋아하지 않는다는 것을 알고 있다.
- 그녀의 팀은 청중에게 문제 상황을 분명하게 전달할 수 있는 역할극으로 시작한다. 팀은 대략적인 윤곽을 잡는 것부터 구체적인 사항들까지 정하면서 프레젠테이션의 내용을 계획한다. 릴리는 프로토타입과 사용자들의 피드백을 피치에 포함시키고 싶어한다.
- 결론은 진입점 못지않게 중요하다. 그녀의 팀은 진입점과 결론에 대해 신중하게 계획을 세운다.

주요 학습

- 피치 소재를 테스트하고 피드백을 받는다.
- 표준화된 것은 지루하다! 가능하다면 파워포인트를 사용하지 않는다.
- 페르소나를 기반으로 스토리텔링을 하거나, 프로토타입을 보여준다.
- 해결책에 대하여 상호작용하는 과정에서 고객/사용자에 대한 열정을 보여준다.
- 팀워크는 정말 중요하다. 열정과 헌신이 얼마나 중요한지 명심한다.
- 피치를 마무리할 때 핵심 메시지를 반복한다.

워크툴킷 다운로드

www.dt-toolbook.com/pitch-en

250

린 캔버스(Lean canvas)

나는...

고객의 니즈와 비즈니스 맥락을 모두 고려하여 문제를 해결책으로 바꾸고 싶다.

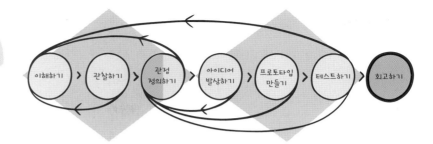

이 도구로 할 수 있는 작업

· 디자인 씽킹 반복 과정의 결과를 요약하여 모두가 혁신 프로젝트에 대해 명확히 이해할 수
  있도록 한다.
· 가설을 시각화하고 구조화하여 나중에 검토할 수 있도록 하고, 결과를 개요에 담는다.
· 구현 또는 비즈니스 모델에 대해 생각해보고 관찰하여, 구현에 수반되는 위험 요소를
  파악한다.
· 여러가지 비즈니스 모델을 비교해본다.

이 도구에 대한 유용한 정보

· 린 캔버스는 혁신 프로젝트를 구조화하고 시각화하는 데 도움을 준다. 완성된 린
  캔버스는 최종적인 "문제/해결책 구조"를 문서화한다.
· 린 캔버스의 블록들은 고객의 문제부터 차별적 경쟁우위에 이르기까지 논리적인
  순서를 따른다.
· 린 캔버스는 문제를 탐색하는 것보다 해결책을 디자인하는 것에 더 적합하다.
· 우리는 "문제/해결책 구조"를 리뷰하고 필요한 경우 수정을 위해 린 캔버스를
  사용한다. 이는 수집된 데이터가 고객의 행동과 챌린지에 가장 적합한 최상의 해결책과
  비교된다는 것을 의미한다.

어떤 도구를 대신 사용할 수 있는가?

· 비즈니스 모델 캔버스 – 린 캔버스는 최소 생존가능 제품(207 페이지 참조)으로써
  해결책에 대한 더 많은 유효한 검증을 포함하고 있다. 비즈니스 모델 캔버스보다
  더 구체적이므로 린 캔버스를 먼저 사용하기를 권유한다. 린 캔버스가 유효하고, 비용
  구조의 최적화가 더 중요해지면 비즈니스 모델 캔버스로 전환한다.

이 도구와 함께 쓸 수 있는 도구는 무엇인가?

· NABC(177 페이지 참조)
· 성장 혁신 이슈맵(263 페이지 참조)
· MVP(207 페이지 참조)
· 페르소나/사용자 프로필(97 페이지 참조)

어느 정도의 시간과 어떤 재료가 필요한가?

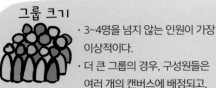

그룹 크기

· 3~4명을 넘지 않는 인원이 가장 이상적이다.
· 더 큰 그룹의 경우, 구성원들은 여러 개의 캔버스에 배정되고, 이후에 결과를 통합한다.

1~4명

소요 시간

· 린 캔버스 초기 제작에 약 60분 정도가 소요된다. 대부분의 경우 1에서 5까지 순서에 집중한다.
· 반복을 통해 린 캔버스가 보완되고 새로운 결과로 개선이 거듭된다.
· 업데이트에는 10~15분이 걸린다.

60~120분

필요한 재료

· A0에 출력된 린 캔버스
· 펜과 마커
· 다양한 색과 사이즈의 포스트잇
　(예: 고객과 이해관계자마다 다른 색)

템플릿과 순서: 린 캔버스

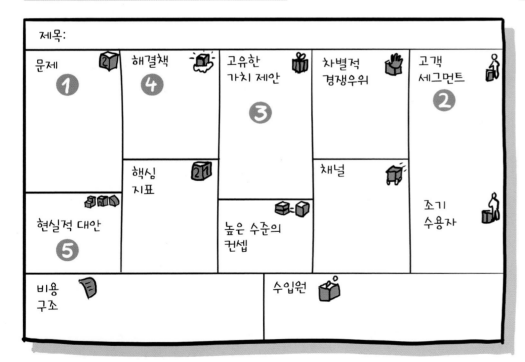

도구 적용 방법

린 캔버스를 A0 용지에 출력하고 다양한 사이즈의 포스트잇을 준비한다.

· **1단계:** 린 캔버스를 단계별로 채우고 새로운 결과를 보완한다. 초기 단계에서는 "문제/해결책 적합성"을 리뷰하기 위해 1~5단계에 중점을 둔다(문제, 고객 세그먼트, 가치 제안, 해결책 그리고 현실적 대안).
　Tip: 가장 먼저, 윤곽이 선명하게 잡힐 때까지 다섯 단계를 반복한다.
· **2단계:** 다음 단계는 순서에 상관없다.
　Tip: 고객의 선호도나 다른 고객 세그먼트 또는 위험 단계에 따라 다른 색상의 포스트잇을 사용한다(예: 핑크=높은 위험, 반드시 빠르게 테스트해야 함; 노랑=중간 단계 위험; 초록=이미 테스트 되었거나 위험이 낮음).
· **3단계:** 가장 위험 부담이 큰 가정(assumption)을 실험을 통해 테스트한다.

노트: <러닝 린(Running Lean)>에서 발췌

직위:

creaffective의 혁신 코치 및 다양한 대학의 초빙 강사

"대다수의 좋은 아이디어는 구현할 수 없기 때문에 실패할 수도 없습니다. 우리는 잘못된 문제에 돈과 시간을 투자하고, 해결책을 고안해내기 위해 노력하기 때문에 실패하는 것입니다. 디자인 씽킹은 실제로 고객과 사용자의 니즈를 충족시킬 수 있는 제품을 만들도록 보장해줍니다. 린 캔버스는 이러한 접근방식에서 큰 도움을 줄 수 있는 도구입니다."

왜 그는 이 도구를 좋아하는가?

린 캔버스는 모든 결과를 종합하여 요약할 수 있도록 해준다. 이 도구는 혁신 프로젝트를 이해하기 쉽게 해주는 중요한 요소들을 모두 포함하고 있다. 이는 팀원들이 다음 단계로 넘어가기 위해 해결해야 하는 것과 어떠한 부분들을 실험해보아야 하는지 알 수 있게 해준다. 또한 이 도구는 가능성 있는 구현 또는 비즈니스 모델에 대한 대략적인 전망을 제공한다.

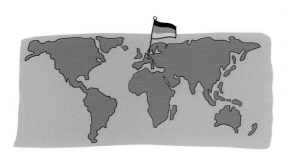

국가:

독일

소속:

Creaffective GmbH

검수: **Patrick Link**

소속 | 직위: Lucerne University of Applied Science and Arts & Trihow AG | 공동 설립자

너무 말랐어

너무 뚱뚱해

린-스타트업

전문가 Tips:

뭐가 뭔지 놓치지 말아라

· 이전에 우리에게 효과적이었던 것을 필드 당 3~4개의 포스트잇에 각각 하나의 문장으로 적는다.

· 필드에 포스트잇이 너무 많으면 포커스가 부족한 것처럼 보일 수 있다.

· 필드가 텅 비어 있거나 거의 비어 있다면 추가 작업이 필요하다.

· 포스트잇을 사용하는 이유는 쉽게 바꾸고 움직일 수 있기 때문이다.

각 반복 과정이 끝난 후 내용을 기록하라

· 진행 상황을 문서화하고 정기적으로 변경사항을 기록하는 것이 좋다(예: 사진과 함께).

· 추후에 주요 변경사항(피봇)을 적을 때, 전자 버전을 사용할 수 있다.

관련 업계에서 공통적으로 쓰는 KPI를 사용하라

· 업종과 규모에 관계없이, 모든 기업은 성과 검토에 사용될 수 있는 주요 수치를 가지고 있다. 팀에게 유리하도록 하기 위해 우리는 Dave McClure의 AARRR(Pirate metrics) 사용을 추천한다.

외부에서 피드백을 받아라

· 보통 외부의 조언과 제3자의 의견은 꽤 가치 있다.

· 린 캔버스가 어느 정도 완성이 되어서 더 이상 수정할 필요가 없어지면, 결과물을 비즈니스 모델 캔버스로 쉽게 옮기고 확장할 수 있다(필요하거나 원하는 경우).

린 캔버스를 상황에 맞게 맞춤형으로 사용하라

· 린 캔버스에 고객 프로필과 실험 보고서를 추가한다(www.leancanvas.ch 참조).

활용 사례 설명

- 릴리의 팀은 문제/해결책 구조를 문서화하고 피치를 준비하기 위해 린 캔버스를 사용한다.
- 린 캔버스는 모순과 오픈된 아이템들을 아주 잘 보여준다. 린 캔버스를 완성한 뒤, 릴리의 팀은 가장 큰 불확실성과 위험이 어디에 있는지 생각해본다. 일단 이러한 내용이 확인되면, 팀은 시간을 효과적이고 효율적으로 사용하기 위해 먼저 테스트해본다.
- 릴리의 팀은 가치 제안에서 여전히 큰 불확실성을 인식하고 있으며, 다음에 다시 테스트를 하고 싶어한다.

주요 학습

- 제품 아이디어로 고객과 관련된 문제를 해결하는 것이 중요하다.
- 올바른 문제와 올바른 고객을 위한 올바른 해결책을 찾는 것은 어려운 일이다. 처음에는 그것을 발견하기 어려울 것이다. 그러므로 반복하고 – 반복하고 – 반복한다!
- 첫 번째 린 캔버스가 완성되는 순간 가정한 것을 테스트해 볼 수 있다. 가장 위험 부담이 큰 것부터 시작한다.

워크툴킷 다운로드

www.dt-toolbook.com/lean-canvas-en

학습된 교훈(Lessons learned)

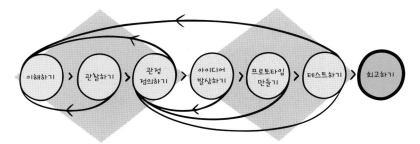

나는...

디자인 씽킹 프로젝트를 진행하면서 얻은 통찰을 회고하고 기록하고 싶다.

배우고
발전시킨다

실수는 때로 긍정적일 수 있지만,
같은 실수를 두 번
반복하지는 않는다

성공을 반복한다

바퀴를 재발명하는 것이 아니다
바퀴를 완벽하게 만든다

이 도구로 할 수 있는 작업

· 프로젝트를 수행하여 얻은 경험을 체계적으로 수집하고 평가한다.
· 경험을 통해 배우고 다음 프로젝트에 배운 점을 활용한다.
· 실수에 대해 긍정적인 마음가짐을 가지고, 진행 상황에 감사한다.
· 조사 결과를 확인하고 문서화하여 적용 가능하고 사용가능하게 만든다.

이 도구에 대한 유용한 정보

· "학습된 교훈"이라는 용어는 프로젝트 관리에서 유래하였다.
· "학습된 교훈"은 프로젝트 중 긍정적이고 부정적인 경험, 개발, 발견, 실수 및 위험을
  기록하고 체계적으로 수집하고 평가하는 것을 의미한다.
· 기술, 콘텐츠, 정서적, 사회적 및 프로세스 관련 등 다양한 수준이 고려된다.
· 목표는 향후 프로젝트를 더 잘 디자인하기 위해 행동과 결정에서 배우는 것이다.
· 그렇기 때문에 "학습된 교훈"은 프로젝트를 구현하는 맥락에서 참가자가 개발한 경험과
  지식, 통찰 및 이해도를 매핑해준다.
· 디자인 씽킹 프로젝트는 접근 방법이 문제 정의의 맥락에 적용되기 때문에 대부분
  광범위한 통찰을 제시한다. 그래서 각각의 디자인 챌린지는 다른 과정을 거치게 된다.
· 이 도구는 자신의 행동과 배움을 회고하는데 도움이 된다. 보다 광범위한 프로젝트의
  경우, 이 도구는 프로젝트가 종료되었을 때 뿐만 아니라 프로젝트 진행중에도 사용할 수
  있다.

어떤 도구를 대신 사용할 수 있는가?

· 피드백 캡처 그리드(217 페이지 참조)
· 회고 여행(243 페이지 참조)

이 도구와 함께 쓸 수 있는 도구는 무엇인가?

· 린 캔버스(251 페이지 참조)
· 피치 만들기(247 페이지 참조)
· "I like, I wish, I wonder"(239 페이지 참조)

어느 정도의 시간과 어떤 재료가 필요한가?

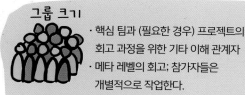

그룹 크기

· 핵심 팀과 (필요한 경우) 프로젝트의 회고 과정을 위한 기타 이해 관계자
· 메타 레벨의 회고; 참가자들은 개별적으로 작업한다.

디자인 팀

소요 시간

· 그룹 활동은 일반적으로 40~60분정도 지속된다(프로젝트 기한에 따라 달라질 수 있다).
· 프로젝트가 길수록 회고 과정에 더 많은 시간을 계획한다.

40~60분

· 그룹 활동에 많은 시간이 사용될수록 개별 작업이 쉬워진다.

필요한 재료

· 일지(Log book, 워크숍 준비를 위해 프로젝트 기간 동안 각 참가자가 보관한다)
· 템플릿 또는 플립 차트
· 포스트잇과 펜

템플릿과 순서: Lessons learned

①

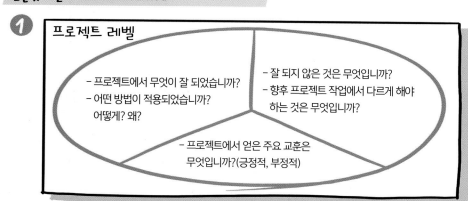

프로젝트 레벨

- 프로젝트에서 무엇이 잘 되었습니까?
- 어떤 방법이 적용되었습니까? 어떻게? 왜?

- 잘 되지 않은 것은 무엇입니까?
- 향후 프로젝트 작업에서 다르게 해야 하는 것은 무엇입니까?

- 프로젝트에서 얻은 주요 교훈은 무엇입니까?(긍정적, 부정적)

②

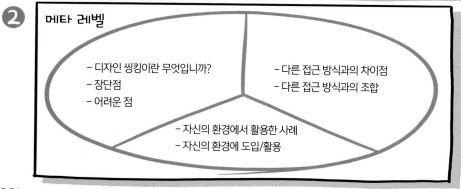

메타 레벨

- 디자인 씽킹이란 무엇입니까?
- 장단점
- 어려운 점

- 다른 접근 방식과의 차이점
- 다른 접근 방식과의 조합

- 자신의 환경에서 활용한 사례
- 자신의 환경에 도입/활용

도구 적용 방법

· 가장 일반적인 방법은 관련되어 있는 모든 프로젝트 이해관계자가 워크숍 형태로 프로젝트를 공동으로 리뷰하는 것이다.

· 회고는 프로젝트 레벨과 메타 레벨의 두 가지 수준에서 일어나야 한다.

· **1단계:** 프로젝트 레벨에서는 다음 질문에 답하는데 중점을 둔다.

- 프로젝트 진행 과정에서 잘 된 것과 그렇지 않은 것은 무엇인가?

- 어떤 방법을 적용했는가? 어떻게? 왜?

- 향후 프로젝트 작업에서 다르게 수행해야 하는 부분은 무엇인가? 무엇을 바꾸는 것이 좋은가? 또는 무엇을 꼭 바꿔야 하는가?

- 프로젝트에서 얻은 중요한 교훈들은 무엇인가?(긍정적인 것과 부정적인 것)

· **2단계:** 메타 레벨에서는 다음의 질문들이 중요하게 작용한다.

- 나에게 있어서 디자인 씽킹은 어떠한 의미를 가지는가? 장단점은 무엇인가? 어려운 점은 없는가?

- 디자인 씽킹이 다른 접근방식들과 어떠한 점에서 다른가?

- 디자인 씽킹이 다른 접근방식들과 어떻게 결합될 수 있는가?

- 디자인 씽킹이 내 주변 환경이나 직장에서 어떻게 적용될 수 있을까? 어떤 적용 사례가 흥미로운가?

이것은 Stefanie Gerken이 가장 즐겨 쓰는 도구다

직위:

디자인 씽킹 프로젝트 리더, 워크숍 코치, HPI 디자인 씽킹 스쿨

"저에게 있어서 디자인 씽킹은 단순히 하나의 프로젝트에 사용되는 방법론이 아니라, 전체적인 접근방식이자 자신이 처한 환경에 어떻게 대처할지 태도에 관한 문제입니다."

왜 그녀는 이 도구를 좋아하는가?

나에게 배운 교훈이나 다른 성찰 방법들은 프로젝트의 성공을 위해 아주 중요하다. 프로젝트 초기에 문제를 발견하고, 긍정적인 부분들을 강화하기 위해 주기적으로 회고하고, 그 결과를 통해 올바른 방향성을 추론해 내는 것이 중요하다.

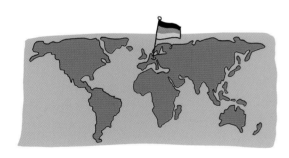

국가:

독일

소속:

HPI 디자인 씽킹 스쿨

검수: **Mare Fetscherin**

소속 | 직위: Rollins College | 마케팅 교수

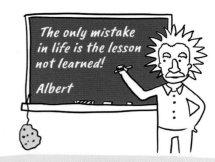

The only mistake in life is the lesson not learned!
Albert

전문가 Tips:

학습된 교훈 세션에서 주요 질문에 답한다

· 아래의 질문은 워크숍을 준비하는 데 매우 유용하다.
  – 우리가 구체적으로 어떤 것을, 언제 보고 싶은 것인가?
  – 초점은 어디에 있는가? 고객/사용자의 목표는 무엇이며, 그들과 어떻게 조화를 이뤄낼 것인가?
  – 누가 워크숍을 진행할 것인가?
  – 어떤 프로젝트 참가자를 초대해야 하는가?

· 프로젝트를 진행한 뒤 분위기가 좋지 않다면, "학습된 교훈" 세션을 갖기 전에 시간을 갖는다. 때로는 6주 정도를 기다리는 것이 효과적이었다; 멀리서 보았을 때, 많은 이슈들이 지나치게 많은 감정을 불러일으키지 않는 선에서 해결될 수 있다.

학습된 교훈은 프로젝트 계획의 일부가 되어야 한다

· 일반적으로, "학습된 교훈" 세션은 프로젝트가 종료된 이후 프로젝트를 문서화하기 위해서 진행되고, 프로젝트 계획을 하는 데 있어서 빠져서는 안될 요소다.

· 더 나아가서, 프로젝트를 진행하는 도중 프로젝트의 중간 단계나 중요한 시기에 배운 교훈들을 수집해서 다음 단계에 적용할 수 있어야 한다.

정의된 행동에 관해서는 적을수록 좋다

· 성공적이었던 것들과 실패했던 것들을 강조한다; 이를 바탕으로 행동과 조치를 취한다. 부정적인 부분에만 집중하거나 너무 개인적인 부분에 치우지지 않는다.

· 학습된 교훈은 디자인 원칙을 정의하기 위한 좋은 밑바탕이 된다(53 페이지 참조). 또는 "성공 모델 정의"의 일부분으로 사용될 수 있다(137 페이지 참조).

활용 사례 설명

- 릴리의 팀은 주기적으로, 혹은 중요한 시점에 그들의 프로젝트를 회고한다.
- 메타 레벨에서 배운 점은 다른 팀이 배운 것과 통합되어 디자인 원칙을 조정하거나 협업을 개선하게 된다.
- 기술적인 부분과 콘텐츠 측면, 감성과 사회적인 부분에서의 질문은 팀과 프로젝트의 목표에 따라 크게 다르다.

주요 학습

- 여러 단계에서 배운 내용을 사용한다(기술적 수준 및 콘텐츠 측면, 감성/사회적 및 프로세스 관련 수준).
- 일지(log book)를 참고하여 프로젝트를 진행하는 동안 회고할 수 있는 세션을 마련한다. 프로젝트의 끝에 메타 레벨을 포함시킨다.
- 회고 세션을 위해 팀과 함께 몇 가지 주요한 질문을 준비한다.

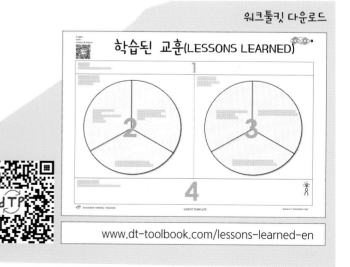

워크툴킷 다운로드

www.dt-toolbook.com/lessons-learned-en

실행 로드맵
(Road map for implementation)

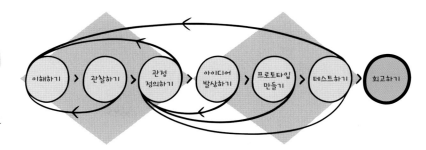

나는...

시작 단계부터 잠재적인 시장 가능성을 성공적으로 구현할 수 있도록 하는 것에 초점을 맞추고 싶다.

계획했던 것...   현재 있는 곳...

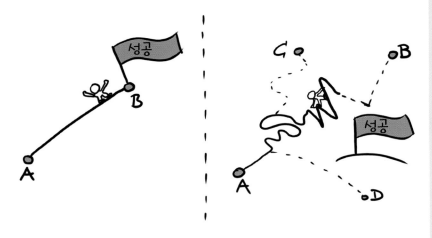

이 도구로 할 수 있는 작업

· "실행 로드맵"을 현재 진행상황과 목표 지점에 대한 가이드로 사용한다: "이 여정이 우리를 어디에 데려다 줄까?"
· 길을 잃지 마라; 올바른 목표 지점과 목표 그룹을 향하고 있는지 확인한다.
· 목표로 향한 길을 다른 이들과 공유한다.
· 성공을 위한 가장 중요한 요인이 포함된 체크리스트의 기초를 마련한다.
· 여정이 진행되면서 A에서 B로 향하는 불투명한 길이 명확해지도록 한다.

이 도구에 대한 유용한 정보

· "실행 로드맵"은 성공을 향한 길이다. 복잡한 문제 정의에 대한 개방적인 접근 방식을 사용하는 경우 가능한 빨리 맥락에 대한 명확성을 확보하는 것이 중요하다.
· 이 도구는 실행 프로젝트를 기획하는 것과 관련되어 있는 중요한 요소들을 결정하는 데 도움을 준다.
· 목표는 프로세스 초기에 후속 실행에 대한 전체적인 관점을 확보하여, 다음 단계에 필요한 사항들을 결정하기 위해 중요한 경로와 위험 요소를 파악하는 것이다.
· 로드맵은 가능한 한 빨리 작성하고, 각 단계 이후 리뷰하며, 필요한 경우 수정 과정을 거친다.
· 이는 프로젝트를 반복적으로 재정비하여 계속 움직이는 모호한 목표물에 도달하게 해주는 나침반과 같다.
· 적용 계획에 대한 실행은 나중에 일어난다. 조직 내에서 사용되는 프로젝트 관리 방법들이 여기에서 도움을 줄 것이다.

어떤 도구를 대신 사용할 수 있는가?

· 시나리오 테크닉
· 게임 플랜
· 리얼리티 체크

이 도구와 함께 쓸 수 있는 도구는 무엇인가?

· 성공 모델 정의(137 페이지 참조)
· 이해관계자 지도(83 페이지 참조)
· NABC(177 페이지 참조)

어느 정도의 시간과 어떤 재료가 필요한가?

그룹 크기

· 프로젝트 매니저, 디자이너, 비즈니스 혹은 상품 매니저, 사용자 또는 고객의 대변자, 스폰서와 투자자, 개발자와 도전자(해당하는 경우)

5~7명

소요 시간

· 로드맵은 단계별로 만들어지며 며칠에 걸쳐 부분적으로 완성될 수 있다.
· 반복과 발전을 위해서 60~120분 정도 미팅을 여러 번 기획한다.

60~120분

필요한 재료

· A0템플릿 또는 큰 종이 한 장
· 펜과 포스트잇
· 로드맵을 담을 수 있는 카메라

템플릿과 순서: 실행 로드맵

 1 목표 정의

2 이해관계자

3 활동 분야

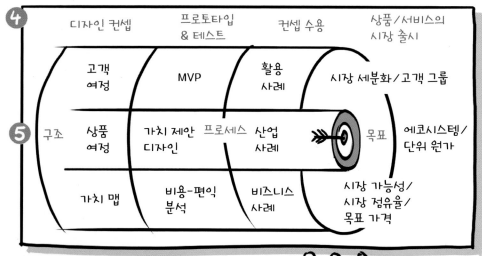

4 디자인 컨셉 / 프로토타입 & 테스트 / 컨셉 수용 / 상품/서비스의 시장 출시

5 구조

고객 여정 / MVP / 활용 사례 / 시장 세분화/고객 그룹

상품 여정 / 가치 제안 디자인 / 프로세스 / 산업 사례 / 목표 / 에코시스템/단위 원가

가치 맵 / 비용-편익 분석 / 비즈니스 사례 / 시장 가능성/시장 점유율/목표 가격

6 해결책을 실행하는 사람의 과제

도구 적용 방법

· **1단계**: 먼저 목표를 정의하고 통제 시스템을 구축한다; 가능하다면, 연관성 있는 KPI를 정량화한다; 예산과 스케줄, 이정표 등을 결정한다.

· **2단계**: 모든 참가자와 개요를 작성한다. 이를 위해 이해관계자 지도(83 페이지 참조)가 실행 적합성에 대한 목표를 확인하는 데 도움을 준다. 무엇보다도 올바른 팀을 구성하는데 유용하다.

· **3단계**: 구조와 디자인의 주요 영역 그리고 관점을 정의한다. "표준 관점" (20 페이지 참조)은 실행 가능성, 현실성 그리고 바람직함이다. 문제 정의에 따라 지속 가능성 및 환경 호환성 같은 차원으로 추가 지정할 수 있다.

· **4단계**: 프로세스 과정 또는 단계를 서술한다. 적용된 방법론에 따라 컨셉 수용 뿐만 아니라 컨셉 디자인, 프로토타이핑, 테스팅(반복적) 등이 될 수 있다.

· **5단계**: 먼저 품질 측면에서 모든 영역을 수행 과제로 채운다. 이후 컨셉 디자인의 유용성을 위해 고객 여정(103 페이지 참조)을 통해 개별 작업의 결과를 입력한다.

· **6단계**: 여기서는 해결책을 구현하거나 실행에 필요한 모든 사람을 맵에 배치하는 것이 중요하다. 나중에 그들을 확보해야 할 수도 있기 때문이다.

직위:
에어버스 신규 비즈니스 전략 담당 부서, 디자인 씽킹 & 혁신 담당
총괄 책임자

"결국 중요한 것은 결과 뿐입니다(deliver or die). 디자인 씽킹은
워크숍 포맷이 아니라 문제 해결을 위한 전체적인 접근 방식입니다.
디자인 씽킹은 옳은 일을 하게 해줍니다. 사용자와 잠재 고객의 기대,
욕구 및 니즈를 인식하는 것입니다."

왜 그는 이 도구를 좋아하는가?

실행 로드맵은 디자인 원칙을 사용해서 성공적인 혁신을 향한 경로를 보여준다. 이는 마치
기존의 비즈니스 아이디어에서 성공적인 시장 출시를 향한 여정의 나침반과도 같다. 이해
관계자 지도와 같은 도구는 이니셔티브를 성공적으로 만들기 위한 핵심 인물을 정의하는데
도움이 된다.

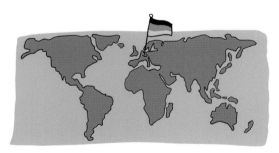

국가:
독일

소속:
에어버스

검수: **Ute Bauckhorn**

소속 | 직위: Schindler Aufzüge AG | 안전&건강 부문 대표

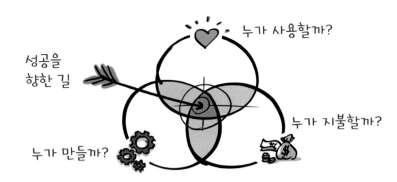

전문가 Tips:

'누가 해결책을 실행할 것인가?'는 중요한 질문이다

· 새로운 시장 기회를 구현하는 것은 복잡한 문제이며, 여러 가지 위험부담이 존재한다.
목표한 방식으로 방법과 도구를 적용하는 것이 "여정"을 성공적으로 가는데 도움이 된다.

· 우리는 "누가 해결책을 필요로 하는가? 고객/사용자는 누구인가? 누가 그것을 만들
것인가? 실행을 위해 누가 필요한가? 누가 값을 지불하는가? 누가 프로젝트에 자금을
지원하는가? 누가 해결책 비용을 지불하는가?"라는 질문으로부터 시작하는 것이 매우
효과적이라는 것을 깨달았다.

· 아직 이에 대한 답을 할 수 없는 상황이라면, 목표가 아직 뚜렷하게 세워지지 않았다는
것을 의미한다.

· 항상 모든 단계에 적합한 방법을 선택하는 것이 중요하다. 선택된 도구가 맥락에
들어맞아야 한다.

스폰서와 그들의 니즈를 알고, 그들을 위한 피치를 조정한다

· 결국 실행을 위해 긍정적인 결정을 내리고 싶다. 로드맵은 활용 사례부터 산업 사례,
비즈니스 사례까지 모든 영역을 다룰 수 있도록 해준다. 모든 것이 함께 조화를 이루어야
한다.

· 의사결정 보드를 위한 피치를 준비할 때(247 페이지 참조), 의사결정권자의 니즈를 알고
현재 상황이 어떠한지를 파악하는 것이 중요하다. 피치는 콘텐츠 측면에서 모든 참가자의
니즈를 충족시켜야 한다; 이는 시각화, 포스터와 비디오 등 유익한 여러가지 요소를 포함할
수 있다. NABC에 따른 구조가 준비하는 데 도움이 된다(177 페이지 참조).

활용 사례 설명

- 실행 로드맵은 릴리 팀이 함께 만들었다. 일반적으로 시작 단계에서 관련된 모든 사람이 파악되는 것은 아니기 때문에, 추후 조정을 통해서 추가할 수 있다.
- 수행하는 작업 뿐만 아니라 해결책을 실행하는 사람의 이름도 정해야 한다. 완성된 로드맵은 프로젝트의 성숙도에 대한 좋은 지표가 된다.
- 릴리는 초기 단계의 실행에 대해 생각한다. 그래야만 관련된 이해관계자를 참여시킬 수 있다.

주요 학습

실행 로드맵을 만드는 과정

- 목표와 기준을 정의한다.
- 수행할 과제와 방법을 선택한다.
- 사람들을 배정한다.
- 필요한 경우, 각 단계와 반복 과정을 거친 뒤 로드맵을 수정한다.

워크툴킷 다운로드

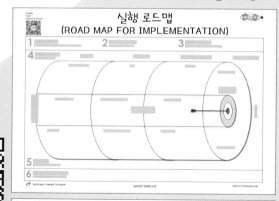

www.dt-toolbook.com/roadmap-implementation-en

262

성장 혁신 이슈맵
(Problem to growth & Scale innovation funnel)

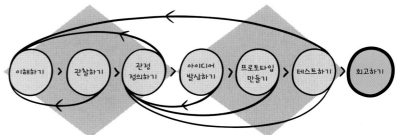

나는...

"깔대기"에 성장 이니셔티브를 뚜렷하게 나타내고 싶다.

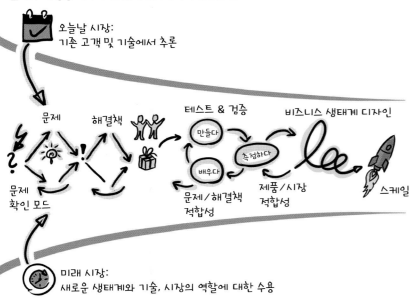

오늘날 시장:
기존 고객 및 기술에서 추론

문제　　해결책　　테스트 & 검증　　비즈니스 생태계 디자인

만들다

배우다　측정하다

문제
확인 모드

문제/해결책
적합성

제품/시장
적합성

스케일

미래 시장:
새로운 생태계와 기술, 시장의 역할에 대한 수용

이 도구로 할 수 있는 작업

· 현재 고객이 요구하는 것과 미래 시장에서 고객이 요구할 만한 것을 포트폴리오로 작성한다.
· 추론을 통해 기존 고객과 기술에 대한 마진과 수익에 중점을 둔다.
· 새로운 생태계와 기술 및 시장의 역할에 대한 기회를 재구성하여 따른다.
· 시간이 지남에 따라 프로토타입, 개념 증명 그리고 완성된 해결책의 시장 유효성을
  시각화한다.
· 기존의 혁신 깔대기(funnel)를 현대적인 용어와 접근 방식으로 대체한다.

이 도구에 대한 유용한 정보

· "성장 혁신 이슈맵"은 현대적이고 최신의 혁신 깔대기(funnel)를 구성한다.
· 고전적인 혁신 접근 방법과 마찬가지로 게이트를 통해 필터링 되는 다양한 아이디어를
  기반으로 하지 않는다; 대신 "문제 확인 모드"로 시작한다. 문제 확인 모드는 두 가지의
  요소로 제어된다. 첫째, 기존 고객과 기술을 탐색하고 둘째, 미래 생태계와 기술 및
  시장의 역할을 재구성하여 살펴보는 방법이다.
· 현재와 미래의 문제를 해결하기 위한 다양한 이니셔티브는 시간이 지남에 따라 시각화
  되고 포트폴리오에 표시된다.
· 진행되지 못한 계획은 깔대기에 남게 된다. 일정한 간격을 두고 왜 진행되지 못했는지
  원인을 찾기 위해 회고의 과정을 거친다(243 페이지 참조).

어떤 도구를 대신 사용할 수 있는가?

· 실행 로드맵(259 페이지 참조)

이 도구와 함께 쓸 수 있는 도구는 무엇인가?

· 분석 질문법(111 페이지 참조)
· 린 캔버스(251 페이지 참조)
· 비전 콘(141 페이지 참조)
· 이해관계자 지도(83 페이지 참조)
· 회고 여행(243 페이지 참조)
· 미래에 대한 묘사(Siemens)
· Minimum Viable ecosystem(디자인 씽킹 플레이 북 240 페이지 참조)

어느 정도의 시간과 어떤 재료가 필요한가?

그룹 크기
· 주제와 현재 상황에 대한 지원은 조직의 전략, 디자인 그리고 실행으로부터 결정된다.

1~2명

소요 시간
· 정보를 수집하려면 약간의 노력이 필요하다.
· 업데이트는 30~60분을 넘지 않아야 한다.

30~120분

필요한 재료
· 깔때기는 작업실의 A0포스터를 사용하거나 파워포인트로 나타낼 수 있다.
· Trello, Teams, OneNote와 같은 협업 툴

템플릿과 순서: 성장 혁신 이슈맵

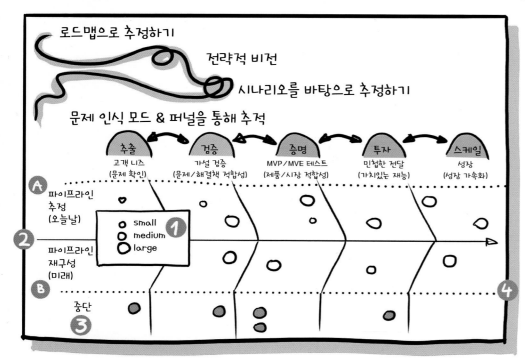

도구 적용 방법

· 깔때기는 개별 활동을 성숙도에 따라 문서화하고 시간순으로 정렬하는데 유용한 도구다.

· 현재의 프로토타입과 MVPs/MVEs, 궁극적인 해결방안 그리고 중단된 활동에 대한 투명성을 제공한다.

· **1단계:** 모든 프로젝트의 이름을 입력하고, 회사의 성공에 비례한 프로젝트 규모 또는 기여도에 대한 스케일을 설정한다(예: <5백만, 5백만~5천만, >5천만). 측정되는 항목은 각 조직의 가치 시스템에 맞게 조정된다.

· **2단계:** 시간 축에 현재 진행되고 있는 프로젝트를 배치하고 기존 비즈니스(A)와 미래 주제(B)로 구분한다. 이러한 구분은 기업의 지속가능한 미래 개발을 위해 얼마나 많은 활동이 투자되고 있는지를 보여준다.

· **3단계:** 중단되었던 프로젝트도 추적하여, 그 이유를 주기적으로 검토한다.

· **4단계:** 정기적으로(예: 한 달 간격으로) 깔때기를 업데이트하고 이를 바탕으로 자원의 분배와 판매 및 수익 목표에 대해 논의한다.

이것은 Michael Lewrick이 가장 즐겨 쓰는 도구다

직위:

베스트셀러 작가, 연설가, 혁신과 디지털화 전문가

"발전 단계를 포함하고 있는 이니셔티브 매핑을 통해 혁신과 성장 포트폴리오에 대한 빠른 개요를 보여줍니다."

왜 그는 이 도구를 좋아하는가?

"성장 혁신 이슈맵"은 린 캔버스의 기본적인 아이디어를 선택하고, 확인된 고객의 니즈에서 스케일링에 이르기까지 잠재적인 성장 이니셔티브를 추적한다. 이는 포트폴리오의 완성도와 조직이 기대할 수 있는 수익 및 공헌 이익을 명확히 보여준다.

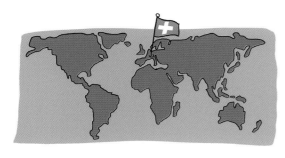

국가:

스위스

소속:

혁신과 디지털화 전문가

검수:　　**Markus Blatt**

소속 | 직위: neueBeratung GmbH | 상무이사

전문가 Tips:

추정과 재구성을 위해 "미래에 대한 묘사"와 같은 도구를 사용할 수 있다.

어떻게 추정할 수 있는가?

· 오늘날의 세계를 통해 미래를 추정하고, 일상적인 비즈니스에서 시작한다. 회사의 가까운 미래가 어떤 모습일지 추정하는 트렌드를 살펴본다. 이것은 산업 보고서나 전문가 인터뷰와 같은 다양한 자원으로부터 얻은 데이터나 정보 분석을 통해 이뤄진다.

· 목표에 가장 빠르게 도달할 수 있는 방법은 인터넷에서 무료로 사용할 수 있는 각종 보고서나 시장 분석 자료를 사용하는 등 업계에 알려진 트렌드를 따라가는 것이다.

전략적 비전을 어떻게 수립하는가?

· 긍정적이고, 건설적이고, 수익성이 높은 시나리오를 택하고 다음과 같이 질문한다: "우리 회사가 어떻게 하면 이 시나리오에 최대한 기여할 수 있습니까? 우리가 무엇을 하고 어떤 것을 제공해야 합니까?"

· 미래에 대해 생각하며 오늘날 기업의 프로세스와 구조가 우리에게 영향을 끼치지 않도록 한다.

미래 세계로부터 재구성은 어떻게 이루어지는가?

· 재구성을 통해 미래 시나리오의 "잘 알려진" 사실로부터 현재에 대한 결론을 도출한다. 두 가지 다른 활동에서 얻은 결과를 비교하고 결합하여, 그 결과가 지금의 노선과 방향에 대해 의미하는 바를 매우 구체적인 용어로 유추한다. 어떤 방향으로 혁신하고 연구를 해야 하는가? 어떤 기술을 쌓아야 하는가?

이 도구를 통해서, 우리는 문제 인식부터 확장가능한 해결책을 찾는 것까지 성장 이니셔티브를 추적할 수 있어요.

빨간색은 1억보다 크다는 것을 의미해요

활용 사례 설명

· 릴리는 시간이 지남에 따라 해결된 이니셔티브를 깔대기에 묘사하기 위해 간단한 도구를 사용하려고 한다.
· "성장 혁신 이슈맵"은 그녀에게 린 스타트업과 디자인 씽킹의 방법론에 머물 수 있다는 이점을 제공한다.
· 그녀는 어떤 계획이 어느 시점에서 중단되었고, 얼마나 많은 성장 주제와 시장 잠재력이 개발중인지 빠르게 인식한다.

주요 학습

· 깔대기를 만들 때에는 항상 아이디어가 아닌 문제를 생각한다.
· 문제/해결책 적합성과 문제/시장 적합성을 모두 고려한다.
· 깔대기를 기존 비즈니스 분야와 미래 활동 분야로 세분화한다.
· '미래에 대한 묘사'를 사용하여 미래의 주제를 탐색한다.

워크툴킷 다운로드

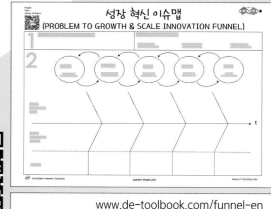

www.de-toolbook.com/funnel-en

응용
(Applications)

우리는 디자인 씽킹 마인드세트를 다양한 목적으로 사용할 수 있다. 이 책의 마지막 부분에서는 디자인 씽킹의 전체를 포괄하는 선택적 응용 프로그램을 소개하고자 한다. 역사가 오래된 ME310과 같은 대학교 프로그램에서부터 직원들에게 자신의 아이디어를 실현시켜줄 수 있는 사내 벤처 프로그램에 이르기까지 그 범위가 다양하다. 또한 디자인 씽킹은 "자신의 미래를 디자인하라"라는 맥락에서, 자신의 삶을 디자인하는데 사용될 수 있다.

대학(Universities)

스탠퍼드 대학교의 ME310

나는...

다국적 학생들이 기업의 복잡한 문제를 해결해주기를 원한다.

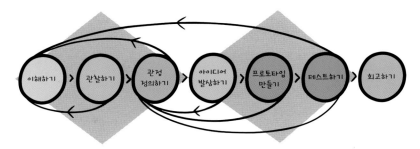

문제 (재)정의
컨셉을 재정의하기 위해 반복하기

니즈 발견과 벤치마킹
사용자들과 디자인 공간을 이해하기

브레인스토밍
가능한 많은 아이디어를 발상하기

프로토타입
아이디어 탐색을 위한 신속한 프로토타이핑

테스트
프로토타입으로부터 배우기

이 도구로 할 수 있는 작업

- 다국적 학생 팀이 기업의 복잡한 문제를 해결할 수 있는 해결책을 찾는다.
- 디자인 능력을 구축하고 기업 파트너와 공유한다.
- 국제적 디자인 씽킹 커뮤니티에 참여
- 학생 팀의 문화간 협력
- 문제 해결에 디자인 씽킹 마인드세트 응용
- 디자인 방법과 기술 전달

ME310에 대한 정보

- 다국적으로 구성된 학생 팀은 기업 파트너로부터 9개월 동안의 디자인 챌린지를 받는다.
- 학생들은 타당성, 구현가능성, 실행가능성을 고려하여 완전한 시스템을 디자인해야 한다.
- 프로젝트가 진행되는 동안 학생들은 문제를 정확히 규명하고, 다양한 아이디어를 생성하며, 프로토타입을 제작하여 테스트하고, 프로그램이 끝날 때 아이디어의 개념을 증명할 수 있는 최종 프로토타입을 제시하게 된다.
- 각 ME310 프로젝트에서, 스탠퍼드 대학교의 학생 팀들은 외국 대학교의 팀들과 협업한다. 목표는 협업과 다양성을 통한 뛰어난 혁신이다.
- 최근에 들어, IBM, 3M, 지멘스, 스위스콤, BMW, VW, GM, 혼다, 볼보, 나사(NASA), HP, 인텔, 화이자, 벨스터, 보쉬, SAP, 애플 등과 같은 기업과 기관이 학생 팀이 디자인 챌린지를 성공적으로 개발하도록 했다.
- 파트너 대학들로는 University of St. Gallen, Aalto University, HPI Potsdam, KIT Karlsruhe, Kyoto Design Lab, NTNU, Porto Design Factory, TUM, University of Zurich, Linköping University, Trinity College, Dublin, University of Science and Technology of China 등이 있다.

어느 정도의 시간과 어떤 재료가 필요한가?

그룹 크기

· 다양한 대학교에서 온 4~6명의 학생들로 구성된 2~3개 팀

8~18명

소요 시간

· ME310은 9개월이 걸린다. 프로세스는 기업 파트너와 함께 문제 정의를 좀 더 명확하게 하기 위해 몇 달 전에 시작되기도 한다.

9개월

필요한 재료

· 프로토타입을 위한 도구들
· 펜, 포스트잇
· 팀을 위한 인프라
· 팀을 위한 커뮤니케이션 도구

순서과 일정

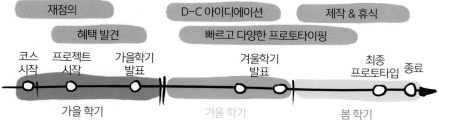

재정의

혜택 발견

D-C 아이디에이션

빠르고 다양한 프로토타이핑

제작 & 휴식

코스 시작 · 프로젝트 시작 · 가을학기 발표 · 겨울학기 발표 · 최종 프로토타입 · 종료

가을 학기 · 겨울 학기 · 봄 학기

ME310의 철학은 무엇인가?

ME310의 학습 개념은 디자인 씽킹 프로세스를 따른다. 이 프로그램은 학생 팀이 활동하는 영역에 있어서 크게 "사냥"과 "운반"이라는 두 가지 영역으로 나뉜다. ME310의 디자인 철학에 따르면 혁신적인 해결책을 발견하기 위해서는 이러한 두 가지의 행동이 모두 필요하다.

ME310의 마인드세트는 다음과 같은 것을 포함한다:

· 사냥은 "방황"이 아니다(반드시 목적이 있어야 한다).
· 사냥은 혼자 가서는 안된다(여러 능력을 가진 팀이 필요하다).
· 너무 일찍 포기해서는 안된다(실패의 경우 인내가 필요하다).
· 사냥과 운반을 혼동해서는 안된다(어떤 상황인지 알리고 설명한다).
· 집으로 운반한다(결과를 전달한다).

이 책에서 제시된 많은 도구와 방법이 ME310에도 적용된다. 이 도구들은 팀이 문제를 분석하고, 다양한 옵션의 초안을 작성하고, 문제를 파악하여 여러 아이디어들을 결합하는 것을 돕는다. 종종 특별한 아이디어들은 다른 선택의 마지막 부분에서 발견되기도 한다.

ME310의 가장 중요한 요소는 잠재 사용자들과 실제 상호 작용을 하는데 도움이 되는 물리적 프로토타입을 만드는 데 있다.

이것은 Larry Leifer가 가장 즐겨 쓰는 프로그램이다

직위:
스탠퍼드 대학교의 기계공학 교수
HPI & Stanford Center for Design Research의 설립 이사
ME310 프로젝트 기반 엔지니어링 디자인, 혁신 및 개발

"만약 디자인 씽킹이 빙산이라고 생각한다면, 배우기 쉬운 도구와
방법들은 빙산의 맨 꼭대기를 이루는 부분이라고 생각하면 됩니다.
또한 디자인 씽킹 프로세스는 배우고 경험할 수 있습니다. 하지만
가장 중요한 것은 디자인 씽킹의 마인드세트, 즉 디자이너처럼
생각하고 일하는 것입니다."

왜 그는 ME310 컨셉을 믿을까?

ME310은 디자인 씽킹 마인드세트와 그 맥을 같이 한다. 다양한 도구를 이용해 아이디어를
발견하거나 선택할 수 있고, 디자인 씽킹 프로세스를 활용해 팀이 현재 어느 위치에 있는지
파악한다. 하지만 가장 중요한 것은 다음 시장 기회를 포착하는 것이 뚜렷한 패턴을 따르지
않는다는 것이다. 여정을 시작할 때는 해결책이 선명해 보이지 않는다. 이것은 우리가
불확실성을 다루고, 팀을 신뢰하는 법을 배워야 한다는 것을 의미한다. 그래서 결국 우리는
"와우!"라고 하는 놀라운 순간을 만나게 된다.

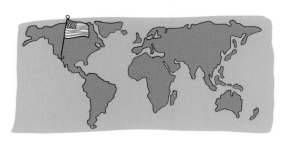

국가:
미국

소속:
ME310 스탠퍼드 대학

검수: **Sophie Bürgin**

소속 | 직위: INNOArchitects | 사용자 리서치 & 사용자 인사이트 담당

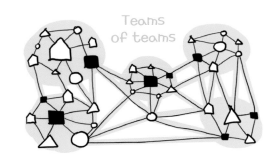

Teams
of teams

전문가 Tips:

협력적 적응은 성과가 좋은 팀에게는 필수적이다

· 디자인 씽킹은 팀에 가장 효과적이다. 팀의 구성원들이 서로 다른 경험과 배경을 가진
  사람들로 구성되어 문제와 해결책에 대해 다양한 관점을 가지도록 하는 것이 중요하다.
· 작은 독립적인 팀을 각각 운영하는 것은 훌륭한 접근 방법이다. 각 팀이 잘하고 있다는
  사실을 다른 팀에 전달한다. ME310과 같은 국제적인 프로젝트에서는, 각 팀이 독립적
  으로 행동하고 결정하도록 권한을 부여한다. 각 팀이 다른 팀의 동의없이 자유롭게 행동
  할 수 있다면, 선택은 훨씬 더 균형감 있게 이루어질 것이다.

강력한 팀은 원활하게 생각하고 행동할 수 있다

· 이러한 접근 방법에서는 팀이 네트워크에서 다른 팀을 직접적으로 제어하기 보다는
  서로 협력해야 한다.
· 팀으로 이루어진 팀 아이디어는 네트워크 씽킹을 기반으로 정보와 결과를 빠르게 전파
  할 수 있다. 전통적인 위계 질서의 조직 구조에서는 정보가 의식적으로 필터링되기
  때문에 이러한 즉각적인 반응을 살피기 어렵다.
· 협업은 "정보를 전달받았습니다. 감사합니다"가 아닌 마지막에 "와우!"라는 놀라운
  순간을 만들어낼 수 있어야 한다. "와우!"의 순간은 팀이 기대치를 충족했거나 넘어
  섰다는 것을 의미한다. 팀이 효과적으로 협업하는 방식을 이해하면 우리는 더 성공적인
  혁신을 이룰 수 있다.

스탠퍼드 대학교의 디자인 로프트가 오늘은 비어 있네요. 학생들이 지금 종이 자전거 대회에 있답니다!

내가 먼저 공을 가질 거야!

... 로프트로 돌아간 후, 중점적인 일은 프로토타이핑과 테스팅입니다.

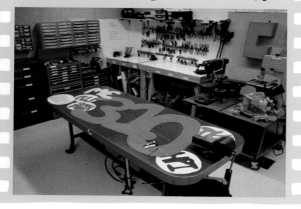

활용 사례 설명

· 많은 학생에게 스탠퍼드 대학교의 ME310의 디자인 로프트는 1년간 문제 정의를 이해하고 아이디어 발상하기와 프로토타입 만들기가 이뤄지는 곳이다.

· 이 과정은 1967년부터 진행되었다. 지난 수십 년 동안 많은 기업은 학생들로 구성된 팀이 그들의 디자인 챌린지를 해결하도록 했다.

· 매년 진행되는 프로그램의 하이라이트 중 하나는 바로 "종이 자전거" 대회다. 이 대회는 창의력을 증진하고 학생들과 해결책을 찾는 것을 촉진한다. 기본적인 아이디어는 변화하는 게임 조건에서 제한된 재료로 자전거를 만드는 것이다.

주요 학습

· 복잡한 문제의 해결방안을 찾기 위해 대학과 기술대학에서 이러한 디자인 씽킹 팀을 사용한다.

· 제품 혹은 서비스 개발 주기를 가속화하는데 도움이 되는 간단하면서도 높은 수준의 프로토타입을 얻을 수 있다.

· 학생들과의 협업은 채용 수단으로도 고려된다.

학생들에게 추천하는 책:

272

기업(Companies)

지멘스의 공동 창작 툴박스

나는...

지멘스 동료들에게 디자인 씽킹 방법론과 사용자 중심의 사고방식을 가르쳐 주어 고객과 기타 이해관계자(예: 공급업체, 학계 파트너 및 회사 동료)와의 협업을 보다 성공적으로 이뤄낼 수 있도록 돕고 싶다.

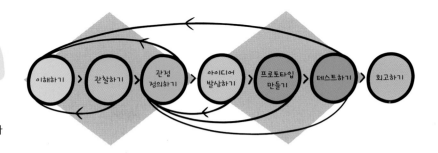

이 도구에 대한 유용한 정보

- 공동 창작은 이해관계자들과 함께 해결책을 찾고, 동시에 혁신의 수준을 높이고 개발 과정을 가속화하여 위험요소를 최소화할 수 있는 좋은 접근 방법이다.
- 디자인 씽킹은 프로세스의 관점과 개별 도구의 적용이라는 측면에서 체계적인 접근 방식이라 할 수 있다.
- 공동 창작 프로젝트를 구현할 때, 사람들은 어떤 구조적인 방법으로 진행해야 하는지 그리고 어떤 포인트에서 어떤 방법을 사용해야 하는지 잘 모르는 경우가 많다.
- 지멘스의 사용자 경험 디자인 부서에서는 공동 창작 프로젝트를 구현하기 위해 65개의 관련된 방법을 선택하고, 설명하고, 시각화하였다.
- 각 방법은 산업 디자인 씽킹 프로세스와 고객 가치 공동 창작 프로세스에 할당되었고, 그에 따라 색깔로 구분되었다.
- 이 카드들은 디지털 형태로 제공되며 상자 또는 브로셔를 활용할 수도 있다.
- 각각의 도구에 맞게 템플릿이 제작되었다.

이 도구로 할 수 있는 작업

- 킥오프부터 실제 실행까지 프로젝트를 계획하고, 선택한 도구와 템플릿을 활용하여 프로젝트를 진행한다.
- 프로젝트 단계별로 도구들을 의미 있는 방식으로 사용하는 방법에 대해 이해한다.
- 각 도구를 선택하고 프로젝트의 요구사항에 맞게 응용한다.

어느 정도의 시간과 어떤 재료가 필요한가?

그룹 크기
· 4~16명
· 그룹의 크기에 따라 1~2명의 코치 필요
· 각 중요한 이해관계자 그룹 1~2명(고객, 시장, 또는 기술 전문가)

최소 5명

소요 시간
· 프로젝트의 복잡성과 범위에 따라 다르다.
· 짧은 문장으로 프로젝트 도구, 목적, 순서 그리고 예시를 각 카드에 표기

3~150일

필요한 재료
· 도구 카드와 인쇄된 템플릿과 더불어, 일반적 디자인 씽킹 재료들(포스트잇, 타이머 등) 그리고 중요한 것은 영감을 불러 일으키고 협업하기 좋은 작업 환경

순서

개요와 과정의 결과

색깔로 구분된 디자인 씽킹 프로세스 단계

공동 창작 프로젝트에 통합

선택한 도구의 개요

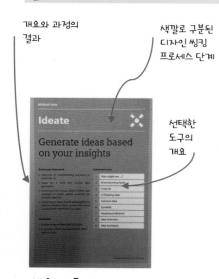

개요 카드

도구의 설명(what)과 목적(why)

예시

순서(how)

도구 카드

도구 적용 방법

· 디자인 씽킹과 공동 창작 전문가들은 과정에 필요한 전체 도구(폴더, 박스, 템플릿)를 인쇄 또는 디지털 형태로 제공받게 된다. 전문가들은 적용할 시점에 알맞은 재료와 형태를 정한다. 그들은 각 프로젝트와 사안에 맞는 콘텐츠를 선별할 수 있다.

· 도구들은 처음으로 주제를 다루는 더 큰 그룹에게 디지털 형식으로 제공될 수 있다. 도구들은 전문가들에 의해 수집된 지식을 조직 전체에 전파하고, 그 중 몇 가지 방법을 시도해보고, 공동 창작 프로젝트를 직접 관리하도록 동기부여 하는데 도움이 된다.

· 도구 카드들은 워크숍과 프로젝트에서 주로 사용된다. 하지만 많은 동료들은 각 도구를 조용히 읽거나 부가적인 정보를 수집하는 데 사용하기도 한다.

· 이 도구 모음은 공동 창작 과정 전체를 지원한다; 공동 창작 주제 소개, 프레임 워크 조건과 자원의 정의, 공동 창작 활동 준비(주제 영역 정의, 적합한 파트너 탐색, 관련 정보 수집), 공동 창작 프로젝트의 실행, 지속 가능한 구현.

이것은 Bettina Maisch가 가장 즐겨 쓰는 도구다

직위:

Siemens Corporate Technology의 시니어 전문 컨설턴트

St.Gallen 대학교 강사

"기본적으로, 디자인 씽킹은 보편적인 개념입니다. 고객에게 매력적인 가치를 제공하는 무언가를 만들어내지 않는다면, 우리는 지속가능한 방식으로 비즈니스를 할 수 없습니다. 공동 창작에 있어서 우리는 고객과 긴밀히 협업하고, 니즈를 확인하고, 기술 혁신을 통해 지속가능한 부가가치를 창출합니다."

왜 그는 공동 창작의 컨셉을 믿을까?

공동 창작과 디자인 씽킹은 여러 면에서 겹친다. 공동 창작 과정에서 디자인 씽킹은 처음부터 상대방의 니즈와 한계를 이해하고, 출발점에서 유익한 아이디어를 생성하고 반복적으로 구현하는데 도움이 된다. 우리의 툴박스는 개별 팀이 성공적인 프로젝트를 구현하기 위해 검증된 디자인 씽킹 방법들을 사용할 수 있도록 돕는다. 또한 이 도구를 사용하면 공동 창작 프로젝트를 구현할 수 있다.

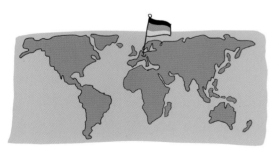

국가:

독일

소속:

Siemens

검수: **Lucas Bock**

소속 | 직위: Siemens Corporate Technology | 디자인 씽킹 컨설턴트

전문가 Tips:

공동 창작은 팀 스포츠다

· 모든 내부 이해관계자를 공동 창작 툴박스 편집에 참여시키고, 그 구조와 내용을 함께 확인한다.

· 공동 창작과 디자인 씽킹 활동을 위한 시각적인 언어를 찾는다.

프로젝트 맥락과 가장 관련이 있는 방법을 선택한다

· 공동 창작 프로젝트에서 가장 자주 그리고 성공적으로 사용된 도구를 스터디한다.

· 매력적이고 이해하기 쉬운 형태로 방법을 설명하고 시각화한다. 사용법이 잘 표현되었는지 동료들과 함께 테스트한다.

· 물리적으로 존재하거나 디지털로 만들어진 모든 방법론을 마련하여 회사 내 의사 결정권자들에게 제공한다.

템플릿을 간단하게 만들어 빠르게 적용한다

· 각종 도구와 방법을 단순하게 만들어 빠르게 적용할 수 있도록, 템플릿을 제공한다

숙달된 코치들과 함께 안전한 분위기에서 도구들을 연습한다

· 프로젝트 시작 전에 도구를 소개하고, 실습을 위한 교육 세션을 마련한다.

활용 사례 설명

- 프로젝트를 준비할 때, 지멘스의 팀은 툴박스를 사용하여 프로젝트를 위한 관련된 방법을 선택한다.
- 각 도구 카드의 앞면에 있는 제목과 색상은 디자인 씽킹 프로세스에서 이를 통합하는데 도움이 된다.
- 간략한 설명은 방법(what)과 그것이 사용되는 이유(why)를 설명한다. 카드 뒷면에는 단계별로 접근방법이 설명되어 있고 적용 사례가 제공된다.

주요 학습

- 시각적인 디자인을 과소평가하지 않는다. 그것은 도구를 더 매력적으로 만든다.
- 물리적인 카드들은 여전히 인기가 많다.
- 글은 짧고 간결해야 하며 모두가 이해할 수 있어야 한다
- 적용 사례들은 매우 중요하다
- 좋은 영감을 주는 예시들이 많다.

기업가정신
(Entrepreneurship/Intrapreneurship)
스위스콤의 "킥박스"

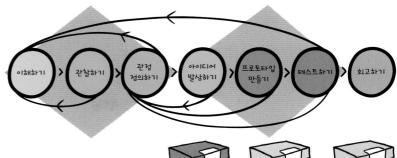

나는...

조직이나 기업에 기업가정신 문화를 만들고 싶다.

이 도구로 할 수 있는 작업

· 기업 문화의 변화와 혁신을 달성한다.
· 슬림하고 고객 중심적인 아이디어를 검증하고 개발한다.
· 모든 구성원이 아이디어를 개진할 수 있다.
· 고객의 문제를 탐색하고 새로운 비즈니스 기회를 얻는다.
· 기업가처럼 생각하는 재능있는 구성원의 인력 풀을 구성한다.
· 눈에 보이는 혁신 도구에 의하여 혁신을 가시적으로 만들 수 있다.
· 혁신과 실패에 대한 두려움을 없애고 게임과 같은 접근 방법을 도입한다.

이 도구에 대한 유용한 정보

· "킥박스"는 원래 어도비라는 회사에서 처음 개발되었다. 어도비는 이 접근 방식을 사용하여 내부 이니셔티브의 혁신 속도를 높였고, 지금까지 많은 기업이 이 방법을 채택하여 사용하고 있다.
· "상자 속의 혁신" 뒤에 숨겨진 아이디어는 구성원들이 자기 효능감을 높일 수 있는 기회를 제공한다는 것이다. 구성원들에게는 혁신가에게 필요한 모든 것이 제공된다: 자금, 시간, 방법 및 도구(여기 툴박스에 있는 것과 같은), 많은 커피, 기타 음료, 과일, 견과류 및 과자.
· 스위스 ICT 기업인 스위스콤은 직원들에게 레드, 블루, 골드의 세 가지 상자를 제공한다. 상자는 이해하기 단계부터 최종 프로토타입의 실행 단계까지 디자인 씽킹의 프로세스를 따르고 있다.

어떤 도구를 대신 사용할 수 있는가?

· 페르소나/사용자 프로필(97 페이지 참조)
· 브레인스토밍(151 페이지 참조)
· 다양한 형태의 프로토타입(187~194 페이지 참조)
· 공감 인터뷰(57 페이지 참조)
· 스토리텔링(129 페이지 참조)
· 문제 정의(49 페이지 참조)
· 린 캔버스(251 페이지 참조)
· 프로토타입(199 페이지 참조)
· 솔루션 인터뷰(225 페이지 참조)
· 피치 만들기(247 페이지 참조)

그룹 크기

첫 번째 단계: 일반적으로 1명

두 번째 단계: 추가적인 팀 구성원

세 번째 단계: 지속적 팀. 아이디어 소유자는 전체 프로세스에 함께 하고, "CEO"와 같은 역할을 한다.

1~n명

소요 시간

첫 번째 단계: 2개월

두 번째 단계: 4~6개월

세 번째 단계: 12~24개월

24개월

필요한 재료

- 스위스콤은 필요한 재료가 담긴 실제 킥박스를 제공한다.
- 펜, 포스트잇 그리고 디자인 씽킹 재료

순서

아이디어 발상하기!

레드박스

2개월 동안 전체 시간의 20%

CHF 1,000 프로젝트 예산

혁신 프로세스 & 전문가

검증하기!

블루박스

4~6개월 동안 전체 시간의 20%

CHF 10,000~30,000 프로젝트 예산

혁신 스프린트 & 코칭

실행하기!

골드박스

100% 풀타임

CHF 100,000~500,000 프로젝트 예산

기업 설립 & 업스케일링

점수카드	고객 가치		기업 가치					기업 적합성				리스크 1 = 높은 리스크, 5 = 낮은 리스크		
컨셉	설득력 있는 고객 니즈	설득력 있는 해결책	경쟁 우위	처리 가능한 시장 규모	미래 시장 성장	잠재적 이익	"와우" 가치	시장 적합성	기술 적합성	브랜드 적합성	구현 적합성 및 프로세스 적합성	수요/매출	기술적 타당성	잠진적 테스트 가능

도구 적용 방법

레드박스: 레드박스로 아이디어 검증하기(단계: 이해하기, 관점 정의하기, 아이디어 발상하기)

회사 구성원들은 레드 박스를 받는다. 그 안에는 문제와 아이디어 탐색을 위한 시간 프레임에 대한 정보와 작은 예산이 들어 있다. 킥박스를 받은 사람은 전문가와 연락할 수 있는 권한도 있다. 마지막 단계에서 구성원은 스폰서를 설득하고 킥박스 프로세스의 다음 단계(레드 박스)로 이동하기 위해 자신의 아이디어를 제시한다.

블루박스: 실험하기(단계: 프로토타입 만들기, 테스트하기)

이 단계의 목표는 프로토타입을 만들고 실제 고객을 대상으로 실험을 진행하는 것이다. 킥박스를 받은 사람은 추가적인 리소스, 코칭 그리고 실험 분석 및 회사의 지원을 받을 수 있다. 뿐만 아니라 가상의 시장 공간에서 혁신 서비스에 대한 광범위한 지원도 받는다.

골드박스: 실행과 스케일링

구성원들은 그들의 최종 프로토타입/MVP가 완성되고 그 프로젝트의 결과물을 구현하자는 의사결정이 내려지면 골드박스에 다다를 수 있다. 그는 내부적으로 또는 외부적으로 새로운 성장 분야를 만들었다. 골드박스 단계에는 새로운 회사를 설립하거나 분할 또는 합작 투자하는 것에 대한 지원이 포함되어 있다. 프로젝트가 핵심 비즈니스에 근접한 경우 회사 내부에 부서를 생성하기도 한다.

템플릿: 각 프로토타입과 아이디어들은 킥박스 스코어보드에 기록되고 평가된다. 로직은 린스타트업 방법론을 따른다.

이것은 Daivd Hengartner가 가장 즐겨 쓰는 도구다

직위:

Swisscom 혁신 연구 매니저 & 사내 기업가정신 리더/
ETH Zurich 강사(린 스타트업 아카데미)

"가급적 빨리 그리고 자주 실제 고객과 대화하여 그들의 가정
(assumption)에 도전하십시오. 일하고 있는 사무실에서 나오세요!"

그가 "킥박스" 개념을 신뢰하는 이유

나는 모든 구성원이 자신의 비즈니스 아이디어를 구현할 수 있는 기회를 갖게 되는 것이 좋다.
이것은 기업가적 사고방식을 장려하기도 하고 새로운 관점을 갖게 하기도 한다. 또한 전체적인
혁신 문화를 자극하고 실패를 두려워하지 않는 기업 경영자를 만들어 내기도 한다. 이
프로그램은 슬림하고, 데이터 지향적이며, 고객 중심적이고, 기업가를 위해 기업가가 디자인한
것이다. Kick.org라는 오픈 소스 커뮤니티를 연지 단 3개월 만에 전 세계 기업의 1,200명이
회원 등록을 하였다.

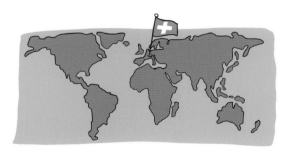

국가:
스위스

소속:
Swisscom

검수: **Michael Lewrick**

소속 | 직위: 혁신과 디지털 전문가

다른 얘기 하지 말고, 그냥 해!

전문가 Tips:

- **경영자의 지원:** 이상적으로 CEO의 하향식 지원은 성공의 중요한 요소이다. 최고
경영진들과 함께 하는 소통과 이벤트는 가치 있는 활동이다.
- **다른 얘기를 이리저리 하지 말고, 그냥 하라:** 대기업에서는 끝없이 고민만 하는 일이
많다. 따라서 프로세스는 신속하고 반복적으로 짧은 단계에서 실행되어야 한다.
- **게릴라 마케팅:** 게릴라 마케팅은 이리저리 생각만 하는 사람들에게 유효하다. 먼저
광고를 내보내고 새로운 영역을 개척하기 바란다. 규칙은 이것이다. 덜 관습적일수록
더욱 많은 관심을 끌게 된다.
- **일하는 시간을 확보한다:** 킥박스를 받은 사람은 본연의 업무와 함께 프로젝트를 진행
하게 된다. 사내 기업가는 슈퍼바이저와 그들의 시간에 대해 협상해야 한다. 이렇게 되면
그들은 훨씬 더 동기부여가 될 수 있다.
- **내부 전문가들을 활용한다:** 모든 기업에는 사내 기업가를 지원할 수 있는 전문가들이
존재한다. 항상 외부 전문가에게 비용을 지불할 필요는 없다. 종종 내부 역량으로 충분할
때가 있다.
- **킥박스 커뮤니티:** 사내 기업가는 정보와 아이디어를 교환할 수 있는 소중한 커뮤니다.
좋은 이벤트는 커뮤니티를 생동감 있게 하고 소통을 촉진하는데 도움이 된다.

우와!
내가 블루박스를 받았어!

이번 골드박스는...

전문적인 마케팅을 지원 받으며, 킥박스는 회사의
사업 영역에 대한 새로운 상징성을 갖게 된다.

활용 사례 설명

· 킥박스는 그 크기에 상관없이 기업과 대학 그리고 NGO에서 사용될 수 있다.
· 기업 또는 조직의 모든 직원이 참여할 수 있는 레드박스의 분산형, 상향식 아이디어
  발상하기는 프로그램을 매우 강력하게 만든다.
· 이것은 집단 정신에 혁신의 영감을 불러일으킬 수 있고, 부서와 계층 간에 존재하는 기업
  문화를 조금 더 명확하게 변화시킬 수 있다.

주요 학습

· 킥박스와 함께 문화적인 혁명과 비즈니스의 혁신이 나타날 수 있다.
· 모든 구성원은 자신의 킥박스 프로젝트를 시작할 수 있다.
· 린 스타트업 접근법을 체계적으로 따른다: 작게 시작하고, 일찍 테스트 하고, 빨리 반복하라!
· 킥박스에 포함된 많은 자원은 디자인 씽킹 툴박스에서 비롯된다.

트랜스포메이션(Transformation)

"디지털 트랜스포메이션 로드맵(Digital transformation road map)"

나는...

비즈니스 모델을 혁신하고 디지털 트랜스포메이션을 전문적으로 수행하고 싶다.

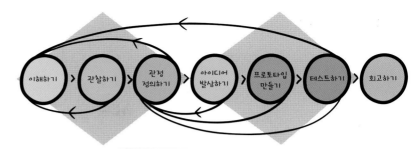

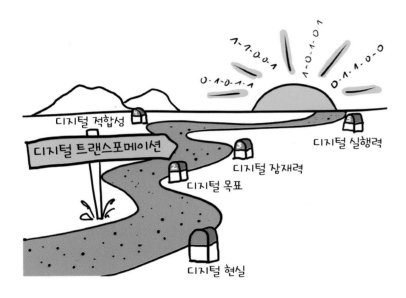

이 도구로 할 수 있는 작업

· 새로운 기술적 요구에 기반하여 비즈니스 모델을 변환한다.
· 경쟁우위를 실현한다.
· 고객 니즈를 충족하고, 효율성을 높이며, 비용을 절감한다.
· 물리적 및 디지털 채널을 재정의하고 고객에게 독특한 경험을 제공한다.
· 기업을 재정비하여 미래에도 생존할 수 있도록 한다.

이 도구에 대한 유용한 정보

· 초기 제품 및 서비스 아이디어를 프로토타입 형태로 개발하고 테스트한 후, 디지털 혁신 로드맵을 통해 기존 비즈니스 모델에 통합하여 미래 비즈니스 모델을 개발할 수 있다.
· 디지털 트랜스포메이션은 가치 창출 네트워크에서 개별 비즈니스 모델 요소, 전체 비즈니스 모델, 가치 사슬 및 다양한 행위자의 네트워킹을 의미한다.
· 디지털 트랜스포메이션에 있어, 대용량 데이터와 같은 것은 새로운 애플리케이션이나 서비스로 사용된다.
· 경제적 관점과 시장 출시 시점에서 파트너의 하위 서비스 구매(결정 또는 구매 결정)를 고려해야 한다.

어떤 도구를 대신 사용할 수 있는가?

· 트레일 맵(이전)
· 스토리텔링(미래와 비전 설명을 위한)(129 페이지 참조)
· 목표와 핵심 결과물

이 도구와 함께 쓸 수 있는 도구는 무엇인가?

· 공감 지도(93 페이지 참조)
· 고객 여정(103 페이지 참조)
· 린 캔버스(251 페이지 참조)
· 성장 혁신 이슈맵(263 페이지 참조)
· 실행 로드맵(259 페이지 참조)

어느 정도의 시간과 어떤 재료가 필요한가?

그룹 크기

· 팀은 4~6명으로 구성된다.
· 이상적으로는 여러 팀이 동시에 참여하고 퍼실리테이터가 프로세스를 안내한다.

4~6명

소요 시간

· 소요시간은 프로젝트의 복잡성, 팀의 유기성 그리고 해결책 구체성의 수준에 따라 다르다.

1~수 주

필요한 재료

· 디자인 씽킹 재료
· 여유 있는 공간
· 독립적 업무 공간
· 각 단계와 과제를 위한 A0 포스터 템플릿

순서와 템플릿: 디지털 트랜스포메이션 로드맵

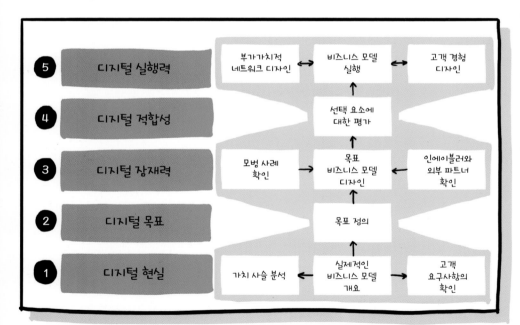

도구 적용 방법

로드맵을 뒷받침하고 있는 이론은 시스템 씽킹에 그 기반을 두고 있다.

· **1단계: 디지털 현실**: 기존 비즈니스 모델의 개요를 만든다. 고객 요구사항 뿐만 아니라 가치 사슬과 관련 행위 주체자를 분석한다. 목표는 다양한 차원에서 현실을 정확히 이해하는 것이다.

· **2단계: 디지털 목표**: 시간, 재정, 공간의 영역에 있는 디지털 혁신의 목표를 정의하고 우선순위를 정한다. 디지털 목표는 비즈니스 모델의 목표를 보여주는 것이다.

· **3단계: 디지털 잠재력**: 혁신을 위한 가장 뛰어난 사례와 인에이블러 (enabler)를 결정하고 그것들로부터 당신의 선택을 도출한다.

· **4단계: 디지털 적합성**: 예를 들면 "비즈니스 모델 적합성" 또는 "고객 요구 사항 충족"과 같은 기준에 따라 옵션을 평가한다. 그런 다음 평가된 옵션 또는 조합이 더 정교하게 계산될 수 있도록 한다. 시간, 예산, 구현 가능성, 경쟁자, AI, 기업문화 등과 같은 기준도 고려된다.

· **5단계: 디지털 실행력**: 디지털 고객 상호작용의 디자인에 관하여 어떤 행동이 필요한지에 관한 실행을 발견한다; 통합 파트너 및 수행 방법 구현이 프로세스, 필요한 리소스 및 직원의 기술, IT, 계약, 그룹 구조의 통합 등에 미치는 결과.

직위 :
Dr. Schallmo & Team Gmbh의 저자, 설립자, 주주이며
Neu-Ulm 응용과학대학 교수

"저는 디자인 씽킹과 그에 수반되는 도구 및 과정을 좋아합니다.
그것은 디지털 트랜스포메이션의 상황에서 고객 중심적 해결책
개발을 가능하게 합니다."

왜 그는 이 도구를 좋아하는가?

디지털 트랜스포메이션을 위한 로드맵은 기존 비즈니스 모델을 구조화된 방법으로 혁신하게
하는데 용이하다. 그리고 하나의 중요한 측면은 모든 참여자를 하나의 절차에 집중하게 할
수 있어서, 전체 문제를 더 선명하게 보는데 도움이 된다. 이 책에 있는 많은 방법과 도구들은
디지털 트랜스포메이션에 관한 작업을 지원한다.

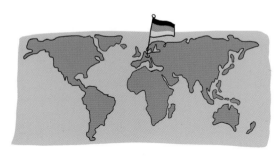

국가 :
독일

소속 :
Neu-Ulm 응용과학 대학

검수: **Gina Heller-Herold**

소속 | 직위 : beku-Consult | 수석 컨설턴트

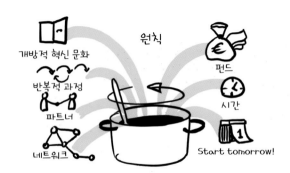

전문가 Tips:

디지털 트랜스포메이션은 변화와 깊은 관계가 있다. 그것은 리더십 팀의 마음과 구성원의
목표에 대한 이해에서 출발한다.

개방적 혁신 문화가 그 중심에 있어야 한다

우리는 개방적 혁신 문화에 대한 아주 멋진 경험이 있다. 다음 10가지의 원칙은 디지털
트랜스포메이션 디자인에 큰 도움이 될 것이다.

1. 디지털화에 가장 우선순위를 두고, 직접 소통하며, 기업 문화와 주요 성과자들을
   주시한다.
2. 시간, 자금, 공간에 대한 충분한 자원을 제공하고, 직원들이 너무 많은 의무로부터
   벗어나도록 한다.
3. 처음에서는 현재 비즈니스 모델을 이해하여 디지털 잠재력을 추론해 나간다. 먼 미래를
   내다보고 지금 바로 AI와 데이터 분석과 같은 기업 문화를 위해 올바른 기반을 마련한다.
4. 비즈니스 모델의 디지털화를 추진하는 요소들을 놓치지 않는다.
5. 관련 산업의 가치 사슬을 지속적으로 추적한다.
6. 관련 산업 또는 다른 산업에서 가장 우수한 사례를 배운다.
7. 리더십 팀과 구성원들 간에 필요한 기술을 구축하고 올바른 마인드세트를 연습한다
8. 비즈니스 생태계의 다른 행위 주체자들과 협력하고 부가가치 네트워크를 구축한다.
9. 리스크를 줄이고 수용도를 높이기 위해서 작은 규모로 아이디어를 테스트 한다(MVPs
   와 MVEs의 형태로). 고객과 직접 소통하고 테스트 다음 단계에서 고객 피드백을
   융합한다.
10. 늦어도 내일부터 시작하라!

활용 사례 설명

· 디지털 트랜스포메이션에 관한 초석이 전달된다.

· 전략적 선택에 대한 평가는 MVPs와 MVEs의 과정에서 반복적으로 이루어진다.

· 경영진과 구성원들의 마음에 변화가 생긴다. 자기 효능감에 따라 실패하고 행동하는 것이 허용된다. 작업 룸은 여러 형태의 협업과 함께 실험을 시작할 수 있게 해준다.

· 릴리의 팀은 공동 작업이 이루어지고 트랜스포메이션을 증명이 구현되는 실험실을 세팅하는데 도움을 주었다.

주요 학습

· 디지털 트랜스포메이션을 이루기 위한 분명한 목표를 정하는 것이 좋다.

· 정보 획득과 분석을 위해 충분한 시간을 허용해야 한다.

· 활동적으로 시작하고, 반복적으로 작업한다.

· 고객의 요구 사항과 니즈를 확인하기 위해 디자인 씽킹 툴박스에 있는 도구들을 사용한다.

청년 인재 육성(Promotion of young talent)

"젊은 혁신가(Young innovators)"

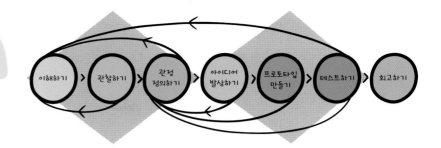

나는...

조직과 회사의 경계를 넘어 젊은 층을 위한 "커뮤니티"를 구성하고, 젊은 고객을 위한
제품이나 서비스를 개발하며, 미래의 업무환경을 디자인하고 싶다.

이 도구로 할 수 있는 작업

· 다음 세대의 니즈, 아이디어, 기술을 알고 만들어 나갈 수 있다.
· "젊은 혁신가"를 측면 씽커로 배치하여 그들로 하여금 새로운 아이디어를 개발하거나
  테스트하도록 한다.
· 고위 경영진이나 구성원들의 아이디어에 도전한다.
· 미래의 근무 환경을 조성하고 젊은 전문가를 육성한다.

이 도구에 대한 유용한 정보

· "젊은 혁신가"는 다른 기술과 함께 디자인 씽킹 능력을 갖추고 있으며, 디자인 챌린지
  및 혁신 프로젝트에 투입될 수 있는 약 18~25세의 젊은 성인 커뮤니티를 의미한다.
· 일반적으로 젊은 혁신가는 회사를 뛰어넘는 커뮤니티다. 대기업에서는 이미 사내
  커뮤니티로써 젊은 혁신가들을 구축하는 것이 가치 있는 일임이 입증되었다.
· 디자인 씽킹의 여러 단계에서 "젊은 혁신가"를 대상으로 사용하는 경우 많은 이점이
  있다.
  1. 젊은 타겟 그룹을 위한 제품이나 서비스를 개발한다.
  2. 새롭고 혁신적인 자극이 의도적으로 만들어지게 되고, 젊은 혁신가들이 영감을
     제공하여 제품이나 서비스가 (다시) 디자인 된다.
  3. 회사는 미래에도 계속해서 매력적인 고용주로 보이기를 원한다. 젊은 혁신가들은
     새로운 작업 환경을 만들고 기업 문화의 변화를 위한 자극을 제공한다.
· "젊은 혁신가"와 일하는 것은 문제를 확인하는 것에서부터 프로토타입을 테스트하는
  것까지 디자인 씽킹 프로세스의 모든 단계에서 도움이 된다. 또한 동일한 문제 정의에
  대해 작업하는 각각의 팀이 전체 디자인 챌린지를 커뮤니티에 제공할 수 있다.

그룹 크기

- "젊은 혁신가" 커뮤니티가 클수록 더 좋다.
- 문제 정의를 나누기 위해서 하위 팀을 만들 수 있다.

최소 5명

소요 시간

- 소규모 디자인 챌린지를 위해서는 1~2시간 소요된다.
- 기간은 디자인 챌린지의 범위에 따라 결정된다.
- 복잡한 문제 정의를 위해서는 1주 또는 그 이상의 시간이 소요된다.

90~120분

필요한 재료

- 포스트잇, 종이, 펜
- 디자인 씽킹 재료들(예: 프로토타입용)
- 영감을 주는 공간

순서: "젊은 혁신가"

목표 이해하기

아이디어 수집하기

방향 결정하기

프로토타입 제작하기

사용자 테스트

해결책 프레젠테이션

회고하고 배우기

도구 적용 방법

중/장기:

- 젊은 혁신가의 설립 및 커뮤니티 구축
- 젊은 혁신가는 커뮤니티의 구축에도 참여할 수 있다.
- 회사 내에서 디자인 씽킹 마인드세트를 내재화하고 이에 대한 부가가치를 알고 있는 스폰서를 찾는다.

각 디자인 단계:

- **1단계:** 디자인 챌린지를 최대한 명확하게 표현하고 이에 대한 의미를 찾는다. 젊은 혁신가의 바람과 기대를 전달한다. 워밍업을 통해 젊은 혁신가에게 적합한 분위기를 조성한다.
- **2~5단계:** 그룹 안에서 디자인 챌린지를 수행한다; 참가자들의 아이디어를 수집해서 고객/사용자에게 테스트해본다.
- **6단계:** 클라이언트 앞에서 해결책에 대한 초기 프로토타입과 접근방식을 발표한다.
- **7단계:** 결과 및 과정에 대한 피드백을 제공한다. 이 모든 것은 젊은 혁신가에게 매우 중요한 학습과 동기 부여 효과를 준다; 충분한 시간이 허용되어야 한다.

이것은 Dino Beerli가 가장 즐겨 쓰는 도구다

직위:

Superloop innovation의 창업자 겸 CEO, "젊은 혁신가"의 창시자

"디자인 씽킹은 저에게 게임 체인저와 같은 것이었습니다. 하지만 저에게 가장 중요한 것은 디자인 씽킹을 통해 1,000가지의 새로운 소비재를 생산할 수 있을 뿐만 아니라, 지속가능한 사회와 경제를 위해 우리 시대의 큰 도전을 해결할 수 있는 사고방식과 방법이 있다는 것입니다. 저에게 그것은 의미 있는 혁신입니다."

그가 "젊은 혁신가" 개념의 효과를 확신하는 이유

재미와 의미, 그것이 나에게 거의 전부다. 나는 수평적인 사고를 하는 젊은이들과 함께 일하는 것을 즐긴다. 신선한 아이디어, 색다른 접근법은 매우 독특하고 우리 모두에게 영감을 주는 멋진 에너지다. 그래서 놀라운 일들이 많이 일어난다. "젊은 혁신가"와 함께 나는 젊은이들이 새로운 사고방식을 익히는데 도움이 되었으면 좋겠다. 디자인 챌린지와 같이, 그들은 미래의 작업 환경에 필요한 중요한 능력을 습득할 수 있다. 디자인 씽커로서 모든 사람은 의미 있고 지속가능한 해결책을 만들 수 있는 기회를 갖고 있다.

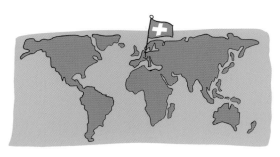

나라:

스위스

소속:

Superloop Innovation

검수: **Semir Jahic**

소속 | 직위: Salesforce

전문가 Tips:

젊은 혁신가 커뮤니티 구축

· 디자인 씽킹 도구와 방법을 이용하여 목표한 방식으로 사용할 수 있는 강력하고 다양한 젊은 혁신가 커뮤니티를 구축한다. 이상적으로는 이 작업을 다른 회사와 함께 진행하는게 좋다. 다양성을 가져오기 때문이다. 회사의 HR 부서와 인재 관리가 여기에 참여해야 한다. 이 일은 상당히 가치 있는 것으로 검증되었다.

· 하지만 이 챌린지는 반드시 경험 있고 능력 있는 퍼실리테이터들과 멘토들이 동반해야 한다.

· 각각의 "젊은 혁신가"들의 헌신이 요구되고, 그룹 전체가 챌린지에 책임이 있다는 사실을 분명히 하는 것이 중요하다.

젊은이들을 움직이게 만드는 것과 우리를 움직이게 만드는 것은 다르다

· 의미: 젊은이들은 언제나 "Why?" 질문에 답변하기를 원한다. 디자인 챌린지의 의도를 명확하고 모호하지 않게 만드는 것이 중요한 이유이다.

· 자유: 젊은 혁신가들이 "그들만의 방식"으로 일 할 수 있는 충분한 자유를 허용해야 한다. 그러나 모두가 디자인 원칙을 이해하고 있는지 확인해야 한다(53 페이지 참조).

· 피치: 젊은 혁신가들이 결과를 직접 발표할 수 있도록 한다.

· 협업: 고위 경영진과 함께 일할 때도 솔직한 아이디어와 의견들을 환영하는 규칙을 만든다.

· 피드백: 피드백을 통해 모든 디자인 챌린지를 마무리한다(239 페이지 참조, 예를 들면: "I like, I wish, I wonder"). 이것은 젊은 혁신가들의 학습과 동기부여에 중요한 요소다.

활용 사례 설명

· 어른들이 젊은 타겟 그룹을 대상으로 아이디어나 서비스를 개발할 때 그들을 제대로 이해하지 못하는 경우가 많다. 한 인도주의 단체가 젊은 혁신가들에게 스냅챗을 사용해야 하는지 물었다. 이는 결국 멋진 결과를 이끌어냈다.

· 젊은 혁신가들은 순식간에 500명의 젊은이들의 의견과 소셜 미디어 행동을 알게 되었고, NGO의 논문을 거부하고, 완전히 자기 조직화하여 예상과는 전혀 다른 결과를 제공했다.

· (우리끼리 얘기지만) 아니다. 스냅챗이 항상 좋은 것은 아니다.

주요 학습

· 젊은 혁신가들의 네트워크를 사용하여 젊은이들의 창의성을 활용하고, 전체 디자인 씽킹 사이클에 걸쳐 그들의 기술을 통합한다.

· 자신만의 젊은 혁신가 커뮤니티를 만드는 것은 시간이 많이 걸리지만 투자할만한 가치가 있다. 새롭고 신선한 해결책이 자주 등장한다.

· 커뮤니티를 채용 도구로 활용하여 혁신적인 마인드를 파악하고 자신을 매력적인 고용주로 자리매김 하는데 활용할 수 있다.

개인적 변화(Personal change)

"디자인 씽킹 라이프(Design thinking life)"

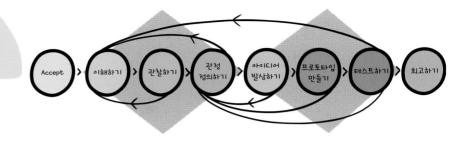

나는...

디자인 씽킹 마인드세트를 사용하여 나의 자기 효능감을 높이고 나의 인생을 다시 디자인해보고 싶다.

이 도구로 할 수 있는 작업

· 자신의 니즈에 기반하여 변화하는 방법을 찾는다.
· 관계, 여가 시간, 일 그리고 건강과 같이 적극적으로 일하고 싶은 다양한 행동 분야를 정의한다.
· 변화를 시도하고 자기 효능감을 강화한다.
· 해결할 수 있는 문제와 이슈에 대한 더 나은 인식을 개발한다.
· 다양한 라이프 플랜을 디자인하고 테스트한다.
· 더 많은 웰빙과 만족감을 얻는다.

이 도구에 대한 몇 가지 정:

· "디자인 씽킹 라이프(DTL)"는 디자인 씽킹 프로세스의 모든 단계를 거친다. 추가적인 구성 요소는 사실을 받아들이는 단계와 자기 효능감의 기초가 되는 포괄적인 자기 성찰로 구성된다.
· "디자인 씽킹 라이프"는 디자인 씽킹의 원칙을 기반으로 한다. 코칭 및 체계적인 심리 치료에서 자신의 삶을 형성하는 데까지 전략과 함께 이러한 마인드세트가 적용된다.
· 해결 가능한 문제를 인식하고 아이디어를 실험할 수 있을 때 무엇이 자신을 행복하게 만들어 주는지 더 빨리 발견할 수 있다. 종종 작은 변화가 더 많은 활력을 주기도 한다.
· 개인적인 용도 이외에도 이 방법은 기업, 대학 그리고 코칭 프로그램의 개발 관점을 지적하기 위한 부수적인 척도로 사용되기도 한다.

이 도구와 함께 쓸 수 있는 도구는 무엇인가?

· AEIOU 관찰법(107 페이지 참조)
· 브레인스토밍(151 페이지 참조)
· 스페셜 브레인스토밍(167 페이지 참조)
· 회고 여행(243 페이지 참조)
· 그리고 "회고하기" 뿐만 아니라 "이해하기" 및 "관찰하기" 단계의 많은 도구

어느 정도의 시간과 어떤 재료가 필요한가?

그룹 크기
- 큰 그룹은 참가자들이 서로 지원할 수 있다는 장점이 있다.
- 종종 삶은 서로에게 영감을 준다.

1~5명

소요 시간
- 소요 기간은 프로그램의 설정에 따라 다르다.
- 일반적으로 한 사이클에 6~8주가 필요하다.

3일~2개월

필요한 재료
- 포스트잇, 펜, 마커
- 큰 종이
- 영감을 주는 방

순서: 디자인 씽킹 라이프

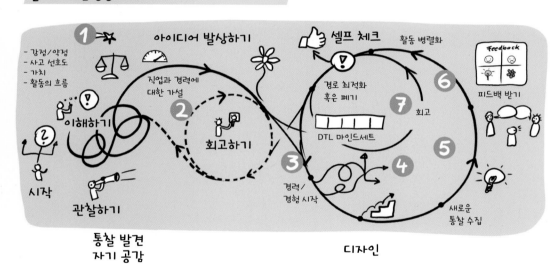

도구 적용 방법

"디자인 씽킹 라이프" 프로세스는 디자인 씽킹 프로세스를 따른다. 그러나 수용과 자기 성찰이라는 두 가지 중요한 프로세스 단계로 강화되었다.

진로 설계의 맥락에서 "디자인 씽킹 라이프"의 적용으로 우리는 아래 단계와 같은 긍정적인 경험을 해왔다.

- 1단계: 개인적 가치, 사고 선호도, 환경 요인 및 확인된 흐름 활동을 탐색하는 것으로 시작한다.
- 2단계: 개인 경력 계획에 대한 가설을 작성한다.
- 3단계: 다른 경로와 가능성을 디자인한다.
- 4단계: 가능성을 테스트하고 탐색한다.
- 5단계: 옵션을 평가하고 그것들이 당신의 아이디어 및 가능한 결과와 일치하는지 회고한다.
- 6단계: 작은 단계로 실행을 계획한다.
- 7단계: 현재 작업이 당신을 만족시키는지 주기적으로 회고한다. 만약 그렇지 않다면 인생 설계를 최적화하거나 다른 새로운 옵션을 찾아야 한다.

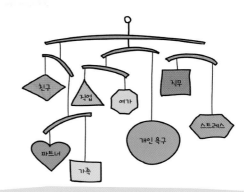

이것은 Michael Lewrick가 가장 즐겨 쓰는 도구다

직위:

베스트셀러 저자, 연설가, 혁신 및 디지털화 전문가

"기업의 경우 하향식 변화 관리 프로그램으로는 민첩한 조직으로의 전환이 일어나지 않는다는 사실에 놀랐습니다. 그러나 성공적인 변화는 각 구성원이 어떻게 살고, 생각하고, 행동하는가에서부터 시작됩니다. 이는 자신의 기술과 성격에 대한 자기 계발에 기반을 둔 마인드세트입니다. '디자인 씽킹 라이프'는 좋은 출발점입니다."

그가 "디자인 씽킹 라이프" 개념의 효과를 확신하는 이유

회사 상사들은 새로운 마인드세트를 구축하는데 좋은 방법이 무엇인지 자주 묻곤 한다. 그것에 대해 나는 두 가지 답을 가지고 있다. 첫째, 변화에 대한 열망이 진정성 있음을 매일매일 증명하는 것이고 둘째, 조직의 사람들에게 충분한 자유를 제공하여 그들이 자기 효율성을 높이고 기술을 최적으로 사용할 수 있도록 하는 것이다. 우리는 모든 직원의 자기 효능감 강화를 위한 기술과 전략을 제공해야만 한다. 그래야만 변화 과정에서 열정과 에너지로 회사를 지원할 것이다.

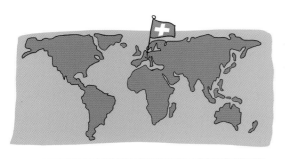

국가:

스위스

검수: **Jean Paul Thommen**

소속 | 직위: 독립 코치 | 조직 개발 및 경영학 교수

전문가 Tips:

자기 효능감은 미래의 핵심 강점이다

- "디자인 씽킹 라이프" 마인드세트는 구성원의 행동 능력을 강화하기 위한 목표된 출발점이다.
- 기업의 주요 전환에 "디자인 씽킹 라이프"를 사용하는 것은 매우 가치 있는 것으로 입증되었다.
- 이는 구성원들에게 디자인 씽킹 사고방식에 쉽게 접근할 수 있도록 하며, 팀과 프로젝트에서 이러한 사고방식을 실천하도록 동기를 부여한다.
- HR 관리자에게 "디자인 씽킹 라이프"는 기존 패턴과 직무 기술에 따라 사람을 매치시키는 대신 구성원의 기술과 재능을 강화하는 것을 목표로 하는 이상적인 전략 및 기법이다.

인생은 끊임없이 변화하는 과정이다

- "디자인 씽킹 라이프"는 교육 과정을 선택해야 하는 학생들부터 시작하여 대학 재학 중 또는 직후에 경력의 다음 단계를 선택하는 학생들에게 필요한 개발 도구임을 의미한다.
- 특히 어려운 비즈니스 또는 참가자의 개인적인 상황에서 중재자가 감정적 폭발을 잘 처리하거나 이에 대비하는 것이 중요하다.

작은 변화가 큰 차이를 만든다

- 이것이 내가 팁을 드리는 이유다: 위대한 일을 성취하기 위해서는 누구나 스스로 작은 변화를 시작해야 한다. 누구나 자기 효능감을 통해 스스로 인생의 대본을 쓰거나 새로운 환경에 적응할 수 있는 미래를 내다보는 것이 중요하다.

- 늘 원했던 방식으로 자신의 인생을 만들기 위해 "디자인 씽킹 라이프" 마인드세트를 사용한다.
- 자기 성찰을 통해 진실을 이해하려고 노력한다.
- 해결 가능한 문제와 사실을 구분하는 법을 배운다.
- 큰 변화를 만들기 위해 작은 변화를 시도한다.
- 자기 효능감을 통해 인생의 대본을 쓰거나 새로운 환경에 적응시킴으로써 미래를 내다본다.

주요 학습

- 디자인 씽킹은 복잡한 문제를 창의적이고 쉽게 해결하는 것을 목표로 한다. 우리 삶에서 보다 복잡한 질문은 어디에 있는가?
- "디자인 씽킹 라이프"는 단순히 개인을 변화시키는 것이 아니다. 모든 단계와 변화는 우리가 처한 환경의 많은 사람에게 영향을 미친다.
- 디자인 씽킹과 마찬가지로 그 경로는 우리가 그 길 위를 걷기 시작할 때만 분명해진다.

책을 마치며
(Closing words)

책을 마치며(Closing words)

우리의 마지막 말은 아주 간단합니다.

"디자인 씽킹은 적용에서 비롯되므로, 말만 하지 말고 실행하세요!"

디자인 씽킹의 방법과 도구에 관한 이 책은 가장 인기 있는 디자인 씽킹 도구를 깊이
이해하려는 많은 사용자와 학생의 니즈를 충족시켜 주었습니다. 이 툴박스에 담긴 전문가들의
팁 덕분에 글로벌 디자인 씽킹 커뮤니티 내에서 독특한 지식 교류가 실현되었습니다.
우리에게는 워밍업이던, 사용자의 첫 관찰이던 도구를 효과적으로 설명하는 것이
중요했습니다.

그럼에도 불구하고 모든 사람들은 문제, 워크숍의 다이내믹, 참가자들의 지식 정도에 따라
도구를 가장 적절하게 사용하는 방법에 대해 디자인 씽커로서 자신만의 고유한 길을 찾아야
합니다. 디자인 씽킹 워크숍은 모두 다를 것이고, 우리는 각각의 새로운 상황에 개별적으로
적응할 때 성공할 수 있습니다. 디자인 씽킹 마인드세트, 긍정적 피드백 문화, 규칙적 회고
그리고 다른 요소들과 같은 기본은 우리가 일상 작업에서 사용하는 모든 도구의 기초가
됩니다.

이 자리를 빌어 글로벌 디자인 씽킹 커뮤니티에 다시 한번 감사드립니다. 먼저, 초기 "디자인
씽킹 방법과 도구에 대한 국제적 서베이"에 참여해 주시고, 툴박스를 실현할 수 있게 해주신
수많은 전문가의 조언에 감사드립니다.

우리는 도구에 대한 피드백, 당신의 프로젝트에서 디자인 씽킹 마인드세트에 대한 경험 그리고
디자인 씽킹 사용에 대한 활발한 정보 교환을 기대합니다.

마이클, 패트릭, 래리

잊지마세요...

다른 사람들의 아이디어를 기반으로 아이디어를 발상하세요.

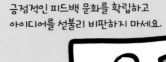

긍정적인 피드백 문화를 확립하고 아이디어를 섣불리 비판하지 마세요.

디자인 챌린지와 해결해야 할 문제에 초점을 맞추세요.

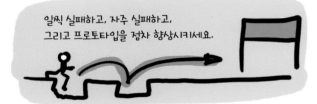

일찍 실패하고, 자주 실패하고, 그리고 프로토타입을 점차 향상시키세요.

실제적인 프로토타입을 시각화하고 제작하세요.

다른 사람들의 의견을 경청하세요.

고객/사용자를 고려사항의 중심에 놓으세요.

다양한 단계에서 많은 아이디어를 발상하세요.

거친 아이디어를 발전시키고 테스트하세요.

디자인 씽킹 툴박스를 최대한 활용하기 위해서...

저자, 역자, 기여자
(Authors, translators, contributors)

마이클 루릭(Michael Lewrick)

(베스트셀러 저자, 스피커,

혁신 및 디지털화 전문가)

패트릭 링크(Patrick Link)

(혁신 교수, 기업가, 린 스타트업 전문가,

Trihow AG 공동 창립자)

이력

마이클은 지난 몇 년간 다른 일을 해왔습니다. 전략적 성장을 책임지고 최고 혁신 책임자(CIO)로 활동하며, 전환기에 접어든 분야에서 수많은 성장의 토대를 마련했습니다. 그는 여러 대학에서 초빙교수로 디자인 씽킹을 가르치고 있습니다. 그의 도움으로 다수의 국제 기업들이 뛰어난 혁신을 개발하고 상업화할 수 있었습니다. 그는 디지털화에서 디자인 씽킹의 수렴적 접근에 대한 새로운 마인드세트를 가정했습니다.

패트릭은 2009년부터 Lucerne University of Applied Sciences and Arts-Technology & Architecture의 혁신 및 기술 관리 연구소에서 제품 혁신 교수로 재직하고 있습니다. ETH 취히리에서 기계공학을 공부한 뒤, 프로젝트 엔지니어로 활동하고 ETH 취히리에서 혁신경영 분야 박사 학위를 취득하였습니다. 지멘스에서 8년을 근무한 그는 현재 제품 관리를 가르치고 있으며 제품 관리, 디자인 씽킹, 린 스타트업의 애자일 방법의 고도화를 집중적으로 다루고 있습니다. 그는 트리하우 (TriHow AG)의 공동 설립자이기도 합니다.

왜 디자인 씽킹 전문가가 되었나요?

저는 2005년도에 처음으로 디자인 씽킹을 접하게 되었습니다. 당시에는 스타트업의 신제품 개발과 정의를 지원하는 문제였습니다. 최근 몇 년 동안 저는 스탠퍼드 대학교에서 다양한 기업 프로젝트에 참여했습니다. 업종별로 다양한 기능에 따라 주요 고객, 스타트업, 산업 생태계에서의 다른 참여자와 함께 다수의 공동 창작 워크숍을 진행할 수 있었고, 다양한 방법과 도구를 발전시킬 수 있었습니다.

제가 처음 디자인 씽킹을 알게 되었을 때, 학제간 협업을 위한 이 접근방식의 잠재력을 빠르게 깨달을 수 있었습니다. 그 이후로 우리는 스타트업 뿐만 아니라 많은 트레이닝과 고급 트레이닝 모듈에서도 이 접근법을 사용해 왔습니다. 특히 직관적이고 순환적인 접근법과 분석적 도구의 조합은 매우 유익했습니다. 업계 동료들과 함께 우리는 디자인 씽킹, 애자일 방법을 발전시켰고 워크숍과 과정을 제공하고 있습니다.

디자인 씽킹 초보자들을 위한 조언은 무엇인가요?

자신부터 시작하세요! 디자인 씽킹은 긍정적인 태도에 바탕을 두고 있습니다. 창의성은 인간으로서 우리가 자기 효능감에 대해 끊임없이 노력할 때, 그리고 우리가 다양한 측면에서 문제를 바라보고 우리의 행동에 비판적으로 회고할 때 펼쳐질 수 있습니다. 당신이 자신의 삶을 디자인할 수 있다면 당신의 마인드세트를 팀, 조직, 회사에 전달할 수 있을 것입니다.

다양한 진행자들과 함께 여러 디자인 씽킹 워크숍에 참여해 보세요. 그들 모두에게 무언가를 배우도록 노력하세요. 숙련된 진행자와 함께 해 보세요. 워크숍을 신중하고 세부적으로 계획하세요. 동시에 유연성을 유지하고 다른 워밍업 혹은 다른 도구와 같은 대안을 염두에 두세요. 각 워크숍에서 새로운 것을 시도하세요.

래리 라이퍼(Larry Leifer)

(기계공학과 교수,
HPI & 스탠퍼드 디자인 연구 센터 설립 이사)

아힘 슈미트(Achim Schmidt)

(디자인 씽킹 코치,
그래픽 레코딩 및 시각화 전문가)

이력	래리는 스탠퍼드 대학 디자인 센터(CDR)와 스탠퍼드 대학교 하소 플래트너(Hasso Plattner) 디자인 씽킹 연구 프로그램의 기계공학 설계 교수 겸 설립 이사입니다. 그는 디자인 씽킹의 가장 영향력 있는 인물 중 한 명이고 개척자입니다. 그는 학문간 융합 팀에서 일하는 데에 초점을 맞추며 디자인 씽킹을 세상에 널리 알렸습니다.	아킴은 처음에는 산업 디자인을 공부하였고 자동차 디자이너로 10년간 일하였습니다. HPI (d.school)에서 공부한 후, 그는 장크트갈렌 대학교(St. Gallen)에서 디자인 씽킹 코치와 조교로 일했습니다. 현재 디자인 씽킹 코치로서 기업들이 파괴적 혁신을 이루는 것을 돕습니다. 또한 그는 스타트업을 위한 엘리베이터 피치, 스케치 노트, 시각적 퍼실리테이션, 그래픽 레코딩의 트레이너로 일하고 있습니다.
왜 디자인 씽킹 전문가가 되었나요?	저는 수십 년 동안 이 분야에서 디자인 씽킹과 연구를 다뤄왔습니다. 여기에는 글로벌 팀 다이내믹, 상호작용 디자인 그리고 매카트로 시스템이 포함되어 있습니다. ME310 프로그램에서 저는 다양한 프로젝트와 활용 사례에서 문화적인 차이를 관찰할 수 있었고 스탠퍼드 대학교에서 가르치고 연구하기 위한 의미 있는 결론을 이끌어 낼 수 있었습니다.	저는 처음에 디자인 씽킹이라는 단어로 불려지는 것을 모른 채 거의 20년 이상을 디자인 씽킹 프로세스와 함께 해왔습니다. 산업 디자인에서 사용자를 관찰하고 고객의 니즈를 발견하는 것은 당연한 일입니다. 워크숍에서 저의 초점은 방법을 가르치고 프로젝트를 해결하고 업계의 챌린지를 디자인하는 것입니다.
디자인 씽킹 초보자들을 위한 조언은 무엇인가요?	새로운 시장 기회 디자인을 위한 래리의 4가지 간단한 팁: · 모든 혁신은 재혁신입니다. · 모든 혁신은 팀의 급진적인 협업과 적은 협력을 요구합니다. · 모든 혁신의 실패는 프리미엄 학습 기회입니다. · 모호함과 함께 하는 것을 피하지 마세요.	실수를 두려워하지 말고 그냥 시작하세요! 큰 기대를 걸고 있는 주요 이벤트를 몇 달에 한 번씩 개최하는 것보다는 빠른 재조정 기회가 있는 워크숍을 더 자주 여는 것이 좋습니다. 끊임없이 새로운 형식과 도구를 사용해 보세요. 적극적인 피드백(특히, "I wish")을 얻고 자신에 대해 회고하며, 발전시키세요.

이유종(Lee Yoojong)

(디자인씽킹연구소 대표 겸 창립자, 혁신/창업/
4차 산업혁명/사회공헌 전문가, 교육가, 혁신가)

조은영(Jo Eunyeong)

(디자인씽킹연구소 수석 연구위원,
Creative Thinking Designer)

역자는 알토대학교(前 헬싱키경영경제대학교) 경영전문대학원, 미국 IIT공대 디자인혁신경영대학원을 졸업하고 기업의 혁신성장전략그룹에서 디자인 씽킹에 관한 다수의 프로젝트와 교육을 담당하였습니다. 현재 기업, 기관, 대학, 청소년의 교육과 컨설팅 및 프로젝트를 수행하는 디자인씽킹연구소의 연구소장을 맡고 있으며, 디자인 씽킹과 4차 산업혁명에 관한 연구와 저술 활동 및 관련 영역을 개척해 나가고 있습니다. 현재 활동 영역은 혁신, 창업, 창의적 사고, 4차 산업혁명, 사회공헌, ESG이고 기업과 대학 등 각 조직이 필요로 하는 부분을 교육, 프로젝트, 컨설팅, 자문의 형태로 제공하고 있습니다.

역자는 디자인씽킹연구소 수석 연구위원으로 기업과 기관, 대학생, 청소년을 대상으로 디자인 씽킹 방법론으로 혁신과 변화를 이끌어내는 교육을 진행하고 있습니다. 청소년을 위한 디자인 씽킹 교재를 개발했을 뿐만 아니라 최근에는 미래 교육 혁신 분야에 디자인 씽킹 방법론을 활용한 연구소의 컨설팅 프로젝트에 참여하여 디자인 씽킹의 적용 범위들을 확대해 나가고 있습니다. TOCfE(교육을 위한 제약 이론) 사고 도구를 활용한 문제 해결 방법론을 교육 중이며 (사)한국TOC협회 이사, 국제TOCfE 마스터 퍼실리테이터로도 활발하게 활동 중입니다.

미국에서 이 학문을 접하고 기업 활동을 해 나가면서 디자인 씽킹 분야가 한국에 꼭 필요하다고 생각했습니다. 디자인 씽킹에는 경영, 전략, 소통, 문화, 기업가정신(창업), 리더십, 기술 등 많은 학문적 분야가 있다는 사실도 알게 되었고 이를 잘 연구해야겠다는 생각을 갖게 되었습니다. 생각의 틀을 깨고 창의적이고 혁신적인 생각과 결과물을 낸다는 것은 정말 매력적인 일입니다. 이 교육과 컨설팅을 제공 받는 기업의 구성원들과 학교 학생들도 본인의 능력과 창의성을 깨닫곤 많이 놀라기도 합니다. 한국의 각 기업(기관)과 학교들이 디자인 씽킹의 방법론과 철학을 잘 이해하여 그들의 영역에서 놀라운 성장과 혁신을 해 나가기를 바라는 마음입니다.

K초등학교 전교생을 대상으로 100여 시간의 디자인 씽킹 워크숍을 진행한 적이 있었습니다. 학생들은 "아빠가 임플란트 치료를 받으시는데 너무 힘들어하세요. 아빠를 위해 '영구치 씨' 아이디어를 냈어요.", "몸이 불편한 분들이 편하게 샤워를 할 수 있게 '자동 침대 샤워기'를 만들고 싶어요.", "저는 유모차에 박스를 싣고 다니느라 다리가 아프신 할머니를 위해 '노인 킥보드'를 만들 거예요." 등의 아이디어들을 냈습니다. 디자인 씽킹은 이처럼 지금까지와는 다른 시선으로 세상을 바라보게 하고, 사람들에게 깊이 공감하여 인간중심으로 사고하게 하는 가치관과 마인드세트를 갖게 합니다. 많은 분이 디자인 씽킹 방법론으로 의미 있는 솔루션들을 발견할 기회를 갖기를 바랍니다.

디자인 씽킹은 아주 오래되고 구체적인 학문 분야이므로 짧은 시간에 모든 걸 배울 수 있다는 생각보다는 긴 안목으로 접해 주기를 바랍니다. 저희도 가급적 체계적이고 장기적으로 이 과정을 제공하고자 노력하고 있습니다. 또한 기존에 우리가 해 왔던 '해결책 중심의 사고'보다는 '인간 중심의 사고(교육 활동, 문제 해결, 아이디어와 해결책 도출, 교육/비즈니스 모델 발견 등)'를 하려고 노력하면 좋겠습니다. 다양한 분야의 학습과 경험을 통하여 소양을 쌓으시기 바라고 디자인 씽킹 방법론과 철학을 잘 이해하며 다가오는 미래의 큰 변화(BIG BLUR)에 대한 좋은 준비와 '우리만의 비밀 무기'를 만들어 나가기 바랍니다.

혁신을 촉진하기 위해서는 다른 관점으로 문제를 바라보고, 새로운 방법으로 문제를 해결해보는 것이 중요합니다. 다학제적 팀을 구성하여 우리에게 당면한 문제들을 해결하는데 디자인 씽킹 방법론을 활용해보세요. 디자인 씽킹에서 중요한 것은 사용자에게 초점을 맞춘다는 것이며, 혁신은 해결책이 아니라 사람들이 가진 문제로부터 시작되어야 합니다. 책에 소개된 다양한 워크 툴킷을 활용하여 사람들과 그들의 삶을 이해하고 그들의 관점에서 문제를 해결할 수 있는 공감 능력을 키워보세요. 창의적인 생각이 허용되는 환경과 문화를 만들고, 사용자의 신발을 신고 걷는 경험을 반복하며 우리의 문제 안에서 의미 있는 통찰을 발견해보세요.

이 책의 기여자, 객원 작가, 검토자 등

Michael Lewrick | Best-selling author, speaker, innovation and digitization expert

Patrick Link | Lucerne University of Applied Sciences and Arts, Trihow AG

Larry Leifer | Stanford University

Achim Schmidt | Business-Playground

Adharsh Dhandapani | IBM

Adrian Sulzer | SATW

Alan Cabello | ETH Zürich

Alice Froissac | Openers

Amanda Mota | Docway

Amber Dubinsky | THES - TauscHaus - EduSpace

Andreas Uthmann | CKW

Andres Bedoya | d.school Paris

Armin Egli | Zühlke AG

Beat Knüsel | Trihow

Bettina Maisch | Siemens AG

Bryan Richards | Aspen Impact + Indiana University's Herron School of Art and Design

Carina Teichmann | Mimacom AG

Christian Hohmann | Lucerne University of Applied Sciences and Arts

Christian Langrock | Hamburger Hochbahn AG

Christine Kohlert | Media Design University for Design and Computer Science

Dahlia Dietrich | Swisscom AG

Daniel Schallmo | Hochschule Ulm

Daniel Steingruber | SIX

Hengartner | Swisscom AG

Denise Pereira | DuPont

Dino Beerli | Young Innovators

Elena Bonanomi | Die Mobiliar

Esther Cahn | Signifikant Solutions AG

Esther Moosauer | EY – Ernst & Young

Florence Mathieu | Aïna

Florian Baumgartner | Innoveto by Crowdinnovation

Gaurav Bhargva | Iress

Gina Heller-Herold | beku-Consult

Hannes Felber | Invacare Europe

Helene Cahen | Strategic insights

Helmut Ness | Fünfwerken Design AG

Ina Goller | Bern University of Applied Sciences

Ingunn Aursnes | Sopra Steria

Isabelle Hauser | Lucerne University of Applied Sciences and Arts

Jean-Michel Chardon | Logitech AG

Jean-Paul Thommen | Professor of Organizational Development and Business Administration

Jennifer Sutherland | Independent Consultant

Jens Springmann | creaffective GmbH

Jeremias Schmidt | 5Wx new ventures GmbH

Jessica Dominguez | Pick-a-Box

Jessika Weber | Breda University of Applied Sciences

Juan Pablo García Cifuentes | Pontificia Universidad Javeriana, Cali

Jui Kulkarni | IBM iX

Julia Gumula | B. Braun

Justus Schrage | Karlsruhe Institute of Technology

Katja Holtta-Otto | Design Factory, Aalto University

Katrin Fischer | Innovation Consultant

Konstantin Gänge | Airbus

Kristine Biegman | launchlabs GmbH

Laurene Racine | Ava

Lena Papasz | Design Thinker | Marketing Consultant

Line Gram Frokjaer | SODAQ

Lucas Bock | Siemens AG

Marc Fetscherin | Rollins College

Madalena Tavares | Porto Design Factory

Malena Donato | ATOS

Maria Tarcsay | KoinaSoft GmbH

Marius Kienzler | Adidas

Markus Blatt | neue Beratung GmbH

Markus Durstewitz | Airbus

Martin Steinert | Norwegian University of Science and Technology

Mathias Strazza | PostFinance PFLab

Maurice Codourey | Unit-X

Mike Pinder | Innovation Consultant

Miriam Hartmann | F. Hoffmann-La Roche

Mladen Djakovic | Q Point

Moritz Avenarius | oose Innovative Informatik eG

Natalie Breitschmid | Sinodus AG

Niels Feldmann | Karlsruhe Institute of Technology

Pansy Lee | MLSE

Pascal Henzmann | Helbling Technik AG

Patrick Bauen | LMtec Swiss GmbH

Patrick Deininger | Karlsruhe Institute of Technology

Patrick Labud | bbv Software Services

Patrick Schüffel | HEG Fribourg in Singapore

Pete Kooijmans | Trihow AG

Philip Hassler | Venturelab

Philipp Bachmann | The University of Applied Sciences of the Grisons

Philipp Guggisberg-Elbel | mm1 Schweiz

Rasmus Thomsen | IS IT A BIRD

Regina Vogel | Innovations and Leadership Coach

Remo Gander | Bosssard Group

Roberto Gago | Generali

Roger Stämpfli | Aroma AG

Roman Schoeneboom | Credit Suisse

Samuel Huber | Goodpatch

Sebastian Fixson | Babson College

Sebastian Garn | B&B Markenagentur GmbH

Sebastian Kernbach | University of St. Gallen

Semir Jahic | Salesforce

Shwet Sharvary | Everything by design

Slavo Tuleja | SKODA AUTO DigiLab

Sophie Bürgin | INNOArchitects

Stefano Vannotti | Zurich University of Arts

Stefanie Gerken | HPI School of Design Thinking

Steffi Kieffer | Revelate GbR

Thomas Duschlbauer | KompeTrend

Thomas Schocher | CSS Versicherung

Tobias Lüpke | EY – Ernst & Young

Ute Bauckhorn | Schindler Aufzüge AG

Vesa Lindroos | Independent Consultant

Waszkiewicz Małgorzata | Warsaw University of Technology

Yves Karcher | InnoExec Sàrl

300

사진 자료에 등장한 연기자와 기여자

킴벌리 위스(릴리) Kimberly Wyss (as Lilly)

Alessandro Tarantino
Amela Besic
Beat Knüsel
Benjamin Kindle
Carisa Ruoss
Ceyda Gücer
Cyrril Portmann
Daniele Palermo
Danylo Kharytonskyi
David Würsch
Delia Graf
Fabio Beck
Florian Gerber
Francesco Planta
Gianluca von Ehrenberg
Hannes Gasser
Isabelle Kalt
Janick Blumenstein
Jetmir Arifi
Jonas Bach
Judith Meier
Karen Magdalene Benjamin
Kenny Mezenen
Lars Küng

Lee-Roy Ryhner
Lukas Fischer
Marco Binggeli
Michael Rohner
Milena Nussbaumer
Nicolas Keller
Niklaus Hess
Pascal Schaller
Pascal Scherrer
Patricia Sury
Peter Dober
Philipp Businger
Raffael Frommenwiler
Régis Andreoli
Robin Martin
Roman Bürki
Ronalds Purins
Samuel Graf
Silvan Büchli
Silvan Jason Roth
Sven von Niederhäusern
Thomas Stocker
Ulrich Kössl
Uwe Kortmöller-Scholl

사진: 닐스 리드웨그(Nils Riedweg)

Many thanks to Patrick Bauen and Nicolasa Caduff for their assistance in creating the templates. Many thanks also go to the Lucerne University of Applied Sciences and Arts, in particular to Michele Kellerhals and Christian Hohmann, Institute for Innovation and Technology Management, for their support.

301

비즈니스 전략과 혁신을 위한
새로운 도구와 스킬, 그리고 마인드세트

디자인 씽킹, 비즈니스를 혁신하다

현재 변화를 선도하는 혁신 기업 대부분은 20년 전에 존재조차
하지 않았다. 지속 가능한 가치를 탐색하고 검증하며 확보하기
위한 디자인 씽킹 바이블. 불확실한 경영 환경 속에서 비즈니스
혁신을 디자인할 때 필요한 새로운 도구와 스킬, 마인드세트를
제시한다. 디자인의 핵심을 파악한 사람들이 신사업과 신제품 및
IT 관련 프로젝트 등에 디자인을 적용한 사례, 그리고 디자인 원
칙에 익숙한 사람들이 조직 및 경영 혁신에 디자인을 적용한 사
례 등을 다루고 있다.

패트릭 반 더 피즐 외 지음 | 이유종 외 옮김 값 20,000원